N° 123.

ÉTAT ACTUEL
DE L'ALGÉRIE

Ouvrages du même Auteur

ÉTUDES SUR L'ALGÉRIE.	1 vol. in-8º
DES MINES ET DES MINIÈRES D'AFRIQUE. . . .	broch. in-8º
L'AMIRAL LEVACHER.	2 vol. in-8º
HISTOIRE DE SUÈDE ET DE NORWÈGE. . . .	1 vol. in-4º
HISTOIRE DE LA CONQUÊTE ET DE LA COLONISATION DE L'ALGÉRIE (1830-1860). .	1 vol. in-8º
L'ESPAGNE ET LE MAROC.	1 vol. in-8º
L'ALGÉRIE ANCIENNE ET NOUVELLE.	1 vol. in-12

Alger. — Typographie Duclaux, rue du Commerce, 7.

ÉTAT ACTUEL DE L'ALGÉRIE

GÉOGRAPHIE
PHYSIQUE ET POLITIQUE
DE L'ALGÉRIE

DESCRIPTION PHYSIQUE, DIVISIONS NATURELLES, DIVISIONS
CULTURALES, PRODUITS, ZOOLOGIE, POPULATIONS, MŒURS ET COUTUMES,
COMMERCE ET INDUSTRIE, ADMINISTRATION

DICTIONNAIRE
GÉOGRAPHIQUE ET PHYSIQUE DE TOUTES LES LOCALITÉS

Par

Achille FILLIAS

EN VENTE :

ALGER. — TISSIER, LIBRAIRE, | PARIS. — HACHETTE, LIBRAIRE,
rue Bab-el-Oued. | rue Pierre-Sarrazin.

Traduction et reproduction réservées.

1862

GÉOGRAPHIE
DE L'ALGÉRIE

PREMIÈRE PARTIE.

CHAPITRE 1ᵉʳ.

Description physique; — Côtes; leurs caractères généraux; — Géologie; Montagnes; — Rivières et cours d'eau; Mines et carrières; — Température et climat; hygiène; — Divisions naturelles.

DESCRIPTION PHYSIQUE.

I. Limites et étendue. — L'Algérie est bornée au Nord, par la mer Méditerranée, à l'Est, par la régence de Tunis, à l'Ouest, par l'empire du Maroc, au Sud, par le Désert. Elle est ainsi comprise entre le 32ᵉ et le 37ᵉ degrés de latitude nord, entre le 4ᵉ degré de longitude occidentale et le 6ᵉ degré de longitude orientale. — La ligne du Nord a un développement de 1,000 kilomètres (250 lieues); celles de l'Est et de l'Ouest ont, en moyenne, 390 kilomètres (97 lieues). La superficie totale de l'Algérie peut donc être évaluée, approximativement, à 590,000 kilomètres carrés, soit 24,375 lieues carrées.

II. Côtes; caractères généraux. — La côte s'étend presque en ligne droite de l'Ouest à l'Est; les falaises qui la bordent surgissent du fond de la mer et offrent l'aspect général d'un mur à pic. Les seules sinuosités remarquables sont :

1°. *Le golfe d'Oran,* qui comprend les baies d'Oran et d'Arzew ;
2°. *La baie d'Alger ;*
3°. *Le golfe de Bougie,* qui comprend les baies de Bougie et de Djidjelli ;
4°. *Le golfe de Philippeville,* qui comprend les baies de Collo et de Stora ;
5°. *Le golfe de Bône.*

Ces cinq grands enfoncements du rivage correspondent aux principales vallées du littoral algérien ; ils sont généralement bordés au Sud par de belles plages de sable, et présentent tous la forme régulière d'un croissant dont la concavité regarde le Nord. — Pendant l'été, on peut mouiller partout dans ces enfoncements, dès qu'on est à deux ou trois mille mètres de terre, car on y trouve sur tous les points un bon fond de vase ; mais on ne peut s'y mettre à l'abri des mauvais temps et de la houle du Nord qu'en se plaçant au-dedans des caps qui forment les pointes est et ouest du croissant. Les mouillages derrière les pointes est sont peu fréquentés, parce qu'ils sont battus par les vents du N.-O., qui dominent dans la mauvaise saison ; les abris formés par les pointes ouest sont les seuls où l'on puisse stationner en hiver, — les seuls, par conséquent, qui méritent la dénomination de rade.

Ces abris naturels sont :

Dans le golfe d'Oran,	La rade de Mers-el-Kébir.
	La rade d'Arzew.
Dans la baie d'Alger.	La rade foraine d'Alger.
Dans le golfe de Bougie,	La rade de Bougie.
	La rade foraine de Djidjelli.
Dans le golfe de Philippeville,	La rade foraine de Collo.
	La rade foraine de Stora.
Dans le golfe de Bône,	La rade for. du Fort-Génois.

Toutes ces rades présentent les mêmes dispositions, le même régime nautique, mais elles sont plus ou moins fermées au N.-E. et, par conséquent, plus ou moins sûres.

III. Géologie. — On trouve dans les trois provinces des terrains d'origine sédentaire, et des terrains d'origine ignée. Ceux-ci sont très peu développés, et ne forment, en quelque sorte, que des îlots très circonscrits au milieu des autres terrains qu'ils ont soulevés.

Les terrains d'origine sédentaire peuvent se diviser en trois catégories principales :

1°. Les terrains de transition ;
2°. Les terrains secondaires ;
3°. Les terrains tertiaires.

Les terrains de transition ont très peu d'étendue.

Les terrains secondaires forment, en quelque sorte, la charpente osseuse des trois provinces; ils sont caractérisés par la hauteur et l'aspérité des contours des chaînes de montagnes qui les constituent, l'abondance et la pureté des eaux qui les sillonnent, la fraîcheur et la salubrité du climat, la vigueur de la végétation. Ils se composent essentiellement d'argiles schisteuses grises, au milieu desquelles sont disséminées des couches de grès quartzeux très dur et de calcaire gris compacte, à texture cristalline. Les crêtes sont formées généralement de grès ou de calcaire, et les argiles s'étendent sur les flancs des chaînes de montagnes.

Les terrains tertiaires sont très répandus ; ils remplissent, en général, les grandes vallées longitudinales qui existent entre les chaînes de montagnes des terrains secondaires. Leurs couches sont horizontales au milieu des vallées, et se redressent d'une manière plus ou moins brusque, contre les flancs des montagnes secondaires qui les supportent. Des ridements transversaux à la direction générale de ces couches ont divisé les vallées en plusieurs cuvettes elliptiques dont le grand diamètre est parallèle à la direction des chaînes du terrain secondaire. — Les roches tertiaires se composent de calcaires, de sables, de grès et d'argiles. Elles ne forment pas des assises régulières sur des étendues considérables : elles constituent plutôt de grandes lentilles grossièrement stratifiées ensemble, et dans lesquelles on peut observer le passage d'une roche à l'autre. Les calcaires ont généralement très peu d'adhérence; cependant ils peuvent quelquefois prendre une texture cristalline et être susceptibles d'être polis comme des marbres; mais ce n'est qu'un accident fort rare. (Ville.)

IV. Orographie. — L'Algérie est traversée dans le sens de sa largeur par une portion de l'Atlas, chaîne unique qui part de l'Océan auquel elle a donné son nom, et s'étend jusqu'au golfe de Gabès, en Tunisie. — Une série de hautes protubérances, l'*Ouanseris*, le *Zakkar*, les pics des *Mouzaïa* et des *Beni-Salah*, le *Djurjura*, les *Toumiat*, le *Djebel-M'taïa* et les pitons de l'*Aurès*, forment les points culminants de ce tronçon de l'Atlas, points dont l'élévation maxima ne dépasse pas 2,500 mètres.

Mines et carrières. — A force de recherches, l'administration est arrivée à connaître une quantité considérable de gisements minéralogiques; nous citerons :

L'antimoine, à l'état de sulfure ou d'oxyde radié et vitreux;

L'argent, mêlé au cuivre et au plomb;

L'arsenic, à l'état de sulfure rouge;

Le cuivre, à l'état de cuivre pyriteux, cuivre gris, cuivre carbonaté, oxide et quartz cuprifère;

Le cobalt;

Le fer, à l'état de fer carbonaté, fer oligiste, fer hydroxidé, fer oxidulé magnétique, fer titané et pyrite de fer;

Le mercure, à l'état d'oxide ou de cynabre;

Le plomb, à l'état de sulfure, souvent argentifère;

Le zinc, à l'état de blende et de calamite.

Presque toutes les substances minérales non métalliques se rencontrent également en Algérie : la pierre à bâtir, le plâtre, la chaux, l'argile à poteries, la terre à briques, les calcaires hydrauliques, la pouzzolane, les porphyres, le marbre s'y trouvent en abondance et sont de qualité supérieure. — Il est permis d'espérer qu'on découvrira, tôt ou tard, un combustible minéral. L'Algérie présente, en effet, des terrains inférieurs et supérieurs à la formation houillère : il est possible que la houille soit masquée par les terrains supérieurs, et il suffira, pour la trouver, d'un coup de sonde heureux.

V. Hydrographie. — Chaque rivière (*oued*) a des noms multiples ; pour ne point fatiguer la mémoire, nous donnerons au courant principal le nom même sous lequel il est le plus généralement connu.

Les rivières les plus considérables sont les suivantes :
Dans la province d'Alger :
Le Mazafran, qui se jette dans la mer, à l'ouest de Sidi-Ferruch, près d'Alger ;
La Chiffa, qui se perd dans le Mazafran ;
L'Harrach, la Hamise et le Boudouaou, qui se jettent dans la mer, à quelques kilomètres d'Alger ;
L'Isser, cours d'eau considérable ;
Le Sebaou, navigable du temps des Romains ; — ces deux rivières se jettent dans la Méditerranée, à l'ouest de Dellys.

Dans la province d'Oran :
Le Chélif, qui prend sa source dans l'Ouanseris, traverse une partie de la province d'Alger et va se jeter dans la Méditerranée, près de Mostaganem ;
La Macta, formée par l'Habra et le Sig ;
L'Oued-el-Melah ou Rio-Salado ;
La Tafna, célèbre par le traité de ce nom, et qui se jette dans la mer, à douze lieues ouest d'Oran.

Dans la province de Constantine :
L'Oued-Saheul ;
L'Oued-el-Kébir ;
Le Saf-Saf ;
La Seybouse.
Aucune de ces rivières n'est navigable.

Lacs, chotts et sebkhras. — Les eaux des pluies se précipitent au pied des pentes sur lesquelles elles tombent et creusent dans le sol un lit plus ou moins large : ce sont précisément ces lignes de fond, *rivières* ou *ruisseaux*, que les Arabes désignent sous le nom générique d'*oued*. Quelquefois, les eaux forment des nappes permanentes appelées *lacs*, ou bien elles se réunissent dans des bassins d'une nature particulière, appelés alors *chotts* et *sebkhras*.

Il y a peu de lacs en Algérie ; les plus remarquables sont :

Dans la province d'Alger ;

Le lac *Halloula*, au S.-O. d'Alger, dont l'origine ne paraît point remonter au-delà du siècle dernier. Il a 6 kilomètres de long et 2 kilomètres de largeur moyenne ; sa profondeur moyenne est de 2 mètres : il est très poissonneux et très fréquenté par les oiseaux aquatiques. — On travaille à son dessèchement.

Dans la province d'Oran :

Le lac salé d'*Arzew*, ayant 12 kilomètres de long sur 2 kilomètres 500 mètres de large.

Dans la province de Constantine :

Le lac *Fetzara*, dont le niveau est à 12 mètres seulement au-dessus du niveau de la mer ; il a une superficie de douze lieues carrées. Ses eaux, dont la profondeur maxima est de 2^m 60, varient peu. — Il est situé à 18 kilomètres S.-O. de Bône. On y trouve en abondance des cygnes et des grèbes dont les peaux préparées fournissent d'admirables fourrures.

Le lac *Tonga*, près de la frontière tunisienne ;

Le lac *Oubeira* (lac du beau marchand), qui est complètement enveloppé de collines, à l'exception du point par lequel il se décharge dans l'Oued-el-Kébir ;

Le lac *El-Melah* (lac salé), qui communique directement avec la mer, et est aussi nommé lac du *Bastion*, à cause du voisinage de cet ancien établissement français. Ces trois grands lacs forment comme une ceinture autour du territoire de La Calle.

Par *Chott*, on désigne les terrains que les eaux couvrent et découvrent successivement ; ce sont d'immenses bassins qui reçoivent les pluies d'hiver, restent à sec tout l'été et présentent çà et là quelques marécages.

Nous citerons :

Dans la province d'Alger :

Les chotts du *Zarez*, encaissés au milieu des montagnes des Ouled-Nayls ;

Dans la province d'Oran :

Le chott *El-R'arbi* et le chott *El-Chergui*, qui occupent une surface de 225,000 hectares ;

Dans la province de Constantine :

Le chott de *Saïda*, qui couvre tout le fond du bassin du Hodna.

Les *Sebkhras* sont moins encaissées que les chotts, et leur surface offre plus de fermeté. — On cite, comme les plus remarquables :

1°. Celle d'Oran, au sud de cette ville, entre Misserghin et Valmy ; elle a 20 kilomètres de large sur 50 de long ;

2°. Celle de Melghir (province de Constantine), qui s'allonge de l'Ouest à l'Est, à travers la Tunisie et dont la longueur dépasse 500 kilomètres.

Sources thermales. — L'Algérie possède des sources minéro-thermales qui, sous le rapport de l'abondance, de la diversité et des propriétés thérapeutiques, ne le cèdent à aucune de celles qui, en Europe, sont le plus recherchées.

Chacune des trois provinces en possède un grand nombre ; nous signalerons comme les plus efficaces et les plus fréquentées :

Dans la province d'Alger :

1°. La source thermale d'*Hammam-Melouan*, près du village de Rovigo, à 40 kilomètres d'Alger. Ses eaux répondent à celles de Bourbonne, à cette différence près qu'elles contiennent une plus grande quantité de chlorure de sodium ;

2°. Les eaux thermales d'*Hammam-Rir'a*, à quelques lieues de Milianah : leur température la plus élevée est de 45 degrés, et leur action tonique stimulante et énergique.

Dans la province d'Oran :

1°. La source thermale des *Bains de la Reine,* sur le bord de la mer, entre Mers-el-Kébir et Oran, à 2 kilomètres au plus de cette dernière ville. Ses eaux se montrent au jour à trois mètres au-dessus du niveau de la mer, et tombent, à la sortie de la roche, dans un bassin où sont disposées les baignoires. Franchement salines, ces eaux sont bonnes contre un grand nombre d'affections internes et externes, telles que les débilités de l'estomac, lenteurs digestives, les rhumatismes simples et goutteux. L'hôpital militaire d'Oran y fait transporter ses malades ;

2°. *Aïn-Merdja*, sur la gauche de la Tafna ;

3°. *Aïn-el-Hammam*, à 20 kilomètres de Mascara : ses eaux sont légèrement alcalines.

Dans la province de Constantine :

1°. *Hammam-Meskhoutine*, source thermale d'où l'eau s'échappe en abondance par une ouverture principale, à une température de 95 degrés centigrades. Les eaux qui jaillissent des autres ouvertures varient de 35 à 46 degrés, mais elles sont indistinctement d'une limpidité et d'une cristallisation remarquables. D'une nature saline avec odeur sulfureuse, elles se rapprochent, par leur composition chimique, des eaux de Balaruc, de Plombières et de Bagnères-de-Bigorre, qu'elles peuvent remplacer au besoin.

2°. *Hammam-Sidi-Mimoun*, au Sud de Constantine, près du Rummel ; elle projette une eau thermale d'une température de 26 degrés.

Ces différentes sources sont également fréquentées par les Arabes et par les Européens.

VI. Température, Climat. — En Algérie, la température est la même qu'en Provence ; mais l'année ne présente que deux saisons distinctes : l'une chaude, l'autre tempérée qui, elle-même, se partage en humide et sèche.

L'*été* commence au mois de juillet et finit avec septembre ;

La saison *tempérée et humide* débute en octobre et dure jusqu'à la fin de février.

La saison *tempérée sèche* s'ouvre au mois de mars et dure jusqu'à la fin de juin. — On pourrait donc, à la rigueur, compter en Algérie trois saisons : l'été, l'hiver et le printemps.

En été, les nuits sont très fraîches, accompagnées d'abondantes rosées, et les plaines se couvrent de brouillards que dissipent les premiers rayons du soleil.

En hiver, l'humidité est toujours grande.

Dans la province d'Alger et dans celle de Constantine, les pluies ne durent guère qu'une soixantaine de jours, mais il en tombe une quantité presque double de celle qui s'observe à Paris pendant toute l'année. Il pleut sensiblement moins dans la province d'Oran.

Les vents généraux soufflent, depuis le mois d'octobre jusqu'au mois de mai, dans la direction du Nord-Ouest ; après le mois de mars, cependant, ils varient tantôt du Nord à l'Est, tantôt du Nord à l'Ouest. Ces variations sont de courtes durées. Pendant l'été, leur action est subordonnée aux causes locales : ainsi, le long de la côte, il fait grand calme, et la chaleur est tempérée par la brise de mer. — Dans l'intérieur, l'air est plus échauffé ; parfois, le vent du Sud, qui occupe les régions supérieures, s'abaisse et rase le sol : c'est le *simoun* des Arabes, le *siroco* des Espagnols. Il souffle du Sud-Est, et élève la température jusqu'à 45 degrés centigrades. A ce point, le soleil est obscurci par des tourbillons de pousssière, le ciel prend une teinte rougeâtre et de brûlantes effluves se succèdent, qui enlèvent jusqu'au dernier atôme d'humidité répandue dans l'atmosphère. Toute fonction vitale est alors suspendue chez les végétaux ; tout ce qui est herbacé se flétrit et meurt.

Le vent du Nord a toujours une température très basse vers le milieu de l'hiver ; il est en même temps très sec, et, quand il persiste, il frappe de stérilité tout ce qu'il touche directement.

HYGIÈNE.

Durant les premières années de l'occupation, les troupes furent décimées par la fièvre qui, dans certaines localités, notamment à Boufarik et à Bône, fit d'épouvantables ravages. On crut, et on dit alors, que le climat de l'Algérie était le plus meurtrier du globe, et le nombre des émigrants diminua. Mais on comprit bientôt que ces maladies provenaient de causes essentiellement locales et transitoires. Depuis des siècles, en effet, les Arabes laissaient accumuler sur le sol des détritus de toutes sortes : or, du sein de la terre, incessamment fouillée par la pioche du soldat ou par la charrue du colon, s'exhalaient des miasmes putrides que respiraient les travailleurs. Peu-à-peu, cependant, le sol fut assaini : l'état sanitaire s'améliora. Aujourd'hui, grâces aux travaux exécutés ou en cours d'exécution, le climat de l'Algérie est d'une salubrité véritablement exceptionnelle.

Plusieurs médecins sont venus étudier sur place les

maladies qui, au début de l'occupation, décimèrent les Eropéens. MM. Antonini, Baudens, Jacquot, Leclerc, Bodichon, C. Broussais, Pietra-Santa, Mitchell, Bertherand, etc., ont ainsi visité le littoral ou l'intérieur, et publié, dans des mémoires ou des recueils, le résultat de leurs observations. — Un de leurs confrères, M. A. Frison, professeur de pathologie externe à l'École de médecine d'Alger, explique comme suit la cause première des maladies qui frappent les immigrants, et donne, sur le moyen de les prévenir, de sages et d'utiles conseils :

« Celui qui arrive en Algérie, colon, valétudinaire ou touriste, doit savoir, dit M. Frison, qu'il vient de mettre le pied sur une terre où la flore des pays tropicaux resplendit à côté de celle des pays tempérés ; qu'il trouve, enfin, la France et l'Orient résumés en un volume.

» Mais avant tout, il convient de protester contre les récits légendaires que des esprits timorés, prévenus ou malveillants, se sont fait un plaisir de propager. Non, l'Algérie n'est pas une terre pestilentielle ! Non, elle n'est pas fatale à l'européen ! S'il est vrai que le climat a fait payer cher à notre armée sa magnifique conquête, il faut songer aux conditions exceptionnelles au milieu desquelles vivaient nos soldats. Mais il y a loin de la vie de soldat en campagne à la vie de colon ou de touriste. De plus, les travaux de défrichement, d'irrigation et de dessèchement, les créations de villages, les plantations d'arbres ont fait disparaître le plus grand nombre des causes de maladie. Aussi on ne doit pas craindre, aujourd'hui, d'écrire, — avec autant de raison que pour n'importe quel pays de l'Europe, — au frontispice de l'histoire de l'Algérie : *sécurité et salubrité.*

» Le climat de l'Algérie est analogue à celui du midi de la France, et l'acclimatement y est d'autant plus facile qu'on vient d'une région moins froide. Mais quelle que soit la contrée que l'on quitte, Normandie ou Provence, on doit, dès son arrivée, ne pas perdre de vue les observations suivantes :

» Chaque jour la température baisse vers les trois ou quatre heures de l'après-midi, d'une manière plus sensible encore pour l'organisme que pour le thermomètre. Il est nécessaire, pour éviter les dérangements d'entrailles, d'être plus couvert à cette heure de la journée. En toute saison, l'oubli de cette recommandation a ses dangers.

» Pendant l'hiver, la beauté proverbiale du soleil d'Afrique séduit et entraîne le nouvel arrivant qui se complaît des heures entières à se chauffer à ses rayons. C'est un plaisir qu'il ne faut prendre qu'en se promenant et en songeant que l'ombre est froide, si on ne veut payer d'un rhume de poitrine ou d'un point de côté le bonheur de se sentir renaître. Une coiffure à larges bords, qui abrite la tête et le cou, rend le danger moins imminent.

» A peine a-t-on respiré l'air d'Afrique que l'appétit augmente ; il est sage de ne pas le satisfaire entièrement et de rester un peu sur sa faim. Ce phénomène, de courte durée en général, est souvent remplacé par une certaine paresse du tube digestif. C'est alors qu'une nourriture légèrement excitante est avantageuse. Les gens du Nord feront bien d'avoir une cuisine plus épicée.

» La femme éprouvera du côté de la menstruation des modifications dont elle doit être avertie. En général, les règles sont plus abondantes, se montrent à des intervalles plus rapprochés ; quelquefois les seins se gonflent, deviennent douloureux, la voix s'enroue. Ces derniers accidents sont passagers. Mais l'abondance des menstrues, leur apparition plus fréquente persistent souvent et s'accompagnent d'une plus grande activité fonctionnelle des organes d'où elles émanent.

» Informée de ces faits, la femme ne s'en effraiera pas. Elle n'aura besoin de consulter un médecin que dans le cas où la perte deviendrait trop abondante et durerait trop long-temps. En attendant, le repos absolu est la première précaution à prendre.

» Le climat prédispose à l'avortement la femme qui arrive grosse en Algérie, ou qui le devient peu après son arrivée ; souvent aussi les règles se montrent pendant les premiers mois de la grossesse. Ce sont là des conditions qui commandent impérieusement d'éviter les fatigues de toutes sortes.

» Il est commun de voir le lait des nourrices nouvellement débarquées devenir plus aqueux, moins nourrissant. Cet appauvrissement du lait a sa principale cause dans les troubles de la menstruation. Alors l'enfant ne profite plus, et il devient nécessaire de prendre conseil d'un médecin.

» L'immigrant, touriste ou colon, qui s'enfoncera pendant l'hiver dans les montagnes est sûr d'y rencontrer le froid et ses fidèles compagnes, la glace et la neige. Il n'aura donc pas, pour ainsi dire, de modifications climatériques à subir, d'acclimatement à faire, car il retrouvera l'hiver de France. Les chaleurs de l'été y sont, en général, plus fortes que sur le littoral où la brise de mer les rend très supportables.

» La maladie que l'on rencontre assez fréquemment en Algérie et dont l'imprévoyance seule est la cause, c'est la diarrhée. Évitez les refroidissements brusques, si faciles surtout lorsque le corps est couvert de sueur, l'abus des fruits aqueux, l'usage de l'eau pure ou de mauvaise qualité, et vous n'aurez rien à craindre de cette affection si redoutée. En cas d'accident, mettez sur le ventre une ceinture de flanelle ; abstenez-vous de fruits, mangez un peu moins à chaque repas et buvez dans la journée de l'eau de riz ou mieux de l'eau albumineuse que l'on prépare en délayant dans un kilogramme d'eau froide quatre ou cinq blancs d'œufs. Si la diarrhée n'a pas cédé en deux ou trois jours, et surtout si elle s'accompagne d'un peu de sang, il faut consulter un médecin.

Du travail. — » Les conditions climatériques réagissent sur le physique et le moral des habitants de notre colonie.

» Le travail intellectuel devient difficile pendant les fortes chaleurs, et il faut alors une grande énergie morale pour continuer des études qui exigent une attention soutenue, peut-être même ne sont-elles pas sans quelques inconvénients ; mais en dehors de cette période, on peut en Afrique travailler autant qu'à Paris.

» Il est nécessaire d'appeler l'attention des ouvriers sur la diminution des forces physiques qui suit de près leur arrivée en Algérie ; car le travailleur s'apercevant qu'il est moins fort qu'en France, qu'il se fatigue plus vite, s'inquiète, se décourage. Il croit sa constitution détériorée, alors qu'il n'y a qu'une influence de climat, et la nostalgie le gagne.

» Les règles de l'hygiène prescrivent de ne pas aller aux champs avant le lever du soleil. Que les colons des plaines ne l'oublient jamais. Que jamais aussi ils ne sortent de chez eux l'estomac vide ; ils doivent préférer à tout une soupe avec un verre de vin ou une tasse de café noir. C'est courir à sa perte que de se contenter du verre d'eau-de-vie, sous quelque forme qu'on le déguise.

» Pendant les chaleurs de l'été la sieste est utile ; elle a le grand avantage de soustraire le travailleur à l'insolation prolongée. Sous aucun prétexte on ne devra dormir en plein air ou dans des granges remplies de foin nouvellement fauché.

» Tout travailleur devrait, à la fin de sa journée, faire des ablutions de tout le corps. La pratique en est des plus simples : elle consiste à se faire arroser à nu d'un seau d'eau froide et à s'essuyer immédiatement. Que de maladies seraient ainsi prévenues !

Vêtements. — » Pendant l'hiver, la température commande elle-même ce qu'il convient de faire ; mais l'été, alors que les transpirations sont abondantes, il faut savoir que les vêtements de toile sont toujours dangereux à cause du refroidissement brusque auquel ils exposent le corps. Les habits de laine ou de coton sont les plus convenables. Cependant on peut tolérer la toile dans le milieu du jour, à la condition qu'on prendra le soir des vêtements plus chauds. La coiffure doit avoir des bords assez larges pour garantir complètement la nuque de l'action directe de la lumière solaire : c'est vouloir compromettre sa santé que de négliger ces conseils.

Alimentation. — » L'arabe est très sobre, a-t-on dit, il faudrait l'imiter. Mais, quand on y regarde de plus près, on voit que, malheureusement, cette sobriété lui est imposée par la misère, et qu'à l'occasion, il est vorace et glouton. Venons-lui en aide, mais ne l'imitons pas.

Il faut à l'européen une nourriture copieuse et fortifiante. La viande est l'aliment par excellence : elle lui est indispensable, au moins une fois par jour ; le poisson, cette grande ressource de l'habitant du littoral, ne saurait chez le travailleur la remplacer d'une manière absolue. C'est la viande qui fait la chair et donne les forces.

Boissons. — » On peut dire d'une manière générale que les boissons fortement alcoolisées, même prises en mangeant, sont nuisibles ; car il est difficile de garder une sage mesure dans un pays où les chaleurs activent la soif. Un précepte dont il faut se souvenir, c'est que la modération en France est déjà un excès en Algérie. En dehors des repas, il faut boire le moins possible. Le choix des boissons ne doit pas être indifférent. Un usage vulgaire veut qu'on coupe l'eau avec de l'eau-de-vie ou de l'absinthe ; on arrive ainsi, à la fin de la journée, à avoir bu, à petite dose, il est vrai, une assez forte proportion de ces liqueurs, ce qui est pernicieux. Pendant les repas, comme dans l'intervalle, le vin coupé d'eau ou le café noir étendu sont de beaucoup préférables. Mais la bière est une boisson détestable pour l'Algérie : elle rafraîchit, c'est possible, mais elle coupe l'appétit, rend le tube digestif paresseux et donne bien vite la pituite. Plus que tout autre boisson, la bière éveille le besoin de fumer, cette triste conquête de notre époque.

» Les boissons doivent être très faiblement alcoolisées et légèrement piquantes. Voici une formule qui commence à se répandre : Faire fermenter dans 20 litres d'eau 1,200 grammes de figues coupées ou de raisins secs ou de pommes sèches, en parfumant avec un peu de canelle, ou de sauge, ou de menthe, etc. Il suffit de laisser le mélange fermenter pendant trois jours. A ce breuvage on ne peut adresser qu'un seul reproche, c'est que, continué pendant longtemps, il rend paresseuses les fonctions digestives, comme le font les eaux de seltz.

Bains. — « En général, dit Montaigne, j'estime le
» baigner salubre et crois que nous encourons nos lé-
» gières incommoditez en notre santé, pour avoir perdu
» cette coustume. » Le bain est, en effet, un des grands modificateurs de l'économie, car son action ne se borne pas à la surface de la peau. Les habitants du littoral ont à leur disposition les bains de mer ; mais il faut qu'ils sachent que les eaux de la Méditerranée ont une action moins efficace que celles de l'Océan et de la Manche, infériorité qu'elles doivent surtout à leur température plus élevée. D'un autre côté, elles sont plus riches en matières salines. C'est ainsi que sur 100 parties d'eau, la Méditerranée contient 4, 1 de matières salines, tandis que l'Océan atlantique n'en contient que 3, 8, la Manche 3, 6, la Baltique de 1, 6 à 2, 2. Cette composition les rend plus irritantes. Aussi faut-il, en général, ne rester que peu de temps dans le bain, — 5 à 10 minutes environ.

» Les principales villes possèdent des bains français et des bains maures. En tout temps, le bain tiède doit être préféré. Nous ne partageons pas pour les bains maures l'enthousiasme de beaucoup d'écrivains. Ce ne sont, en réalité, que des bains énervants, sensuels, incompatibles avec nos mœurs et notre caractère. Il faut les réserver pour des malades.

» On a proscrit les bains de rivière sans motifs légitimes. Nous ne pouvons nous empêcher de faire ressortir combien est nul l'argument tiré des habitudes des Arabes qui, dit-on, ne se baignent jamais dans les rivières. Nous demanderons quels sont les fleuves de l'Algérie qui, en été, ont assez d'eau courante pour permettre à un homme de prendre seulement un bain de pieds? Les plus grands fleuves n'offrent, malheureusement encore, que des lits desséchés, entrecoupés par intervalle de flaques d'eau bourbeuse et fétide. Nous conseillons aux colons de prendre des bains froids ou tièdes le plus souvent possible, et pendant les chaleurs de l'été, nous leur recommandons les ablutions d'eau froide, matin et soir.

Fièvres intermittentes. — « En Algérie comme en France, comme dans tous les pays du globe, existent des foyers d'infection paludéenne dont il faut éviter de subir l'influence. On se trouvera bien de ne jamais sortir le matin à jeun et de suivre les prescriptions que nous avons faites pour le règlement de la journée de travail.

Dès qu'un accès apparaît, il faut avoir recours au sulfate de quinine, le prendre tous les jours, qu'on ait ou non la fièvre, et le continuer une semaine environ après que le dernier accès a disparu.

Ressources que l'Algérie offre aux malades. — » L'Algérie n'est pas seulement une terre fertile destinée, pour nous servir d'une expression consacrée, à devenir le grenier d'abondance de la France : elle est encore l'asile de ceux qui souffrent. Son climat est utile aux poitrines délicates, aux phthisiques qu'il modifie si avantageusement, surtout lorsqu'ils arrivent au début de leur affection ; aux scrofuleux, aux lymphatiques, dont il change en quelque sorte la constitution, enfin aux rhumatisants. »

VII. Aspect général ; divisions naturelles. — Vue de haut et dans sa configuration la plus générale, l'Algérie présente trois régions distinctes :

1°. Le versant méditerranéen, — région dont toutes les eaux se rendent à la Méditerranée ;

2°. Le plateau central, — région dont toutes les eaux se réunissent dans des lacs intérieurs ;

3°. Le versant saharien, — région dont toutes les eaux vont se perdre dans le Désert.

L'Algérie présente, en outre, deux grandes divisions naturelles :
Le Tell, au Nord ;
Le Sahara, au Sud.

Le Tell (du mot latin *tellus*) s'étend de la Méditerranée au plateau central. Sa largeur moyenne est de 120 kilomètres à l'Ouest et au centre, et de 260 à l'Est ; son étendue mesure 14 millions d'hectares : c'est le pays des gras pâturages et des forêts épaisses. Il produit d'abondantes récoltes, fournit aux habitants et à l'Europe même des grains, du tabac, du coton et des bois essentiellement propres à l'ébénisterie ; bientôt il fournira du vin. — On l'a dit avec raison : le Tell est le grenier de l'Algérie.

« Le Sahara, — c'est le général Daumas qui parle, — présente sur un fond de sable, ici des montagnes, là des ravins ; ici des marais, là des mamelons ; ici des villes et des bourgades, là des tribus nomades. Les montagnes toujours parallèles à la mer sont, dans la zone nord, élevées, rocheuses, accidentées à l'Est ; mais elles s'abaissent graduellement en courant à l'Ouest et se fondent enfin par une succession de mamelons et de dunes mouvantes, que les arabes appellent *arouq* (veines), ou *chebka* (filet), selon que le système en est simple ou composé.

Presque toutes sont abruptes sur le versant qui fait face au Tell ; et, du côté du Sud, toutes, après plus ou moins de convulsions, vont mourir de langueur dans les sables. — De ces montagnes descendent, à la saison des pluies, d'innombrables cours d'eau dont les lits sont promptement desséchés par le soleil et forment alors un réseau de ravins. Dans la première zone, les centres de population sont quelquefois séparés entre eux par des espaces complètement nus, complètement stériles et distants de plusieurs journées de marche ; mais sur toutes les lignes, dans toutes les directions, des puits échelonnés servent à la fois de lieu de station et d'indication pour les routes. »

Le Sahara, qu'on a longtemps appelé le *Pays de la soif et du simoun*, a pourtant ses richesses. C'est là que paissent, sous la garde des Arabes pasteurs, d'innombrables troupeaux. Le sol est à peine cultivé, mais on y trouve d'immenses pacages, et il fournit des moutons qui alimentent jusqu'aux boucheries de la métropole, et des laines qu'on tisse dans toutes ses fabriques.

Plus au Sud, sont les *oasis* : « chaque grande oasis a sa ville principale, autour de laquelle rayonnent les *ksours* (villages) de sa dépendance et les tentes des tribus ses alliées, errantes au printemps pour faire paître leurs troupeaux, émigrant pendant l'été pour aller acheter des grains dans le Tell, toujours de retour en novembre pour les emmagasiner, pour cueillir les dattes ou s'en approvisionner et passer l'hiver en famille sous la maison de poil. »

Et puisque nous sommes en train de faire des emprunts au pittoresque auteur du *Sahara algérien*, dérobons-lui encore un dernier trait que le lecteur ne sera pas fâché de trouver à la fin de ce chapitre, bien qu'il touche beaucoup moins à la physionomie du pays qu'à celle de ses habitants.

« Une observation, dit le général Daumas, frappe tout d'abord : comment trouvons-nous dans le Sahara tant de populations sédentaires ?

» Un double motif a concouru à établir cet ordre de choses : d'abord, c'est que les soins incessants à donner aux palmiers ont dû grouper les populations autour du pied de l'arbre qui les nourrit. Il est à remarquer ensuite que celles-ci ne sont point de race arabe : leurs pères vivaient autrefois sur le littoral, dans des villes et des villages. Chassés par les invasions successives, refoulés dans l'intérieur, ils y ont porté leurs instincts sédentaires..... Après ces premiers occupants, sont arrivés les Arabes, apportant, eux aussi, leurs instincts éminemment vagabonds.....

» Ceux-ci tiennent en mépris, non-seulement leurs voisins les sédentaires, mais leurs frères dégénérés du Tell, buveurs de lait et mangeurs de dattes.... L'arabe de la tente croirait déchoir s'il donnait sa fille en mariage au plus riche habitant des *ksours*.

» Toutefois, forcés de vivre côte à côte et d'une vie qui se complète par l'association, il est arrivé de leurs relations habituelles que les uns et les autres sont devenus propriétaires sur le même sol, dans la même enceinte ; mais le nomade qui possède, ne cultive pas : il est seigneur ; le citadin est son fermier. Par contre, celui-ci s'est donné des troupeaux qu'il a confiés aux bergers de la tribu. Pendant que le nomade les conduira dans les pâturages, l'habitant de la ville ou du *ksar* veillera sur les grains en dépôt et cultivera les palmiers. »

CHAPITRE II.

Divisions culturales; — Cultures ordinaires; — Cultures spéciales; — Plantes textiles 'etc.; — Bois et forêts; — Arbres fruitiers; — Arbres forestiers.

PRODUCTIONS.

I. Divisions culturales. — Nous avons tracé dans le chapitre précédent, les grandes divisions de l'Algérie; mais un tableau d'ensemble ne saurait suffire : il faut encore envisager la colonie sous un aspect moins général et indiquer, suivant leurs zones diverses, ses différentes productions. Nous suivrons l'ordre adopté par M. Hardy :

« Les basses terres qui aboutissent au rivage, le relief et les accidents de son sol, ses hauts plateaux, sa base saharienne dépourvue de pluies, divisent naturellement l'Algérie en diverses régions culturales. Ces régions peuvent s'établir au nombre de quatre et se définir ainsi :

» Les plaines basses ou bassins inférieurs des rivières qui se jettent directement à la mer. Sous l'influence du climat maritime, et vu leur peu d'élévation au-dessus de la mer, ces terrains sont ceux de toute la colonie qui jouissent de la température la plus douce et la plus uniforme. C'est la région qui convient le mieux aux productions des régions tropicales.

» Une seconde région est déterminée par l'élévation du sol, caractérisée par des abaissements de température assez sensibles, et par la présence périodique de la neige chaque hiver. Le climat de cette région peut être comparé à celui de la Bourgogne. Il peut convenir aux productions de la partie moyenne de l'Europe. C'est là que prospèrent le mieux les arbres fruitiers à feuilles caduques.

» La troisième région est celle des steppes au climat continental, chaud le jour, froid la nuit, aux horizons étendus, caractérisée par un sol presque plat, salé par places, dépourvu de grands arbres, et dont toute la végétation se résume en des herbes fines et rares. C'est la région des pâturages où la transhumance est pratiquée sur une grande échelle, depuis un temps immémorial par les pasteurs arabes.

» Enfin, la quatrième est la région saharienne, la région où mûrissent les dattes, caractérisée par un climat tout-à-fait exceptionnel, presque privé de pluies, qui sont tout à la fois plus chaudes et plus froides que sur le littoral. La culture n'y est possible qu'à la condition d'y être baignée par une abondante irrigation. L'excessive sécheresse de l'air, l'abaissement de la température pendant les quelques mois d'hiver, sa grande élévation pendant le reste de l'année, la violence des vents constituent un milieu qui ne peut convenir qu'à un très petit nombre d'espèces organisées exprès, et dont le dattier nous présente le type le plus remarquable.

» Cette diversité de sols, d'expositions, de climats, fait de l'Algérie un des lieux du globe où il est possible de réunir le plus grand nombre d'espèces végétales utiles, et peut-être même d'espèces animales. »

Ces observations faites, nous classerons ainsi qu'il suit, les différentes productions :

CULTURES GÉNÉRALES OU ORDINAIRES.

II. Céréales. — Les blés algériens, dont la qualité supérieure est maintenant incontestée, se divisent en deux catégories : le *blé dur* et le *blé tendre*.

Blé dur. — C'était la seule variété connue des Indigènes qui le cultivent encore à peu près exclusivement. On le reconnaît à sa forme : « l'épi est barbu, presque toujours carré, souvent bleuâtre, la tige plus ou moins pleine ; le grain assez gros, un peu allongé, pâle ou rougeâtre et cassant sous la dent. » A poids égal, la farine de blé dur rend notablement plus de pain que celle du blé tendre, et ce pain, tout aussi beau, est beaucoup plus nourrissant. En modifiant le procédé de monture, on en fait de la semoule au moyen de laquelle on obtient une pâte très estimée pour les potages et les pâtisseries ; — c'est avec la semoule que les Arabes préparent le *kous-kous*, leur mets favori.

Blé tendre. — Il a été importé par les colons : « l'épi en est généralement long, cylindrique, jaunâtre ; la tige toujours creuse. Le grain d'une couleur dorée, s'écrase facilement sous la dent et présente une farine plus blanche que celle du blé dur. »

Orge — Elle comprend deux espèces : l'une qui appartient à l'Algérie, et dont les épis sont à peu près plats ; l'autre qui a été introduite par les européens, et dont les épis sont carrés. — L'orge en grains est principalement employée pour la nourriture des chevaux, mais elle est aussi cultivée comme fourrage vert.

Avoine. — Elle est d'importation européenne ; il y en a de deux espèces, celle d'hiver et celle du printemps : c'est l'avoine blanche d'hiver qui a été adoptée. Elle est plus productive que l'orge et constitue, en hiver, une excellente nourriture pour les chevaux de trait. — On la sème en mélange avec d'autres graines pour faire du fourrage.

Maïs (*blé de Turquie*). — Il a beaucoup de variétés. Les gens du Tell et du Sahara le cultivent d'autant plus volontiers qu'il produit très abondamment. On donne ses tiges vertes en nourriture aux bestiaux, et on garnit avec ses feuilles sèches les paillasses des lits. — Le grain est utilisé comme aliment par les Arabes qui, après l'avoir pilé, le délayent dans l'eau avec du beurre et le mangent en bouillie.

Sorgho. — Il est cultivé dans les trois provinces : il en existe plusieurs variétés. Les grains servent à la nourriture des hommes et de la volaille ; les tiges sont consommées comme fourrage vert. — M. de Montigny, consul de France à Shang-Haï, a récemment importé en Afrique le sorgho à sucre (*Holcus saccharatus*), originaire de Chine.

La culture du sorgho avait fait naître de grandes espérances, mais il est aujourd'hui reconnu qu'elle ne donne point, dans toutes les circonstances, les résultats avantageux qu'on en attendait dans la production de l'alcool : néanmoins, le colon sérieux peut en tirer un fourrage abondant et d'une excellente qualité.

Plantes fourragères. — Ces plantes comprennent : la luzerne, — les vesces, — les jarosses et toute espèce de pois.

Plantes potagères — Ces plantes comprennent : les artichauts, dont il se fait un grand commerce, — la pomme de terre, — la patate, — les haricots, — les fèves ; toutes réussissent parfaitement. — Les lupins, les topinambours, les betteraves, les raves, les carottes, les navets, les choux sont aussi cultivés, mais les uns donnent des produits médiocres, les autres ne réussissent bien, généralement, qu'à la faveur des irrigations.

CULTURES INDUSTRIELLES OU SPÉCIALES.

III. Tabac. — De toutes les plantes commerciales, le tabac est une de celles qui donnent aux producteurs le plus de bénéfices. Les colons et les indigènes le cultivent à l'envi et sur une grande échelle. — Nous empruntons à un ouvrage spécial, publié par le Ministère de la guerre, les détails qui suivent :

« Avant la conquête, les indigènes cultivaient deux espèces de tabacs : le *tabac rustique* et le *tabac ordinaire*; avec le premier, ils obtenaient le tabac à priser, *ch'emma*, objet de trafic important dans le pays de Tlemcen et dans la province de Constantine, près des frontières de Tunis. Avec le second, ils obtenaient le tabac à fumer. Dans cette production, quelques tribus avaient conquis un grand renom, entre autres les Krachna et les Ouled-Chebel, dans la Métidja : de ceux-ci, venaient le nom et la réputation du tabac *chebli*. Les produits de l'oasis de Souf, dans le Sahara algérien de l'Est, étaient et sont encore fort estimés des indigènes, bien que leur force oblige de les mélanger avec d'autres plantes appelées *akil* et *trouna*. On les exporte dans le Tell et sur tous les marchés du Sahara, concurremment avec les tabacs des oasis. »

Les colons ne tardèrent point à suivre l'exemple que leur donnaient les Arabes : tous, ou presque tous, s'adonnent aujourd'hui, dans des proportions plus ou moins larges, à la culture du tabac. Les débouchés ne leur feront jamais défaut. En Europe, comme en Afrique, tout le monde fume, — ou fumera.

Coton. — Le climat et le sol de l'Algérie sont favorables au cotonnier dont on cultive plusieurs variétés :

Celle qui donne le coton dit *georgie longue-soie* ;

Celle qui produit le coton dit *louisiane courte-soie*. Elles sont toutes deux originaires d'Amérique. On les distingue particulièrement par leurs graines : celle du coton longue-soie est noire et lisse ; celle du coton courte-soie est verdâtre et feutrée, c'est-à-dire couverte de duvet.

On cultive également le coton longue-soie d'Egypte, plus connu sous le nom de *jumel*, et qui existe dans le pays depuis des siècles.

La production du coton est appelée à prendre une place importante parmi les cultures industrielles de l'Algérie ; quelques chiffres empruntés aux statistiques officielles le prouvent suffisamment. — Les différentes régions du globe produisent annuellement 4,700,000 balles de coton qui, au poids moyen de 150 kilogram, représentent environ sept cent millions de kilogram. de coton en laine. Dans la Grande-Bretagne, l'industrie cotonnière occupe et fait vivre deux millions d'individus et produit annuellement deux milliards de francs. — En France, elle occupe 600,000 personnes. Les autres contrées manufacturières, l'Allemagne, — la Russie, — la Suisse, — la Belgique, — l'Espagne et l'Italie, consomment entre elles 800,000 balles environ, soit 120,000,000 kilos. — Tel est le débouché qui s'ouvre devant la production algérienne.

Sauf les régions élevées du Tell, toutes les parties de la colonie sont favorables à la culture du coton : néanmoins, c'est dans la province d'Oran que cette culture réussit le mieux.

En vertu d'un décret du 25 avril 1860, des encouragements doivent être donnés pendant douze ans à la production du coton en Algérie, au moyen de primes décroissantes, fixées chaque année par arrêté ministériel.

1°. Pour la campagne 1860-1861, M. le Ministre de l'Algérie a, par arrêté du 30 juin, déterminé, ainsi qu'il suit, le chiffre des primes à allouer.

En cas d'exportation directe :

1re Classe, coton géorgie longue-soie, moins les basses qualités, par kilo.	3 fr. »
2e Classe, basses qualités longue-soie, et cotons de tout autre espèce, le kilo.	1 »

En cas de non exportation directe et de livraison à l'administration :

1re Classe, par kilo.	2 fr. 10
2e Classe, id.	» 70

2°. Pour la campagne 1861-1862, M. le Gouverneur

Général a, par arrêté du 11 juillet 1861, déterminé ainsi qu'il suit les primes à allouer à la production cotonnière:

En cas d'exportation directe :

1re Classe, géorgie longue-soie, par kilo.	2 fr.	75
2e Classe, coton de toute autre espèce, par kilo.	»	96

En cas de non exportation directe et de livraison à l'administration :

1re Classe, par kilo.	1	92
2e Classe, id.	»	67

Chanvre. — Les indigènes cultivaient et cultivent encore le chanvre ordinaire : les colons ont importé le chanvre de Piémont et le chanvre de Chine.

Le chanvre de Piémont a de l'anologie avec les chanvres de la Sarthe et de la Loire ; — le chanvre de Chine donne fréquemment des tiges de six à sept mètres de haut ; ses chénevottes servent à faire des fagots pour allumer les fourneaux : elles conviennent également à la confection d'un charbon léger, propre à la fabrication de la poudre.

La Chambre de commerce de Paris a complétement assimilé les échantillons de chanvre de Chine qui lui ont été soumis aux chanvres de Maine-et-Loire et de la Sarthe, employés à la fabrication des cordages pour la marine.

Lin. — Il réussit dans toutes les terres, à l'exception de celles trop légères et brûlantes. On ne cultive guères en Afrique, qu'une seule variété, celle dite *lin de Russie* ou de *Riga*, qui atteint la plus grande hauteur et donne les plus beaux produits. Les Arabes le cultivaient bien avant la conquête. — Au dire de juges compétents, les lins de l'Algérie peuvent être comparés, pour la qualité, à ceux des départements des Côtes-du-Nord et d'Ille-et-Vilaine, nommés *lins d'hiver*, particulièrement propres à la fabrication des grosses toiles et des toiles à voiles.

PLANTES TEXTILES.

Agave. — De la famille des liliacées, naturalisé autour du bassin méditérranéen; ses feuilles donnent une certaine quantité de filasse que les conditions de culture et de manipulation portent à un prix trop élevé. — Une espèce voisine, la *Fourcroya*, utilisée sous les tropiques, fournirait en plus grande abondance un produit bien supérieur, si les tentatives d'acclimatation faites aujourd'hui parvenaient à nous donner cette plante.

Alfa. — C'est la *Lygea sparte* des botanistes. Elle offre l'aspect d'un jonc; ses tiges sont grêles et dures; ses feuilles longues, glauques, très roides, sont presque filiformes et roulées sur leurs bords. Elle abonde dans nos possessions du Sud et croît au Portugal. On se sert de l'alfa pour fabriquer les ouvrages dits de sparterie, tels que : paniers, tapis, coufins, cordes et paillassons. On en tire également une filasse propre à la fabrication de la pâte à papier, mais les frais de transport sont encore trop coûteux en Algérie pour qu'on puisse l'employer utilement à cette dernière industrie.

Aloès. — Les plantes connues sous le nom d'aloès sont propres à l'Afrique australe : on en cultive comme ornement quelques espèces qui ne donnent point, en Algérie, le suc résineux employé comme purgatif en médecine. — Ce que les colons nomment *aloès* n'est autre chose que l'agave.

Diss. — Nom arabe de l'*Arundo festucoïdes*: il est aussi répandu dans la partie septentrionale de l'Algérie que l'alfa l'est dans le Sud. Ses longues feuilles aplaties sont utilisées par les colons et les Arabes pour les couvertures des meules de fourrage et de paille, ainsi que pour les hangars et séchoirs divers ; on peut l'employer à couvrir même les maisons. La plante est mangée par le bétail et employée par les Arabes à la fabrication des cordes destinées à lier les faisceaux, les gerbes de blé et d'orge qu'ils transportent au moment des récoltes. — Les feuilles du diss fournissent, comme celles de l'alfa, de la pâte à papier.

Latanier. — Genre de palmier, originaire de Madagascar et des îles de la Sonde et qui a été importé en Algérie, en 1843. Le tronc est simple, cylindrique, droit et très élevé ; il supporte une énorme touffe de 25 à 30 feuilles très larges, disposées en faisceaux, et qui figurent un immense éventail. Les fruits arrivent à maturité complète à la fin d'avril ; ils ont le volume et la forme de grosses olives, mais ne sont pas comestibles. — La beauté exceptionnelle du latanier engagerait seule à le cultiver ; mais l'industrie et l'économie rurale y trouvent aussi leur compte ; ses feuilles, amples, contiennent des fibres textiles plus longues que celles du palmier-nain ; on confectionne avec elles de petits paniers à ouvrage et toutes sortes d'objets délicats, et elles forment d'excellentes couvertures pour les hangars, les séchoirs et les bergeries.

Ortie blanche. — C'est l'*Urtica nivea* des botanistes. Cette plante est originaire de Chine ; elle produit des fibres d'une grande beauté et d'une finesse extrême : c'est, paraît-il, avec ces fibres qu'on a préparé les premières étoffes dites mousselines. — L'ortie blanche est cultivée au Jardin d'acclimatation d'Alger, mais elle n'est point entrée encore dans le domaine de l'exploitation en grand.

Palmier-nain. — Ses feuilles donnent une filasse grossière, et qu'on obtient sans rouissage par leur peignage direct, qu'elles soient ou non munies de leur pétiole. Les colons de quelques localités voisines d'Alger, occupent leurs loisirs à préparer cette filasse dont ils tirent un assez bon produit, et qui est connue dans le commerce sous le nom de *crin végétal*. — Le prix de vente est, en moyenne, de 13 fr. 50 c. les 100 kilos, quantité qui exige, récolte des feuilles comprise, quatre journées de travail; la rémunération est donc suffisante; mais on peut reprocher à cette préparation d'être nuisible à la santé de ceux qui s'y livrent assidûment. — La filasse du palmier, quand on veut la transformer en crin végétal, est d'abord tordue en corde, puis teinte en noir, et enfin soumise à une dessication complète. Les cordes détruites après cette opération laissent un fil contourné, simulant assez bien le crin animal auquel on le substitue pour garnir les canapés, les coussins de voiture et les meubles à bon marché. Toulouse, Lyon, Marseille et Paris en consomment d'assez grandes quantités; l'Algérie en exporte annuellement pour plus d'un million.

PLANTES OLÉAGINEUSES.

Colza. — La culture du colza, plante oléagineuse du genre chou, tend à prendre en Algérie comme en France, une extension considérable. On forme avec cette plante des prairies artificielles et on en tire un fourrage d'hiver qui convient surtout aux bêtes à cornes; mais on la cultive principalement pour l'huile que l'on tire de sa graine. — L'huile de colza peut s'employer comme huile comestible; on s'en sert surtout pour l'éclairage, ainsi que pour préparer les cuirs et les laines.

Ricin. — L'espèce la plus intéressante, — celle que l'on cultive en Algérie, est le *ricin commun*, vulgairement appelé *Palma-Christi*; sa hauteur dépasse deux mètres, ses graines, assez semblables au haricot pour la forme, contiennent une huile grasse et douce qu'on obtient aisément soit par expression, soit par infusion dans l'eau bouillante. Cette huile, connue sous le nom d'*huile de ricin*, constitue un purgatif énergique, fréquemment employé en médecine ; elle est, en outre, vermifuge et paraît exercer sur les vers intestinaux une action vénéneuse.

PLANTES TINCTORIALES.

Garance. — Plante vivace, herbacée, à tige rameuse et chargée d'aspérités ; sa racine contient une substance particulière, appelée *alizarine*, à laquelle elle doit ses propriétés tinctoriales : elle donne un beau rouge très solide, et sert de base à toutes les nuances de violet, de brun, etc. On s'en sert pour l'impression des toiles peintes et pour teindre les draps.

La garance, originaire d'Orient, était connue des Grecs et des Romains ; on ne la cultive en France, que depuis la fin du siècle dernier. Importée en Afrique, elle a parfaitement réussi.

Henné. — C'est un arbuste de 3 à 4 mètres, à bois dur, revêtu d'un écorce ridée et d'un blanc jaunâtre. — La décoction des feuilles séchées et pulvérisées fournit une belle couleur jaune dont on se sert, en Orient, pour donner une teinte aurore à la barbe, aux cheveux et aux mains ; on en teint le dos, la crinière, la robe, le bas des jambes des chevaux et des moutons. Cette couleur est également appliquée pour la teinture sur les étoffes de laine. — Le henné, plus spécialement cultivé dans les oasis, a été introduit par les Européens aux environs d'Oran et de Blidah.

Indigotier. — Plante herbacée, originaire des Indes, dont la matière tinctoriale bleue, essentiellement propre à la teinture des laines, est connue dans le commerce sous le nom d'*indigo*. On en connaît plus de 60 espèces, dont 4 ou 5 seulement sont cultivées en grand.— L'une de ces variétés, l'indigotier *anil*, est cultivée dans les pépinières du Gouvernement.

L'*eupatoire* à feuille de chanvre, donne un indigo d'une qualité égale à celui fourni par les meilleurs indigotiers. Des essais tentés au Jardin d'acclimatation, il résulte que cette plante fournirait de bons résultats.

Nopal. — Parmi les variétés du cactus, il faut citer le *nopal* sur lequel on élève l'insecte qui donne la *cochenille*, et qui, comme elle, est originaire du Mexique.

La cochenille est un insecte hémiptère, et fournit à la teinture une belle couleur rouge. Cet insecte a un corps épais, mou et privé d'ailes ; il perce l'épiderme de la plante et en tire sa nourriture. La femelle, à l'époque de ses métamorphoses, se fixe à une branche et y reste attachée jusqu'à la mort ; sa peau secrète une matière céreuse qui la protége contre les intempéries.

L'exploitation de la cochenille a été récemment introduite en Algérie et y a parfaitement réussi. On dépose les femelles sur les feuilles du nopal ; elles y déposent leurs œufs ; on enlève avec un couteau à lame émoussée et on plonge dans l'eau bouillante les milliers de petits insectes qui grouillent sur la plante, puis on les dessèche au soleil ou dans des fours. La matière ainsi séchée constitue ce que, dans le commerce, on nomme la cochenille.

On emploie la cochenille pour colorer la laine et la soie en cramoisi et en écarlate. On trouve sur la feuille du chêne à kermès un insecte de la famille des cochenilles et qu'on nomme *kermès*. Il est à peu près de la grosseur de la cochenille du nopal, et donne une couleur rouge moins belle. Les Orientaux l'emploient pour teindre leurs coiffures et lui attribuent des vertus médicales.

Sumac. — Le sumac (*Rhus*) appartient à la famille du lentisque et du pistachier, et atteint, suivant les localités, des proportions plus ou moins grandes. On ne possède en Europe que le *sumac fustet* et le *sumac des corroyeurs*.

Le sumac fustet, dit aussi *bois jaune de Hongrie*, est un arbrisseau à feuilles simples, ovales, d'un vert tendre, à fleurs petites et verdâtres, à baies rougeâtres ; il croît aux Antilles et dans les parties méridionales de l'Europe et de la France. Il contient une matière tinctoriale jaune et un principe astringent. On l'emploie dans la teinture des laines. Les peaussiers en font un grand usage ; en Turquie et en Europe, on s'en sert pour tanner les cuirs fins, principalement ceux qui doivent être teints en jaune et en rouge.

Le sumac des corroyeurs est un arbrisseau velu de 2 à 3 mètres, à fleurs printanières, d'un blanc verdâtre, petites, nombreuses, réunies au sommet des rameaux, en épis denses et serrés ; baies rouges. Il croît en buisson dans les lieux secs et pierreux, et se rencontre fréquemment dans les rochers et sur les collines arides de l'Espagne et de la Sicile ; le plus estimé est celui qu'on récolte aux environs de Carini, près de Palerme (Sicile), et que l'on nomme *sumac de Carini* ; on s'en sert pour tanner les peaux de chèvre, dont on fait le maroquin. On teint en jaune avec l'écorce des tiges, et en brun avec celle des racines. Les baies ont une saveur acide assez agréable ; les Turcs les emploient comme assaisonnement, après les avoir fait macérer dans le vinaigre. Leur infusion procure une boisson rafraîchissante et astringente.

Le climat et une grande partie du sol de l'Algérie conviennent parfaitement à la culture du sumac ; des essais ont été faits qui ne laissent aucun doute à cet égard, et il est permis d'affirmer que dans un temps prochain, les colons d'Afrique pourront faire concurrence aux producteurs siciliens, et alimenter les principales maroquineries de France.

IV. Vigne. — La culture de la vigne s'est considérablement étendue depuis quelques années et, de jour en jour, elle tend à s'accroître. La nature des cépages est variée ; ceux qui existaient avant la conquête ont été tirés d'Espagne ; tous les autres sont français et proviennent de la Bourgogne, du Languedoc et du Roussillon. — Une partie de la récolte est convertie en vins qui jouissent d'une certaine réputation, bien qu'ils soient trop capiteux ; l'autre partie est consommée en grappes, soit après la vendange, soit à l'état de conserves.

Les Arabes, fidèles observateurs du Coran, ne cultivent la vigne que pour en manger les fruits : les colons, dignes fils de Noé, fêtent volontiers la bouteille et consomment le vin qu'ils récoltent. Mais, encore une fois, la production tend à s'accroître — et il est probable que dans un avenir peu éloigné, l'Algérie pourra faire de ses vins une des branches importantes de son commerce d'exportation, notamment avec la Grande-Bretagne.

V. Bois et Forêts. — De même que les céréales, les arbres trouvent dans le nord de l'Afrique toutes les variétés de terrain. Chaque zone culturale a ses productions particulières, et les différences de température que nous avons signalées expliquent comment, dans un pays relativement peu étendu, prospèrent, à quelques lieues de distance, les palmiers et les lauriers-roses, les orangers et le thuya.

Une nomenclature pure et simple des essences indigènes ou exotiques ne donnerait qu'une idée très imparfaite des richesses forestières de l'Algérie ; nous suivrons l'ordre que nous avons adopté précédemment, et nous classerons les arbres suivant leur nature et leurs produits.

ARBRES FRUITIERS.

Abricotier. — L'abricotier est un arbre tout algérien et donne d'excellents fruits. Il y a plusieurs variétés ; le Jardin d'acclimatation d'Alger en possède jusqu'à trente. L'abricot-pêche et l'angoumois sont particulièrement estimés. — Les Sahariens préparent avec l'abricot diverses espèces de confitures, dont ils font provision pour l'hiver.

Amandier. — L'amandier croît spontanément, mais dans les terrains secs, il ne pourrait réussir dans les terrains où l'eau est stagnante. On en distingue plusieurs variétés : celles à coques dures, dont l'une à l'amande douce et l'autre amère, — et celle à coque tendre, dite *à la princesse*, plus délicate que les précédentes et dont le prix est plus élevé.

Arbousier. — C'est l'arbrisseau le plus élégant de l'Algérie, où il abonde ; il est toujours couvert de belles fleurs blanches ; son fruit, de la couleur et de la forme d'une grosse fraise, est fort recherché des Arabes, ainsi que des Européens qui l'assaisonnent de sucre et d'eau-de-vie.

Azérolier. — Arbre essentiellement rustique ; cultivé, il donne un fruit rouge ou blanc, de la forme d'une petite pomme et qui a la saveur de la pomme de reinette franche la plus fine. On peut le confire au sucre et au vinaigre. — L'azérolier vient particulièrement dans la province de Constantine.

Bananier. — Le bananier est, à vrai dire, une plante arborescente, mais ses dimensions l'ont fait classer parmi les arbres à fruits. Originaire de l'Inde, il fut acclimaté dans la Régence bien avant la conquête ; il donne en abondance des fruits aussi sains qu'agréables au goût. Ces fruits se groupent sur un axe commun et forment une sorte de grappe qu'on appelle *régime* ; chaque régime porte de 40 à 80 bananes : les unes, petites et moyennes, sont mangées crues, quelques jours après avoir été détachées de la plante ; les autres, beaucoup plus grosses, sont mangées cuites.

Caroubier. — Le caroubier est un des plus beaux arbres indigènes de la colonie ; il croît dans les terrains les plus secs et parmi les rochers. On fait, avec son bois, des meubles magnifiques. Son fruit, concassé et débarassé de la graine qu'il renferme, puis cuvé avec de l'eau et un peu d'orge, donne un cidre agréable et très rafraîchissant.

Cédratier. — C'est une des variétés du citronnier. On fait avec ses fruits d'excellentes confitures.

Cerisier. — Il existe à l'état sauvage dans tous les terrains qui conservent un peu de fraîcheur, et forme, dans certaines localités, des groupes considérables. — On fait, avec ses jeunes pousses, de très beaux tuyaux de pipes.

Chataignier. — On le trouve dans plusieurs localités, notamment en Kabylie. Les chataignes sont plus petites que celles de France et d'Espagne.

Citronnier. — Il croît spontanément à l'état sauvage ; nous ne dirons rien de ses fruits dont l'emploi et les qualités sont connus. — Son bois est dur et fort recherché pour la fabrication des petits meubles.

Cognassier. — Cultivé de tout temps par les indigènes ; ses fruits sont estimés.

Dattier *(Palmier)*. — Le palmier-dattier est pour les habitants du Sud ce que sont les céréales pour les peuples des pays tempérés : c'est l'arbre providentiel des Sahariens, car ses fruits constituent à la fois la nourriture des indigènes et leur principal produit d'échange. — On le cultive également dans le Tell ; mais les palmiers-dattiers obtenus de semis étant généralement inféconds et d'une venue beaucoup moins belle que ceux issus de bouture, c'est ce dernier mode de reproduction qui est adopté par les planteurs.

Les dattes les plus estimées sont celles de l'Oued-Souf (province de Constantine). La première qualité, *Deglet-en-Nour*, se vend au *régime*; les dattes communes se vendent à la charge dans le Sahara, et sur le littoral, au poids. La cueillette commence généralement vers le 20 octobre et dure environ cinq semaines. Des magasins sont ménagés dans chaque maison et sillonnés de petits canaux qui reçoivent et laissent écouler le miel des dattes à mesure qu'elles se dessèchent. Ainsi préparées, et après dessication complète, elles peuvent se conserver dix ou douze ans. — Les dattes qui sont expédiées en Europe sont d'une qualité tellement inférieure que dans le Sahara on les donne en nourriture aux chevaux et aux bêtes de somme.

La sève du dattier fournit une boisson très recherchée des Arabes, le *lagmi*. Pour l'obtenir, il faut couper les branches supérieures de l'arbre, et ne laisser que les branches de dessous; dans la tête ainsi tonsurée, on pratique un trou latéral où l'on introduit un bout de roseau : c'est par là que la liqueur s'écoule. — Le goût du lagmi présente quelque analogie avec celui de l'orgeat. Un dattier donne 15 à 16 litres de lagmi par jour; mais l'arbre ne peut supporter cette saignée que deux années de suite; il succombe à une troisième épreuve.

Le dattier subit des phases diverses et vit, dit-on, près de deux siècles; il atteint son maximum de vigueur au bout de trente ans, et conserve, pendant soixante-dix années encore toute sa force, donnant en moyenne 15 à 20 régimes de dattes dont chacun pèse de 7 à 10 kilos, puis, il décheoit graduellement et périt tout-à-fait.

Son bois, qui passe pour incorruptible, est excellent pour la tabletterie, mais difficile à travailler; on l'emploie dans le Sahara, comme bois de construction. Les branches sur lesquelles se rattachent les feuilles fournissent de très jolies cannes ; on tresse avec le feuillage des éventails et des chapeaux qui tiennent lieu d'ombrelles ; le tissu sert à faire des cordes.

Figuier. — Le figuier abonde en Algérie, mais les espèces n'y sont ni nombreuses, ni également bonnes. Ses fruits se divisent en deux classes : les blancs et les noirs. Les figues blanches sont les meilleures. — La vente de ce produit forme une source essentielle de revenus.

Figuier de Barbarie *(Cactus)*. — Originaire d'Amérique, le cactus croît avec une extrême abondance dans une zone de vingt lieues environ, à partir du littoral. Les Indigènes et les colons, utilisent les épines dont ses feuilles sont couvertes, en les plantant autour de leurs douairs ou de leurs habitations, et obtiennent ainsi une clôture naturelle que ni les hommes ni les animaux ne peuvent franchir. Ses fruits, d'une saveur très agréable, constituent, pendant plusieurs mois de l'année, la base de la nourriture des Arabes.

Framboisier. — Importé par les européens, il ne réussit que médiocrement dans les plaines, où l'air est trop chaud. On ne le cultive avec succès que sur les montagnes ; il en est de même du groseiller.

Goyavier. — Originaire des Antilles, le goyavier a été acclimaté au Jardin d'acclimatation d'Alger, puis livré aux colons ; son fruit, de couleur jaune, affecte la forme d'une poire et exhale un parfum qui rappelle celui de la framboise. On en fait des compotes et des confitures sèches très estimées.

Grenadier. — L'arbre, par lui-même, est joli ; on le trouve dans tous les jardins. Ses fruits sont peu savoureux ; on tire d'une de ses variétés, — celle à grains blancs, — le sirop de grenade, dont le prix est assez élevé.

Jujubier. — Arbre essentiellement algérien. Ses fruits, gros comme une noisette et d'une couleur orange, sont sans jus, presque sans saveur et passent pour être stomachiques. On en fait d'excellent cidre. — Le pays de Bône est depuis longtemps célèbre par la beauté de ses jujubiers; de là son nom : *Beled-el-aneb*, pays des jujubes. — Le bois a une teinte très belle sous le vernis.

Néflier. — On ne cultive guère sous ce nom en Algérie que le *Bibacier*, dit *Néflier du Japon*, dont les fruits, de couleur jaune, ont la grosseur d'une noix. La saveur en est aigrelette et fort agréable. Cet arbre a été introduit et acclimaté en Algérie vers 1835, il a été promptement multiplié et répandu dans les cultures particulières par le Jardin d'acclimatation d'Alger.

Olivier. — L'olivier, a dit un agronome, est le premier des arbres : *Olea omnium arborum prima*. Il prospère en Afrique à toutes les expositions, à toutes les températures ; le froid ne l'atteint jamais, le sirocco ne lui cause que des dommages sans gravité, et il atteint souvent des proportions considérables. C'est ainsi que beaucoup mesurent à leur tronc jusqu'à *dix mètres* de circonférence. — La conformation moyenne de cet arbre rappelle celle du noyer de France; sa production spontanée, sa vigoureuse croissance, sa multiplication naturelle sur tous les points du pays où il forme, en divers endroits, des massifs de mille, trois mille et jusqu'à dix mille hectares de luxuriante futaie, l'y font, à bon droit, considérer comme indigène. On l'a dit avec raison : « la zone algérienne est la région, sinon la patrie même de l'olivier ; à lui seul, cet arbre, bien cultivé, bien exploité, suffirait à la fortune de la colonie. » — Chaque année, la France verse à l'étranger dont elle achète les huiles, trente millions de francs. Bientôt, on peut le croire, elle tirera d'Afrique ce produit essentiel qu'elle va chercher sur les marchés d'Europe.

Le bois d'olivier est très riche de nuance et propre aux plus beaux ameublements ; facile à travailler, solide dans ses assemblages, on l'emploie avec un égal succès dans tous les ouvrages de menuiserie, d'ébénisterie et de tabletterie.

Oranger. — L'oranger, croît dans toute la partie basse du Tell ; on le cultive plus spécialement à Blidah, dont les oranges ont, en Europe même, une réputation justement méritée. Parmi ses variétés, — et elles sont nombreuses, — on distingue : l'orange franche, la seule que l'on rencontre chez les arabes, mais avec des nuances infinies dans la finesse de l'écorce et du goût ; l'orange du Portugal, celle de Malte, à chair rouge, et la mandarine ; les limons ou citrons de diverses grosseurs et de formes diverses, enfin, les cédrats, qui ne sont bons qu'à être confits.

Pêcher. — Était connu des indigènes qui cultivent encore dans leurs jardins une grosse pêche blanche dont la chair est croquante et sans saveur. — La culture européenne a introduit de nombreuses variétés.

Pistachier. — Le pistachier croît avec une lenteur extrême et n'est guère cultivé que dans les jardins. Son fruit, dont l'amande a une saveur toute particulière, sert à de nombreux usages, en cuisine et en confiserie. — Le pistachier est *dioïque*, c'est-à-dire que les fleurs mâles sont sur un individu et les fleurs femelles sur un autre. Quelquefois on réussit à en faire un arbre *monoïque*, en greffant une branche mâle sur un individu femelle.

Poirier et Pommier. — Mal cultivés par les arabes, ces deux arbres donnaient des produits à peu près sans qualité. Les Européens ont introduit un grand nombre de variétés nouvelles, et obtiennent les plus beaux fruits, quand la culture de ces arbres est faite sur des points élevés et dans de bonnes conditions.

Prunier. — Il réussit parfaitement dans le Tell. Livré, pour ainsi dire, à lui même, il ne donnait que des fruits insipides ; mais les colons ont introduit des types supérieurs qui produisent de meilleurs résultats.

ARBRES FORESTIERS.

Pendant les premières années de la conquête, alors que les troupes et les colons ne s'avanturaient guère au-delà des villes du littoral, on affirmait, et de la manière la plus expresse, que l'Algérie était absolument déboisée. Cette opinion serait encore accréditée en France, si tous ceux qui, en 1855, ont visité le Palais de l'Industrie, n'avaient vu, de leurs yeux vu, les bois admirables dont chaque province avait fourni de nombreuses collections. — L'étonnement fut général, immense ; et ces richesses qu'on ne soupçonnait point attirèrent aussitôt l'attention de l'Europe sur notre colonie d'Afrique.

Sous la domination des Turcs, les Arabes avaient coutume d'incendier leurs forêts, tant pour démasquer les attaques des tribus dont ils redoutaient les agressions, que pour obtenir, par le jet de nouvelles pousses, une nourriture abondante pour leurs troupeaux. C'est ainsi qu'ils défrichaient. Le sol, reposé par plusieurs années d'abandon, engraissé par les détritus des arbres qu'ils réduisaient en cendres, donnait, au moyen d'une légère culture, une récolte abondante, — récolte qu'ils renouvelaient à des époques plus ou moins rapprochées, et suivant leurs besoins.

L'administration française sut mettre ordre à cet état de choses ; elle revendiqua les forêts comme propriétés domaniales et confia à des agents spéciaux le soin de leur peuplement. On ne saurait trop l'en remercier; grâce à sa prévoyance, grâce à sa sollicitude éclairée, les bois d'Afrique offrent, dès à présent, au commerce, d'incalculables ressources.

Parmi les essences forestières qui croissent dans les trois provinces et couvrent une superficie *d'un million cinq cent mille* hectares, il en est qui se groupent en massifs plus ou moins vastes; tels sont: le chêne vert, le chêne-liége, le chêne-zéen, l'olivier, le thuya, le cèdre, le pin-d'Alep, le genévrier, etc.; — d'autres forment de petits bosquets; ce sont: le peuplier, le saule, le frêne, le tamarin, l'aune et l'orme; — enfin, il en est que l'on rencontre disséminés çà et là, — notamment le caroubier et l'azérolier, dont nous avons déjà parlé.

Ces essences diverses ont, presque toutes, une valeur industrielle; nous signalerons les suivantes.

Aune. — Il croît dans les terrains marécageux et avec une grande rapidité; son bois, qui offre assez de résistance, se prête également bien aux ouvrages de tour et aux travaux de sculpture. Ses feuilles sont recherchées par les bestiaux.

Bambou. — Originaire de l'Inde et de la Chine, le bambou s'est parfaitement naturalisé en Algérie; planté le long des cours d'eau, il protége les berges; ses tiges servent à faire des pieux, des tuteurs et des perches. Les plus minces font des treillages.

Cèdre. — Il peuple les forêts d'Aïn-Talazit et de Téniet-el-Had, dans la province d'Alger; celle de Tuggurt et de l'Aourès, dans la province de Constantine. Il a souvent 18 et même 20 mètres de haut sur 5 et 6 mètres de tour. — Les dimensions gigantesques du cèdre le rendent propre à la charpente comme pièce de longue portée: sa raideur est égale à celle des sapins de Lorraine. Il est résineux, sans essence coulante, facile à travailler à la scie; se coupe et se rabotte avec une grande facilité. Comme bois d'ébénisterie, il convient dans les placages d'intérieur par sa couleur, sa veine et surtout par son odeur agréable.

Chêne à glands doux. — Il croît dans les parties moyennes de l'Atlas et réussit dans les endroits secs; son fruit, moins amer que le gland commun, peut, jusqu'à un certain point, remplacer la châtaigne. Les Kabyles en font leur principale nourriture pendant l'hiver. Son bois, très dur, a une maille rosée.

Chêne-liége. — Très commun, notamment dans la province de Constantine; les forêts de La Calle, de l'Edough et de Jemmapes en sont peuplées; on le trouve également dans la grande Kabylie, au sud de Dellys. Son bois est très solide; son écorce fournit le liége du commerce, employé à tant d'usages divers et particulièrement à la confection des bouchons. Les Kabyles l'emploient, en guise de tuiles, pour couvrir leurs maisons.

C'est vers l'âge de vingt à vingt-cinq ans que le chêne-liége commence à donner des produits. A cette époque, on enlève la partie extérieure et subéreuse de l'écorce, opération qui constitue le *démasclage;* mais cette première récolte ne donne qu'un liége de qualité inférieure, ou *faux liége,* qu'on utilise néanmoins, soit pour faire des bouchons, des chapelets pour les filets de pêche, des conduites d'eau, soit pour entourer les jeunes arbres qu'on veut garantir de la dent des animaux, soit enfin pour fabriquer du noir de fumée. Dans tous les cas, cet écorçage est indispensable pour la bonté des récoltes ultérieures.

L'écorçage se renouvelle ensuite périodiquement, lorsque le liége a acquis l'épaisseur et la qualité convenables, ce qui arrive plus tôt ou plus tard, selon les circonstances, en moyenne, tous les huit ou dix ans. La récolte se fait à l'époque de la sève d'août, c'est-à-dire du 15 juillet au 15 septembre.

Pour opérer l'écorcement, l'ouvrier commence par faire à la naissance des branches une incision circulaire qui pénètre jusqu'à l'aubier, sans l'entamer; il fait ensuite une autre incision longitudinale jusqu'au bas de l'arbre. Lorsqu'il veut détacher l'écorce du liber, il frappe de chaque côté de l'incision avec un bâton ou avec le dos de la cognée; puis il introduit entre les deux couches, selon leur degré d'adhérence, tantôt le fer de l'outil, tantôt le manche, dont l'extrémité est effilée, dans ce but, en forme de coin. Il ne reste plus qu'à réitérer cette opération à la base de l'arbre, après y avoir pratiqué une nouvelle incision circulaire; pour détacher le liége dans la partie supérieure, on emploie aussi un levier de deux mètres de longueur, dont un bout est taillé en biseau. L'écorce détachée tombe alors, et présente la forme d'un cylindre creux, ce qui constitue le liége *en canon*. Pour avoir le liége en planches, on fait plusieurs incisions longitudinales.

A mesure que le liége est enlevé, on le transporte dans les ateliers; là, on le ramollit au feu ou à l'eau bouillante, et on le met à la presse pour lui donner une forme plate; on le coupe enfin en planches ou en morceaux de diverses grandeurs, selon les besoins de l'industrie.

Chêne vert (*Yeuse*).—Il est très commun dans les trois provinces, et forme souvent d'épaisses broussailles. Son bois est solide, son feuillage, épais et raide, laisse peu de prise au vent.

Chêne-zéen. — Des hommes compétents, chargés, en 1846, d'examiner divers échantillons de chêne-zéen, reconnurent que cet arbre a beaucoup d'analogie avec le *farnia* de Sardaigne, et qu'il est essentiellement propre aux constructions navales. Des études faites à plusieurs reprises, par ordre et sous le contrôle du ministre de la marine, ont justifié cette opinion. — Le chêne-zéen croît dans les trois provinces et y couvre des étendues considérables.

Cyprès. — Partout où la couche de terre végétale offre une certaine épaisseur et où il n'y a point une humidité permanente, le cyprès croît et prospère. En multipliant les plantations, on obtient un rideau impénétrable au vent. Le cyprès est donc l'arbre des abris par excellence; il donne, en outre, un très bon bois d'œuvre, que les vers n'attaquent jamais. M. Hardy, dont le nom fait autorité en pareille matière, a écrit quelque part : « Le » colon devrait planter, à chaque enfant qui lui naît, cent » cyprès, et, à l'âge de vingt ans, chaque enfant pourrait » recevoir une belle dot avec le produit de ces arbres. »
— Le conseil est vraiment bon, tous les colons devraient le suivre.

Frêne. — On pourrait le classer parmi les bois d'élite; il est plein, ferme et liant; ses fibres ligneuses sont flexibles, adhérentes, d'une texture uniforme; son aubier est dur, son écorce, fine et claire. Il donne un bon bois de charronnage. Son feuillage fournit dans la Kabylie du Djurjura une abondante nourriture aux bestiaux.

Laurier. — On en compte deux espèces : le *laurier-rose*, qui ombrage les cours d'eau, y atteint des proportions inconnues en Europe ; le *laurier-sauce*, qu'on utilise dans les jardins.

Lentisque. — Arbre toujours vert, et dont le bois, d'une belle couleur bien foncée, est utilement employé en ébénisterie. Très commun en Algérie, il forme sur certains points des massifs impénétrables. — Les fruits du lentisque fournissent une huile qui peut remplacer l'huile de pied-de-bœuf pour le graissage des machines, et l'huile d'olive pour le graissage des laines. Les feuilles servent à la tannerie, principalement pour les peaux légères.

Micocoulier. — Arbre fort beau, très utile et qui vit plusieurs siècles. Dans les bons terrains, il s'élève jusqu'à vingt mètres. Son tronc mesure, avec le temps, un mètre et plus. Le micocoulier est assez commun en Algérie, mais les beaux sujets y sont rares. — Le bois est dur, compacte, tenace, élastique et inaltérable, quand il est à l'abri des injures de l'air. Sa fibre est extrêmement serrée et dense, ce qui lui donne du liant, une souplesse remarquable, et le rend facile à travailler. Les menuisiers, les charrons, les vanniers, etc., l'emploient à divers usages. — La racine sert pour teindre les étoffes de laine.

Les fruits (les micocoules) ont l'apparence d'une merise; leur saveur est douce et agréable. Ils sont adoucissants et d'un emploi utile contre la dyssenterie. Les feuilles fournissent au bétail une bonne nourriture; elles plaisent surtout aux moutons et aux chèvres.

Mûrier. — Aucun arbre, à condition égale, n'a une végétation aussi plantureuse. Il est spécialement utilisé pour ses feuilles, qu'on cueille au printemps et qui servent de nourriture aux vers à soie. On récolte, en automne, les feuilles qui commencent à jaunir et on les donne au bétail. — Le bois de mûrier est excellent pour le charronnage, la menuiserie et la tonnellerie.

Myrte. — Très commun en Algérie; son bois, dur et pesant, est particulièrement propre au tour; sa racine est employée dans les ouvrages de tabletterie. — On fait avec les branches de myrte des cannes fort élégantes.

Pins. — Les espèces particulières aux régions élevées et aux localités humides ne donnent que de chétifs résultats. — Les pins d'Alep et pignon, qui croissent spontanément, rendent beaucoup plus. — On en fait, dans chaque province de grandes plantations.

Thuya. — Le plus beau de tous les bois algériens ; voici en quels termes il est apprécié dans un rapport officiel : « Aucun bois n'est aussi riche de mouchetures, de moires ou de veines flambées que la souche de thuya. Ses dispositions présentent beaucoup de variétés ; son grain, fin et serré, le rend susceptible du plus parfait poli ; ses tons chauds, brillants et doux, passent, par une foule de nuances, de la couleur de feu à la teinte rosée de l'acajou. Il réunit tout ce que l'ébénisterie recherche en richesses de veines et de nuances dans les différents bois des îles. Aussi, les fabricants d'ébénisterie de Paris en font-ils un emploi suivi et sont-ils unanimes à reconnaître la supériorité de richesses et de qualité du thuya sur tous les bois connus jusqu'à ce jour. »

Nous n'avons cité que les essences les plus remarquables ; nous dirons, en terminant : *en Algérie*, le domaine forestier de l'État comprend une étendue d'un million cinq cents mille hectares ; *en France*, l'État ne possède qu'un million quatre-vingt-douze mille hectares. — Il en résulte ce fait curieux, que l'État possède plus de forêts en Algérie qu'en France.

CHAPITRE III.

Zoologie; — Animaux domestiques; — animaux sauvages; — Oiseaux; — Reptiles et insectes; — Poissons et zoophites.

ZOOLOGIE.

I. Animaux domestiques. — Les espèces animales se divisent en deux classes : les unes sont domestiques, les autres sauvages.

Toutes les espèces domestiques, — le chameau excepté, — ont leurs congénères en Europe : l'âne, le bœuf, le cheval, la chèvre, le mouton, le porc, etc., vivent et prospèrent en Algérie tout aussi bien qu'en France.

Les races canines sont nombreuses et variées; il en est une qui mérite une mention particulière, c'est celle des lévriers, *slougui*, spéciale au Sahara, et qui provient, dit-on, de l'accouplement des louves avec les chiens.

Slougui. — C'est le chien des grandes chasses; il est généralement de couleur fauve, haut de taille; « il a le museau effilé, le front large, les oreilles courtes, le palais et la langue noirs, le cou musculeux, les membres secs, le jarret près de terre, les poils très doux, peu ou point de ventre. » Le mâle vit vingt ans environ, la femelle douze. On les dresse spécialement à chasser l'antilope qu'ils atteignent au jarret et jettent à terre.

Dromadaire. — Le dromadaire, improprement appelé chameau dans toute l'Algérie, est le serviteur par excellence de l'Arabe nomade; il peut faire de 12 à 15 lieues par jour, avec une charge de 150 kilogrammes, pendant un mois ou deux de suite, en trouvant son alimentation sur le terrain même qu'il parcourt. Il est d'un caractère doux et docile et d'un tempéramment sec. Son odorat est excessivement développé. Grâce à son organisation particulière de ruminant, il peut se passer de nourriture et de boisson pendant plusieurs jours. — Au Sud de l'Algérie et dans le Désert, il existe une variété remarquable, dite *Mehari* (chameau coureur), douée d'une vitesse prodigieuse, mais qui réclame une nourriture et des soins exceptionnels.

Le prix d'un chameau ordinaire varie de 90 à 150 francs; le mehari, qui est au chameau ce que le cheval de course est au cheval de trait, vaut jusqu'à 800 francs.

La volaille comprend de nombreuses espèces. Les indigènes n'élevaient guère que la poule ordinaire; mais les européens ont introduit la poule espagnole, le canard, le dindon, l'oie, la pintade, etc., tous volatiles qui peuplent aujourd'hui les fermes et donnent de riches produits.

II. Animaux sauvages. — La faune de l'Algérie n'est pas encore bien connue, mais chaque jour des observations nouvelles la complètent. — Parmi les animaux sauvages, nous citerons :

Alcélaphe bubale. — Il tient du genre bœuf, et vit dans les parties montagneuses du Sud. On le rencontre en troupes dans le Souf et dans le pays des Touaregs. « Il combat à la manière des bœufs, en baissant la tête et en la relevant ensuite brusquement pour frapper avec ses cornes qui sont puissantes et aiguës, et dont il se sert avec habileté. Pris jeune, il s'apprivoise assez facilement; vieux, il est indomptable.

Antilope addax. — On ne le rencontre que dans le Sahara. La tête est surmontée, chez les deux sexes, de cornes noirâtres, longues, grêles, contournées en spirales très pointues, et marquées sur un peu plus de la moitié de leur étendue, à partir de la base, d'anneaux saillants. Le surplus est lisse jusqu'à la pointe. — L'antilope à la taille d'un grand veau; son pelage est fauve. La femelle est un peu plus petite que le mâle, mais elle lui ressemble en tout.

Les antilopes sont herbivores, et leur chair est estimée. Ils se réunissent en troupes assez nombreuses et se tiennent toujours dans un pays découvert. Les Sahariens leur font la chasse soit avec leurs lévriers, soit en s'embusquant dans les plis du terrain.

Cerf. — Le cerf d'Afrique est un peu moins grand que celui d'Europe; son pelage est plus fauve et plus rude. On ne le rencontre guère que dans les cercles de Bône, de La Calle et de Tébessa, près de la frontière tunisienne. — Le cerf est rare en Algérie; les Arabes mettent à le chasser une telle ardeur, qu'il disparaîtra bientôt tout-à-fait.

Chacal. — C'est la bête fauve la plus commune en Algérie. Il tient à la fois du loup et du renard; craintif et rusé comme eux, il commet de grands dégâts dans les jardins et dans les fermes, dévore les fruits, les légumes, la volaille et le gibier, et parfois même égorge les agneaux et les moutons. Il est surtout friand du raisin et dévaste les vignes; aussi, lui fait-on bonne chasse. Sa peau est estimée comme tapis de pied. On en fait aussi des manchons pour dames.

Daim. — Sa tête est assez semblable à celle du cerf, mais elle en diffère par les bois. — Le daim est herbivore; il se plaît sur les terrains élevés et entrecoupés de collines; il a une antipathie naturelle pour le cerf, et s'éloigne des lieux hantés par ce dernier. On ne le rencontre guères que dans la province de Constantine; comme le cerf, il finira par disparaître.

Gazelle. — On en distingue deux espèces : la *Gazelle dorcas* et la *Gazelle corinne*.

La gazelle dorcas a la tête surmontée de cornes persistantes, noires, rondes à leur base, assez grosses, en lyre et marquées de quinze à vingt anneaux, suivant l'âge, les premiers complets, les autres interrompus et un peu plus espacés, la partie terminale lisse et pointue. Son pelage est d'un joli fauve clair, coupé, en certaines parties, d'un blanc très pur. La femelle diffère du mâle par ses couleurs un peu moins nettes, et par ses cornes grêles sur lesquelles les anneaux sont à peine marqués.
— Les dorcas vivent en troupes nombreuses dans le sud de l'Algérie; elles fuient avec rapidité lorsqu'elles sont poursuivies; mais, poussées à bout, elles cherchent alors à se défendre avec leurs cornes. Comme gibier, leur chair est très délicate. On les chasse habituellement avec le lévrier. « Prise jeune, ajoute M. Loche, à qui nous empruntons ces détails, la gazelle s'apprivoise assez facilement, et devient même quelquefois très familière; rien n'est gracieux, élégant et léger, comme ce charmant animal, qui a fourni à la poésie arabe de délicieuses comparaisons, et qui, étant inoffensif et d'une si mignonne gentillesse, devrait être préservé de la guerre que nous lui faisons et n'être recherché que pour l'agrément de nos jardins. »

La gazelle corinne, que les Arabes appellent la gazelle des montagnes, offre avec la gazelle dorcas des dissemblances assez frappantes. Elle est plus grande et plus trapue; son pelage est plus brun; son poil plus long et plus dur; enfin, ses cornes sont plus droites et n'ont pas leurs pointes tournées en avant. Elle habite également le Sud, mais c'est dans le Djebel-Amour (province d'Oran) qu'on la rencontre le plus habituellement.

Hyène. — La hyène est une bête immonde et d'une lâcheté proverbiale. Elle ne sort généralement que la nuit, rôde autour des tribus, enlève quelquefois des chiens de garde, mais se nourrit presque exclusivement de charognes et de cadavres. Elle commet dans les cimetières de tels dégâts, que les Arabes ont soin d'enterrer très profondément leurs morts.

Lion. — L'Afrique a été pendant longtemps la terre classique des animaux féroces ; à une époque qui n'est point encore très éloignée, il était dangereux de passer le long des bois et de fouiller les broussailles. Mais depuis l'occupation française, le nombre des animaux sauvages a sensiblement diminué ; le lion lui-même a fui devant l'homme ; il n'habite guères aujourd'hui que les parties montagneuses et boisées, et on le rencontre plus particulièrement dans la province de Constantine. — Un chasseur qui s'est fait une réputation européenne, Jules Gérard, distingue en Algérie trois espèces de lions : *le lion noir*, plus rare que les deux autres, un peu moins grand, mais plus fort, *le lion fauve* et le *lion gris*. Ces deux derniers ne diffèrent l'un de l'autre que par la couleur de leurs crinières. Ils sont un peu plus grands et moins trapus que le noir.

Bien que peu nombreux, les lions causent de notables dommages ; s'ils ne cherchent que rarement à attaquer l'homme, ils font aux troupeaux une guerre continuelle et appauvrissent les tribus. — Pour se débarrasser de leur incommode voisinage, les indigènes organisent de grandes chasses qui ne sont point sans danger ; aussi, disent-ils de celui qui a tué un lion : « Celui-là, c'est lui ! »

— Nous ferons remarquer, cependant, que bon nombre d'européens se livrent isolément à cette chasse, émouvante sans doute, mais beaucoup moins périlleuse qu'on ne le suppose généralement.

La chair du lion a quelque analogie avec celle du veau, et les arabes la mangent volontiers ; sa peau, dont on fait des tapis, est justement estimée : on la donne en cadeau aux chefs illustres, aux marabouts ou aux amis, et il est peu de chasseurs qui la vendent. De là, son prix élevé.

Mouflon à manchettes. — C'est le *larouy* des arabes ; il appartient à la famille des capridées. Il est plus grand que la gazelle et même que l'antilope ; ses formes sont robustes et élégantes ; il a le garot élevé, les jambes fines et nerveuses, les sabots très étroits, la queue courte et terminée par un bouquet de poils. On constate son âge par les bourrelets de ses cornes ; chaque bourrelet indique une année. — S'il faut en croire les Sahariens, cet animal possède un singulier privilége : lorsqu'il est, disent-ils, chassé à outrance, « il se jette dans un précipice, fût-il profond de cent coudées, et tombe sur la tête sans se faire aucun mal. »

Les mouflons habitent le sud de l'Algérie ; ils vivent en familles ou en troupes plus ou moins nombreuses, se nourrissent de végétaux et se plaisent particulièrement dans les endroits élevés et escarpés. Ils sont, dit M. Loche, d'une souplesse, d'une élasticité et d'une force musculaire prodigieuses, courent et bondissent avec rapidité, franchissent d'un bond une énorme distance, et retombent toujours d'aplomb sur le point qu'ils se sont assigné. Leur chair est estimée ; aussi, les indigènes les chassent-ils avec ardeur.

Panthère. — Il y en a deux espèces, semblables quant au pelage, différentes quant à la taille ; on les rencontre entre le littoral et les hauts plateaux, et plus particulièrement dans la province de Constantine. — La panthère est moins redoutable et fait moins de ravages que le lion ; elle vit de sa chasse, craint et fuit les hommes et n'est terrible que lorsqu'on l'approche après l'avoir blessée. Sa peau est très recherchée.

Renard. — Le renard d'Afrique est de moitié plus petit que celui d'Europe ; il vit d'oiseaux, de gerboises, de lézards ou de serpents, et se montre peu. Sa dépouille a quelque valeur.

Sanglier. — Il est très répandu dans toutes les parties boisées, sur les pentes inférieures des montagnes, et recherche les terrains fangeux. Il se réunit parfois en bandes nombreuses, et dévaste fréquemment des espaces cultivés considérables. Il est un peu plus petit que le sanglier d'Europe, mais ses défenses sont plus développées.

Les Arabes le tiennent pour un animal immonde, à l'égal du cochon qu'ils confondent sous le même nom, *hallouf*; ils le chassent par amusement; les colons s'en nourrissent d'autant plus volontiers, qu'ils l'achètent à bas prix et que sa chair est fort bonne.

Singes. — On les rencontre aux environs de Bougie, de Collo et de Stora (province de Constantine), et dans les gorges de la Chiffa (province d'Alger). Parfois, mais rarement, ils s'aventurent jusque dans les jardins, dont ils pillent les fruits. Les arabes les prennent vivants pour les vendre aux colons qui s'en amusent.

Nous bornerons là cette nomenclature; nous ajouterons toutefois que les lynx, les chats-tigres, les servals, les carocals, les loutres, les belettes, les hérissons, les porcs-épics, les gerboises, les lapins et les lièvres sont très communs en Algérie.

III. Oiseaux. — Outre les espèces originaires d'Afrique, on trouve, soit de tout temps, soit de passage, la plupart des oiseaux de l'Europe méridionale. La liste en serait trop longue et n'apprendrait rien; un résumé succinct sera, croyons-nous, plus facile à retenir.

Gibier à plumes. Les espèces les plus communes en Algérie sont : les alouettes, les perdrix *rouges* (les *grises* n'existent point en Afrique), les cailles, les vanneaux, les tourterelles, les poules de Carthage, etc.; enfin, les nombreuses espèces de gibier d'eau : la bécassine, le canard, la cigogne, le cormoran, le cygne, l'échasse à manteau noir, le flamant rose, la grèbe, le héron, l'outarde blanche, le pélican, la poule sultane, etc., etc.

Beaucoup de ces espèces sont comestibles et offrent aux colons d'utiles ressources. Parmi les espèces non comestibles, les unes donnent une huile animale ; d'autres, les cygnes et les grèbes, par exemple, fournissent de magnifiques fourrures.

Oiseaux de proie. — Nous citerons les aigles, les vautours, les éperviers, les milans du cap, enfin le faucon, que les indigènes tiennent en haute estime et qu'ils dressent à la chasse, comme faisaient, au moyen-âge, les seigneurs châtelains.

Enfin, et dans un autre ordre, les :

Autruches. — Elles habitent le Désert et le Sahara, et voyagent ordinairement par couples ou par petits groupes ; ce n'est qu'après la saison des pluies qu'elles se réunissent en troupes nombreuses.

Les Arabes mettent à les chasser une véritable passion.

L'autruche ne fait jamais de détour, elle suit la ligne droite et file comme un trait : « cinq cavaliers se postent à des intervalles d'une lieue sur le chemin qu'elle doit parcourir ; chacun fournit son relai. Quand l'un s'arrête, l'autre s'élance au galop sur les traces de l'animal, qui se trouve ainsi n'avoir aucun moment de relâche, et lutte toujours avec des chevaux frais. Le chasseur qui part le dernier atteint nécessairement la bête. »

Mais tous les Arabes ne chassent point l'autruche à courre ; il en est qui, à l'époque de la ponte, pratiquent des trous auprès des nids, s'y blottissent et tuent la mère au moment où elle vient visiter ses œufs. — D'autres ont recours à des déguisements, se revêtent d'une peau d'autruche, et approchent ainsi de l'animal qu'ils veulent tuer.

L'autruche peut se domestiquer ; c'est un fait établi

par suite des résultats obtenus au Jardin d'acclimatation d'Alger où s'est faite la première reproduction *authentique* de l'autruche en domesticité. On doit d'autant mieux s'en réjouir que sa chair est très bonne. Sa dépouille est aussi l'objet d'un trafic important. A Tuggurt, à Laghouat et chez les Beni-Mzab, on l'échange contre des grains. Celle du mâle coûte plus cher que celle de la femelle; les plumes blanches, placées aux extrémités des ailes, sont beaucoup plus estimées que les plumes noires, on en fait un commerce assez considérable.

IV. Reptiles et insectes. — Les reptiles sont communs; très peu sont dangereux; les caméléons, les couleuvres, les crapauds, les lézards et les serpents inspirent, à qui les voit, du dégoût ou de la crainte, mais on peut les toucher impunément.

Le scorpion est moins inoffensif; il pique parfois, mais sa piqûre, loin d'être mortelle, comme on l'a prétendu, n'entraîne jamais d'accident grave. Une simple cautérisation neutralise son venin.

Il en est de même du scolopendre et de l'araignée.

La vipère est plus dangereuse, mais elle est aussi, infiniment plus rare. — Sa morsure exige toujours une cautérisation immédiate et énergique.

Les tortues de terre sont très communes; on fait avec leur chair des bouillons estimés et on utilise leur carapace pour des ouvrages de tabletterie.

Parmi les insectes, nous n'en citerons que six:

L'abeille, qui produit le miel et la cire;

La cochenille, qui vit sur les nopals;

Le kermès, qui vit sur le chêne-vert;

Le bombyx, qui file la soie ordinaire et qu'on nourrit avec les feuilles du mûrier ;

Le bombyx-cynthia, qui donne une soie commune et se nourrit de la feuille du ricin ;

Les sauterelles, dont les essaims s'abattent de temps à autre sur les plaines du Tell et dévastent les moissons.

V. Poissons de mer. — Les homards, langoustes, crevettes, crabes, mulets, dorades, écrevisses de mer, sont communs dans les eaux du littoral, et il existe, dans la rade de Sidi-Ferruch, un banc d'huîtres qu'on exploite pour la consommation d'Alger. Entre les poissons de passage, le thon abonde en quantité extraordinaire. On le pêche notamment, et à l'aide de madragues, à Sidi-Ferruch, à Arzew et dans la baie du cap Falcon. Les sardines sont aussi très abondantes.

VI. Poissons d'eau douce. — Les rivières sont peuplées d'anguilles plus ou moins grandes, d'une espèce de barbeau qui atteint d'assez fortes dimensions et d'une infinité de poissons blancs. Mais ces poissons ont presque toujours un goût très prononcé de vase et sont peu recherchés. — Le lac Fetzara contient, outre l'anguille et le barbeau, des aloses, des mulets, quelquefois même, la dorade et le loup.

La pêche est surtout pratiquée par les colons.

VII. Corail. — Le corail est un polypier adhérent aux rochers sous-marins. On le rencontre sur différents points de la côte, mais les bancs des environs de La Calle sont considérés comme les plus riches. — On fait avec ses branches montées sur or, de très jolies parures dont les dames italiennes sont particulièrement éprises. De là, une industrie tout algérienne qui sera pour La Calle et pour Bône une source de revenus.

Le nombre des bateaux de tout pavillon qui prennent part à la pêche augmente chaque année. On évalue, quant à présent, à 50,000 kilogrammes le produit moyen de la pêche annuelle, représentant une valeur d'environ 2,500,000 francs, qui se répartit entre Gênes, Marseille, Livourne et Naples. — Ces chiffres sont au-dessous de ce qu'ils devraient être ; les pêcheurs de corail ont longtemps déserté la côte, parce que le droit fixe qu'ils avaient à payer était sensiblement trop élevé. Pour remédier à cet état de choses, les mesures suivantes ont été prises tout récemment :

1°. Les bateaux corailleurs construits en France ou en Algérie, appartenant à des personnes domiciliées dans l'un ou l'autre de ces deux pays et dont l'équipage est composé de matelots étrangers, ne sont assujettis qu'au paiement de la moitié de la prestation de 800 francs, soit 400 francs, lorsqu'il y a dans les ports d'armement insuffisance notoire, et régulièrement constatée, de matelots français ou indigènes.

2°. Toute barque coraline française ou algérienne, montée par des étrangers, est affranchie de la prestation lorsque le propriétaire justifie qu'il possède dans la colonie un ou plusieurs immeubles d'une valeur de trois mille francs, et ce, moyennant soumission cautionnée, portant engagement, à peine d'amende, de résider en Algérie et d'y faire résider son équipage pendant cinq années consécutives.

Ces mesures, qui semblent de nature à concilier la protection due aux armateurs nationaux avec les besoins généraux de la pêche du corail, rendront, sans doute, à cette branche du commerce algérien, son importance et sa vitalité.

VIII. Sangsues. — Presque tous les marais de l'Algérie contiennent des sangsues. Ceux qui avoisinent Aumale, Constantine, Saint-Denis-du-Sig, Sidi-Bel-Abbès, Tiaret, etc., en sont particulièrement peuplés. — La sangsue d'Afrique rivalise avec les meilleures espèces connues ; des expériences fréquemment renouvelées dans les hôpitaux de Paris, ont fait reconnaître que celles de l'espèce dite *dragon* possèdent une valeur médicale au moins égale à celle des sangsues des Landes ou de la Hongrie. Le commerce les place au même rang.

CHAPITRE IV.

Population: — Européens; — Juifs; — Arabes; — Kabyles. — Leur état social.

POPULATIONS.

I. Européens. — La pacification de l'Algérie date à peine de 1847. Or, point de sécurité, point de colons ; on ne saurait donc s'étonner du peu d'empressement qu'ont mis les européens à s'établir en Afrique.

Mais depuis la chute d'Abd-el-Kader et la soumission de la Grande-Kabylie, — c'est-à-dire, depuis que la conquête est achevée, — le nombre des émigrants augmente d'une manière continue, et il est probable que, dans un temps prochain, le chiffre de la population sera plus que doublé.

Aujourd'hui, on trouve dans les trois provinces, aussi bien en territoire militaire qu'en territoire civil, des nationaux de tous les pays : Français, Espagnols, Italiens, Maltais, Allemands, Anglais, Belges, Suisses et Russes, donnent un effectif d'environ deux cent dix mille âmes.

Les Français ont apporté l'esprit d'initiative qui les distingue : à peine débarqués, et pleins de confiance en leurs forces, ils se sont mis à l'œuvre. Les uns ont défriché le sol, les autres ont édifié des villes ; d'autres, enfin, insouciants du danger, amoureux de l'inconnu, ont suivi jusqu'au Désert nos bataillons.

Les Espagnols sont revenus cultiver, à l'ombre de notre drapeau, les champs dont ils avaient été les maîtres, et ils peuplent, en partie, la province d'Oran ; — les Mahonnais sont les meilleurs colons du Sahel ; ils s'adonnent spécialement à la culture maraichère.

Les Italiens et les Maltais, sobres, laborieux, acclimatés d'avance, initiés aux cultures locales qui ne diffèrent point des leurs, habitent plus particulièrement la province de Constantine.

Enfin, les Allemands et les Suisses, doués d'aptitudes particulières et façonnés au travail, ont fourni à la colonie leurs bras et leurs épargnes.

Tels sont les éléments divers qui constituent, en Algérie, la population européenne. — A l'heure présente, les différences de races sont encore nettement accusées, parce que chaque individu conserve les habitudes, les mœurs et le costume de son pays natal ; mais le temps nivèle tout et, avant un demi siècle, Français et Espagnols, Allemands et Italiens se confondront, en Afrique, dans une seule famille, et l'Algérie ne comptera plus que des Algériens.

II. Juifs. — La conquête de la Régence a placé sous la domination de la France une population de 2,500,000 Indigènes, parmi lesquels vivaient, disséminés dans les villes du Tell et dans les ksours du Sahara, 30,000 Juifs exerçant, outre le commerce dont ils avaient le monopole, différentes industries, tels que la chaudronnerie, l'orfévrerie et la confection des habits de luxe pour les deux sexes. Traités en ilotes par les sectateurs de Mahomet, battus, conspués à toute heure et par tous, ils opposaient au mépris général une immuable résignation et ne cherchaient qu'à se faire oublier.

Depuis, les choses ont complètement changé : les Juifs indigènes, émancipés par la France, n'ont plus à redouter la haine méprisante des Musulmans ; nos lois les couvrent de leur égide. — Mais si la France a pu les relever de l'état d'abaissement dans lequel ils vivaient depuis des siècles, elle n'a pu transformer leur caractère.

Il faut bien le reconnaître : les Juifs ont conservé leurs mœurs et leur existence propres ; ils sont restés franchement juifs.

Actifs, rompus aux affaires, ils se glissent partout, — dans les villes et dans les douars, dans les maisons et sous la tente ; vendent sur place ou colportent leurs marchandises qu'ils livrent aux plus bas prix possibles, afin d'annihiler la concurrence européenne, font la banque ou l'usure, et, à eux seuls, absorbent presque tout le commerce intérieur de la colonie.

III. Arabes. — Les Indigènes se divisent en deux races distinctes ; la race *Arabe* et la race *Kabyle*. L'une et l'autre suivent le culte de Mahomet, mais elles diffèrent essentiellement entre elles par leur origine, leur langue, leurs mœurs et leur constitution sociale.

Ceux des Arabes qui habitent les villes, — et le nombre en est restreint, — sont appelés *Maures* par les Européens, et *Hadars* par les Indigènes ; ce sont les hommes de la maison. Ils sont, généralement paresseux et pauvres.

Ceux qui vivent sous la tente ou le gourbi, et que l'on désigne sous le nom générique de *Hal-el-Bled*, habitent le Tell et le Sahara, — sont groupés en tribus, c'est-à-dire par grandes familles dont tous les membres sont rattachés entre eux par des liens plus ou moins étroits de parenté. — Mais ceci mérite explication.

Les Arabes n'ont point, à proprement dire, de nom patronymique ; ceux qui sont, ou qui se croient issus d'une souche commune prennent le nom du fondateur de la famille, et c'est précisément cette famille qui, en se développant dans une longue suite de générations, a constitué la *tribu* ; la tribu des *Beni-Sliman*, par exemple, est formée de tous les descendants d'un personnage nommé *Sliman* (Salomon), ainsi des autres.

La tribu ainsi constituée, compte dans le gouvernement

comme unité politique et administrative. A mesure qu'elle grossit, elle se fractionne naturellement en branches plus ou moins considérables appelées *Ferkas* ; ces fractions de tribus se fractionnent elles-mêmes en *Douars*. — Tout chef de famille, cultivateur ou pasteur, qui réunit autour de sa tente celles de ses enfants, de ses proches, de ses alliés, de ses fermiers ou bergers, forme ainsi un *Douar* (cercle de tentes) dont il est le chef naturel et qui porte son nom. C'est ainsi que par son épanouissement progressif, la race arabe a fini par couvrir la plus grande partie du pays.

Les chefs des douars se réunissent en assemblée (*Djemmâa*) pour discuter entre eux les intérêts communs à la tribu ; ainsi, dans le Tell, on règle ou l'on modifie dans ces assemblées la répartition des terres de labour ; dans le Sahara, on combine les migrations qui doivent assurer de nouveaux pâturages aux troupeaux, ou préserver des razzias de voisins pillards.

Nous indiquerons plus tard (*organisation des indigènes*), le rôle que jouent auprès des Djemmâa les chefs indigènes nommés et investis par l'autorité française.

Une semblable constitution devait avoir, ce semble, la démocratie pour base ; il existe, cependant, chez les Arabes, une aristocratie qui domine le peuple et qui comprend, dans son ensemble, la noblesse d'origine, la noblesse militaire et la noblesse religieuse.

Est noble d'origine, *Chérif* (au pluriel *Cheurfa*), tout musulman qui peut, au moyen de lettres en règle, prouver qu'il descend de *Fathma-Zohra*, fille du Prophète, et de *Sidi-Thaleb*, oncle de ce dernier. Leur nombre est très considérable. — Avant la conquête, le Chérif était sujet aux lois, mais il devait être jugé pas ses pairs.

Le titre de chérif peut s'acquérir par des services signalés rendus à l'islamisme, ou par des faits particuliers. Tout chrétien, par exemple, qui embrasse le mahométisme peut même devenir Chérif; mais un juif ne peut jamais prétendre à ce titre : il faut même que quatre-vingt-dix-neuf générations de sa race se soient succédées, depuis sa conversion, pour qu'il soit regardé comme un vrai musulman.

La noblesse militaire est formée par les *Djouâd*, qui descendent de familles anciennes et illustres, et par les *Douaouda*, rejeton de la tribu des *Koraïche*, dont Mahomet et sa famille faisaient partie.

La noblesse religieuse, héréditaire comme les précédentes, mais qui peut s'acquérir par des faits exceptionnellement méritoires, est celle des *Marabouts*. — Le marabout, spécialement voué à l'observation des préceptes du Coran, en impose à la foule qui voit en lui le représentant du Prophète. Riche ou pauvre, ignorant ou érudit, il exerce sur l'esprit des musulmans une influence proportionnée à son savoir-faire ; nous en reparlerons. — Les mêmes hommes peuvent appartenir, à la fois, à la noblesse militaire et à la noblesse religieuse, tel était Abd-el-Kader.

Les gens du Tell diffèrent essentiellement de ceux du Sahara par les habitudes qu'ont créées aux uns et aux autres les nécessités mêmes de l'existence matérielle. Les premiers sont *laboureurs*, les autres *pasteurs* ; ceux-là ne déplacent leurs douars que dans une zone restreinte et pour obéir aux exigences de la culture ou du climat ; les pasteurs, au contraire, ont besoin d'effectuer de lointains mouvements, soit pour procurer de nouveaux pâturages à leurs nombreux troupeaux, soit pour se rapprocher des points où ils peuvent échanger les laines contre les grains qui leur manquent.

IV Kabyles. — L'origine de la nationalité kabyle ou berbère a été l'objet des recherches le plus persévérantes et, malgré de savantes controverses, elle n'est pas encore bien fixée. Néanmoins, il est généralement admis que Kabyles ou Berbères ne sont autres que des descendants des Aborigènes, qui se sont soustraits au mélange des différentes invasions.

Le cadre étroit que nous avons à remplir ici exclut les grands tableaux ; on nous permettra cependant, de tracer une rapide esquisse de mœurs.

Il existe des tribus kabyles dans toutes les parties de l'Algérie, mais plus particulièrement dans les parties montagneuses. Ainsi, les Traras, dans la province d'Oran ; presque tous les indigènes de l'Ouarsenis et du Djurjura, dans la province d'Alger ; les Ouled-Daoud, les Aourès et les Amamra, dans la province de Constantine ; les Beni-M'zab, sur la limite du Sud, et beaucoup d'autres appartiennent à la race kabyle.

Nous avons dit que les Kabyles diffèrent des Arabes ; les faits abondent qui le prouvent ; nous invoquerons le témoignage d'auteurs contemporains. « L'Arabe, dit M. Daumas, — le poétique historien de la Grande-Kabylie, — l'Arabe déteste le travail ; pendant neuf mois de l'année, il ne s'occupe que de ses plaisirs. Le Kabyle, lui, travaille énormément et en toute saison ; la paresse est une honte à ses yeux. L'Arabe est menteur ; le Kabyle a horreur du mensonge. L'Arabe, dans la guerre, procède, le plus souvent, par surprise ou par trahison ; le Kabyle prévient toujours son ennemi, etc., etc. » — Faut-il des traits plus caractéristiques encore ? M. Aucapitaine a buriné quelque part le portrait que voici :

« Le Kabyle et l'Arabe n'ont qu'un point de contact : leur haine réciproque. Le mépris du montagnard travailleur pour l'habitant paresseux de la plaine ne peut être comparé qu'à l'orgueilleux dédain du cavalier de la tente pour l'habitant de la maison de pierre. Là, en effet, est la différence caractéristique des deux nationalités. L'Arabe, à l'esprit indolent, est le type de la vie nomade ; le Kabyle aime par dessus tout le foyer domestique, sa maison, son village ; artisan infatigable, il laboure, sème, récolte, enterre. Pendant l'hiver, devenu forgeron, menuisier, il fabrique les instruments de son travail. Eté comme hiver, par le soleil ou par la pluie, sa vie est un labeur perpétuel.

» Le Kabyle suit la loi naturelle des peuples montagnards ; il émigre dans les plaines. Chaque année, les plus jeunes descendent travailler au moment des moissons. D'une sobriété à toute épreuve, vêtu d'une mauvaise *gandoura* (chemise), d'un bournous en guenille, nu-tête, les jambes garnies de peaux, il recueille, à la sueur de son front, le modeste pécule qui lui permettra d'avoir un fusil, une femme, une maison. Parfois, il se fait soldat, soit à Tunis, soit dans les corps indigènes à la solde de la France. »

Et plus loin :

« Autant l'Arabe est à la fois vaniteux et mendiant, autant le Kabyle, froid, dédaigneux, sera fier même avec les plus grands ; il méprisera vos cadeaux, et la cupidité du Maure n'a point d'écho dans son cœur. — Un Arabe vous baise la main et vous accable de salutations ; le montagnard vous saluera, mais si vous ne faites pas attention à sa politesse, il pourra bien faire parler la poudre au marché prochain. »

Le principe démocratique est la base du gouvernement kabyle. Chaque tribu se subdivise en fractions, qui se partagent elles-mêmes en *décheras*. Chaque déchera forme une commune ; chaque commune a autant de *karoubas* qu'il y a de familles distinctes. Les membres d'une même karouba nomment un dahman qui les représentera au conseil (*Djemâa*).

Le président de la djemâa est l'*Amin*. — L'amin est en même temps, dans le village, maire et chef du pouvoir judiciaire et militaire. Il est nommé à l'élection par l'assemblée, réélu tous les ans, lorsqu'il a contenté le plus grand nombre, non réélu s'il n'a pas su commander. Il est, entre la commune et l'autorité française, l'intermédiaire naturel, et, comme tel, responsable de la tranquillité publique. Il prévient les abus, défend le faible contre le fort, et, à l'occasion, veille aux intérêts de l'absent.

Tous les amins de la tribu nomment à l'élection un *Amin-el-Oumena* (amin des amins), qui est le chef politique de la tribu.

L'alliance de plusieurs djemâas constitue le *soff*.

Soff veut dire en arabe, *rang*; on est d'un soff, c'est-à-dire on se range d'un parti; — mais pour mieux faire comprendre l'état social des Kabyles, nous extrairons d'un rapport officiel l'exposé qui va suivre :

« L'esprit de soff est général; pas un kabyle n'en est exempt. Il y a dans cet état de choses source à bien des désordres. Qu'un kabyle, par exemple, se croie lésé, que la djemâa ne lui ait pas donné droit, ou qu'il se soit cru maltraité par un homme d'un soff étranger, aussitôt il fait appel aux siens, la partie adverse en fait autant, et voilà deux masses en présence, soit dans la même tribu, soit dans le même village; si une influence tierce n'intervient à temps, le sang coule; les soffs existent plus haineux, avec plus de raison d'être encore, et les suites du mal en augmentent les causes. — Au moindre ombrage que prend dans un village le soff prépondérant, des gardes de nuit sont placés dans les tourelles crénelées qui flanquent la crête où chaque village est bâti, et où on ne peut parvenir sans être signalé et reconnu de loin. Si les hommes, pour leurs travaux, descendent de leur forteresse, les femmes veillent, et au moindre groupe qui se forme dans la campagne, elles apportent la poudre et les armes; les bergers vont en nombre et armés dans les endroits écartés. Tout le monde se garde : c'est la guerre au repos.

» Cet état de choses désastreux, qui faisait de chaque village une place forte, de chaque habitant un partisan au guet, et du voyageur un ennemi traqué de toutes parts, paralysait le commerce et l'industrie. La misère fut quelquefois si grande, qu'on inventa dans les montagnes de la

Kabylie la trêve de Dieu, comme chez nous au moyen âge. Le droit des neutres fut reconnu, et les voyageurs étrangers purent, sauvegardés par un *Anaya*, traverser les camps rivaux des Kabyles. — L'anaya (en français, *protection*), paroles ou signes, est un sauf-conduit ; il indique, sous la responsabilité de celui qui l'a accordé, le caractère neutre et inviolable du voyageur à qui il est donné. C'était, en temps de guerre, une sorte de droit des gens que tous les partis, que toutes les tribus avaient consenti. Ce droit fut généralement respecté ; c'eût été une cause générale de guerre contre la tribu qui l'aurait violé, et il s'est attaché un tel prestige à ce mot, qu'aujourd'hui, lorque deux ou plusieurs hommes sont près d'en venir aux mains, si une femme, un enfant même s'écrie : « *Je jette entre vous l'anaya du village*, » la dispute cesse aussitôt. Une amende très forte punirait ceux qui n'auraient pas obéi. »

Les Kabyles du Djurjura, que les Romains ni les Turcs n'avaient pu soumettre, jouissaient encore en 1857 de leur entière indépendance. L'expédition de M. le maréchal Randon les a placés sous la domination de la France qui leur a conservé leurs antiques institutions, en y introduisant, toutefois, les améliorations dont elles sont susceptibles. Ainsi, le Gouvernement s'est réservé le choix de chaque amin-el-oumena.

V. Corporations indigènes. — Les Indigènes qui viennent de l'intérieur exercer momentanément leur industrie dans les principales villes du Tell, sont désignés sous le nom générique de *Berranis* (étrangers) ; artisans ou manœuvres, ils arrivent de la Kabylie, de Biskra, des oasis du Mzab, du pays des Nègres et forment une population flottante qui vit du produit de son travail.

Le Kabyle s'emploie comme manœuvre et comme ouvrier agricole ;

Le Biskri, comme portefaix ou batelier ;

Le Mozabite, comme baigneur, boucher, épicier ou marchand au détail :

Le Nègre blanchit les maisons.

Tous sont actifs et laborieux ; mais tous aiment l'argent ; et pour économiser le pécule qu'ils amassent sou par sou, et qu'ils emporteront plus tard au pays natal, ils vivent à la façon des bohémiens, — sans résidence fixe. La nuit venue, ils s'entassent, pêle-mêle, dans les cafés maures et les bazars, ou couchent en plein air, drapés sous leurs guenilles.

On conçoit qu'une pareille population pourrait devenir un danger si elle n'était incessamment surveillée ; les Berranis sont donc divisés, suivant leur origine, en corporations placées sous le contrôle d'Amins, c'est-à-dire de syndics nommés par l'Administration française locale. — Chaque Berrani est astreint à se munir d'une plaque qui porte le nom de sa corporation et un numéro correspondant à un registre déposé à la préfecture ou à la sous-préfecture.

GOUVERNEMENT ET ADMINISTRATION DES INDIGÈNES.

I. Administration des indigènes en territoire militaire. — Pour se rendre un compte bien exact de ce qu'était, au début de la conquête, l'état politique et social des Arabes, il faudrait lire et relire les nombreuses circulaires du maréchal Bugeaud, circulaires qui passent, à bon droit, pour de « véritables chefs-d'œuvre d'esprit d'organisation, de bon sens pratique et d'honnêteté. »

Notre intention n'est point d'entrer dans tous les détails que comporte une pareille étude ; mais il nous paraît utile d'indiquer, d'une façon tout au moins sommaire, l'organisation présente des trois millions d'indigènes qui vivent sous notre domination.

Nous ferons connaître plus loin et en détail (chap. VII), l'organisation du gouvernement général de l'Algérie ; mais il nous paraît indispensable d'indiquer, dès à-présent, la division politique et administrative du pays.

L'Algérie est divisée en trois provinces, comprenant, chacune, une division militaire à la tête de laquelle est placé un général de division, et un département administré par un préfet.

La division, qu'on désigne en Algérie sous le nom de *territoire militaire*, se décompose en un certain nombre de subdivisions, qui se décomposent elles-mêmes en cercles. — Le département, qui est formé du *territoire civil*, et qui comprend d'ailleurs des populations indigènes aussi bien que le territoire militaire, quoique dans une moindre proportion, se subdivise en sous-préfectures et en districts.

L'administration des indigènes, en territoire militaire, est centralisée à Alger, au *Bureau politique*, lequel est placé sous la haute direction du sous-gouverneur, chef d'état-major général.

Bureaux arabes militaires. — Des bureaux désignés sous le nom de *Bureaux arabes*, composés d'un capitaine, chef de bureau, et d'un ou deux adjoints, sont institués :

Dans chaque subdivision, auprès du général commandant ;

Et dans chaque cercle auprès du commandant supérieur.

Ces bureaux sont chargés, — sous l'autorité immédiate des généraux, — du commandement et de l'administration des indigènes du territoire militaire, de la préparation des registres statistiques qui servent de base à l'assiette de l'impôt, d'assurer la police du pays, la sécurité des routes et des marchés, etc.

Dans chaque division, les affaires arabes sont centralisées auprès du général, par un bureau dit, *Direction divisionnaire des affaires arabes*, et dont le personnel comprend : un officier supérieur, directeur ; un ou plusieurs adjoints, un officier de santé, des interprètes, des copistes et des chaouchs.

Chefs indigènes. — Nous avons dit que l'unité politique indigène est la tribu, aussi bien en pays arabe qu'en pays kabyle ; — à la tête de la tribu *arabe*, et pour être son agent direct auprès d'elle, l'autorité française place un *kaïd*. Ceci est le principe général de l'organisation du pays ; néanmoins, pour satisfaire à certaines nécessités politiques, nées des circonstances de la guerre et de la soumission des indigènes, — partant, temporaires et transitoires, — le gouvernement a dû constituer à certaines individualités, sous les titres d'*agha*, *bach-agha* et *khalifa*, des positions lucratives et honorifiques. — On a conservé, par suite des mêmes circonstances politiques, le titre de cheik-el-arab au personnage investi, du temps des Beys, du commandement des tribus sahariennes de la division de Constantine.

L'aghalik est formé de l'agrégation de plusieurs tribus ; le bach-agha commande à plusieurs aghas ; le khalifa exerce son action sur un plus grand territoire encore. Il n'y a, du reste, en Algérie, que trois personnages investis de ce dernier titre, et beaucoup de tribus sont directement administrées par l'autorité française et les kaïds, sans l'intervention des aghas, bach-aghas et khalifas.

Nous avons sommairement indiqué l'organisation *kabyle* ; ce que nous avons dit s'applique plus particulièrement aux populations du Djurjura. Les autres tribus d'origine berbère ou kabyle sont *généralement* administrées comme les tribus arabes, sauf cette particularité que le chef investi porte quelquefois le nom de *cheick* au lieu de celui de *kaïd*.

Le *kaïd* arabe, comme le cheick, est nommé par le commandant de la division ; il est responsable de l'exécution des ordres que lui donne le commandant français ; est chargé du recouvrement de l'impôt et de son versement dans la caisse des receveurs des contributions, de la police du pays, de la surveillance des routes et marchés ; il punit les actes de désobéissance ou de désordre, et peut frapper des amendes jusqu'à concurrence de 25 francs. Enfin, il réunit et commande les contingents et les corvées qui accompagnent nos expéditions. — Les kaïds ne touchent pas de traitement fixe : il leur est alloué des frais de perception sur le produit des impôts et des amendes.

Les *aghas* sont nommés par le Gouverneur-Général, sur la proposition des commandants de division. Ils ont dans leur aghalik des attributions analogues à celles des kaïds, et ils touchent, outre le traitement fixe qui leur est attribué, une part des frais de perception sur les impôts et les amendes.

Les *khalifas* et *bach-aghas* sont aussi nommés par le Gouverneur-Général. Ils participent également à la répartition des frais de perception des impôts et amendes, et ont, en outre, un traitement fixe.

Amendes. — Dans des circonstances déterminées et comme punition de certains crimes ou délits, les *commissions disciplinaires* (voy. Justice) peuvent imposer des amendes, depuis 200 francs jusqu'à 1,000 francs, aux indigènes établis sur le territoire militaire. Au Gouverneur-Général seul appartient le droit d'appliquer le principe de la *responsabilité collective* aux tribus ou fractions de tribus qui ont commis des délits ou des crimes et n'en ont pas fait connaître les auteurs dans le délai déterminé.

Il est tenu au sujet des amendes une comptabilité spéciale très régulière :

Les kaïds inscrivent sur des registres particuliers, et par ordre de numéro, le nom du chef qui a imposé l'amende, le montant de cette amende, ses motifs, le nom du délinquant et les sommes perçues. — Les chefs des bureaux arabes tiennent deux registres : le premier présente l'indication des amendes imposées par l'autorité française; le second présente par mois et par tribu, les résultats consignés sur les registres tenus par les kaïds, et ceux consignés sur un registre *ad hoc*, tenu par l'officier français. Aux termes d'un arrêté ministériel (7 décembre 1857), le montant de ces amendes est versé, par les chefs indigènes qui les ont perçues, à la caisse du receveur des contributions diverses, lequel en fait la répartition de la manière suivante : *sept dixièmes* au budget provincial, et *trois dixièmes* aux chefs indigènes.

Il n'est donc point vrai de dire, ainsi qu'on l'a fait, que les bureaux arabes ont la disposition des amendes. Une pareille affirmation accuse une ignorance absolue du règlement en vigueur, ou constitue une véritable calomnie.

II. — Administration des indigènes en territoire civil. — Les Arabes fixés sur le territoire civil sont administrés par le maire de leur commune, qui exerce à leur égard les attributions que lui confèrent les lois et ordonnances, autres que celles réservées à l'autorité préfectorale et dont nous parlerons ci-après.

Les cheiks sont chargés de fournir au maire les renseignements propres à maintenir la tranquillité et la police du pays ; de l'assister dans la répartition des réquisitions ordonnées ; d'assister les agents du Trésor dans les recensements et recouvrements en matière d'impôts.

Des gardes-champêtres arabes, nommés par le préfet ou par ses délégués, sont mis à la disposition du maire ; ils sont tenus de prêter main-forte à la gendarmerie, toutes les fois qu'ils en sont requis, et de faciliter l'exécution des ordres dont elle est chargée.

L'importance du service indigène et ses exigences particulières ont nécessité la création de bureaux spéciaux, dits :

Bureaux arabes départementaux. — Il y a dans chaque *département* de l'Algérie, — c'est-à-dire en territoire civil, — auprès et sous la direction du préfet, un bureau chargé des affaires arabes. Ce bureau, désigné sous le titre de *Bureau arabe départemental*, est composé d'un chef, d'adjoints et d'un personnel indigène.

Les attributions réservées à l'autorité préfectorale, et qu'elle exerce par l'intermédiaire du bureau arabe départemental, sont les suivantes :

Police politique des indigènes ; — organisation et surveillance des corporations ; — surveillance des sociétés religieuses connues sous le nom de *khouans* ; — organisation et surveillance des établissements de bienfaisance spéciaux aux musulmans ; — surveillance des armuriers indigènes, et autorisation d'achat d'armes et de munitions de guerre par les indigènes ; — préparation des rôles de l'impôt arabe.

Les autres attributions sont du ressort de l'autorité municipale.

Des *Bureaux arabes civils* sont également établis dans les arrondissements et sous les ordres des sous-préfets ; leurs attributions sont identiques à celles des bureaux départementaux, dont ils ne sont d'ailleurs que les annexes ; ceux qui les dirigent prennent le titre d'*adjoints*.

Les chefs de Bureaux arabes, et les commissaires civils dans le ressort de leur commissariat, ont le droit, par mesure politique, d'infliger aux indigènes des amendes de 1 à 15 francs, et l'emprisonnement de 1 à 5 jours pour les infractions qui ne constituent ni crimes ni délits. — Ces amendes sont recouvrées dans les formes ordinaires et perçues au profit de la caisse municipale.

Etat-civil indigène. — Les actes de l'état-civil concernant les naissances et décès des arabes habitant en dehors des villes et villages en territoire civil, sont reçus par les cheicks et rédigés en langue arabe, suivant les formalités déterminées. Ces actes sont immédiatement transmis au maire, et transcrits en langue française sur le registre de l'état-civil de la commune.

Nous ne terminerons pas ce chapitre sans indiquer les mesures prises par l'administration pour soulager les indigents, qui forment malheureusement une classe très nombreuse parmi les indigènes des villes.

Assistance musulmane. — Il est établi à Alger un bureau de bienfaisance spécial pour la distribution des secours aux indigènes musulmans; ce bureau se compose d'un conseiller de préfecture, président; du chef du bureau arabe départemental; de huit membres, dont quatre français et quatre musulmans, et d'un nombre illimité de commissaires de bienfaisance et de dames de charité; — il est subventionné par le budget provincial, jouit de l'existence civile et est autorisé à recevoir des dons et legs.

Dans les autres villes, des aumônes sont périodiquement distribuées, par les soins du bureau arabe, sur des fonds provenant des revenus des anciennes fondations religieuses musulmanes, et que l'État a abandonnés à cet effet aux caisses provinciales.

Asiles indigènes. — L'administration a ouvert, sous le titre d'*asiles*, des maisons où sont reçus :

A demeure fixe, les musulmans des deux sexes que leur grand âge et leurs infirmités empêchent de se livrer à aucun travail;

Temporairement, les indigènes atteints de maladies passagères et qui répugnent à se faire traiter dans les hôpitaux affectés aux européens.

Il existe deux établissements de ce genre : l'un à Alger, — l'autre à Constantine. Un médecin est attaché à chacun d'eux; la gestion intérieure est confiée à des agents indigènes, sous la surveillance et la direction du chef du bureau arabe départemental.

Service médical indigène. — Ce service comprend :

1°. Les soins médicaux à donner aux malades et invalides recueillis dans les asiles ;

2°. Les consultations gratuites, données chaque jour dans un local attenant au bureau arabe départemental ;

3°. Les visites à domicile des malades que leur état empêche de se présenter aux consultations gratuites ;

4°. La vaccination gratuite des enfants indigènes ;

5°. L'inspection, sous le rapport médical et hygiénique, des écoles arabes-françaises et des *Msid* (écoles primaires arabes).

Population. — Il est à peu près impossible de donner le chiffre exact de la population arabe, car la tente est souvent fermée aux investigations de nos agents. Les chefs des bureaux arabes, qui reçoivent en territoire militaire les déclarations des kaïds, ont, eux-mêmes, peu de moyens de contrôle. Quoi qu'il en soit, les statistiques les plus récentes partagent ainsi les indigènes :

Arabes des villes.	122,000
Arabes des tribus.	1,500,000
Kabyles et Berbères	1,000,000
Koulouglis	8,000
Nègres	10,000
Juifs.	30,000
Total.	2,470,000

Les Koulouglis sont issus du mariage des Turcs avec les femmes indigènes ; la fusion progressive des races effacera cette distinction.

CHAPITRE V.

De la propriété; — Des concessions; — Du cantonnement des tribus; — Assiette de l'impôt.

1. Propriétés. — Les propriétés du Domaine affectées aux besoins de la colonisation s'acquièrent, en Algérie, de plusieurs manières :

Aux enchères publiques. et exceptionnellement par vente de gré à gré dans les villes ou leurs banlieues ;

Par voie de vente à prix fixe ou par adjudications publiques dans les territoires ruraux ;

Plus généralement par voie de concessions, — concessions qui sont soumises à des conditions particulières fixées par le décret impérial, du 25 juillet 1860.

Les ventes sont faites par les agents du Domaine en vertu d'autorisations spéciales, les concessions par l'autorité compétente.

Les ventes de particulier à particulier, entre européens, sont faites conformément à la loi, dans les formes usitées en France et sous les mêmes garanties.

Les transactionss immobilières, de musulman à musulman, sont régies par la loi musulmane.

Chacun a le droit de jouir et de disposer de sa propriété de la manière la plus absolue, en se conformant à la loi. Néanmoins, aucun droit de propriété ou de jouissance portant sur le sol du territoire d'une tribu ne peut être aliéné au profit de personnes étrangères à la tribu. — A l'Etat seul est réservée la faculté d'acquérir ces droits dans l'intérêt des services publics ou de la colonisation, et de les rendre, en tout ou en partie, susceptibles de libre transmission (16 juin 1851).

Mais la tribu est un être collectif ; comment possède-t-elle ? — C'est ce que nous allons examiner :

Avant l'occupation, le sol de la Régence, moins la Kabylie qui avait conservé son organisation sociale, était partagé entre les *citadins*, c'est-à-dire, les Maures, les Turcs et les Juifs, — et les Arabes des tribus.

Le sol des villes appartenait à quatre classes de propriétaires :

1°. Aux corporations religieuses, — parmi lesquelles on distinguait celle de La Mecque et de Médine ;

2°. Au Beit-el-Mal, ou agent des successions ;

3°. A de simples particuliers ;

4°. Au Beylick, dont les biens étaient affermés et régis par un ministre spécial.

Dans les plaines qui avoisinent les villes, on reconnaissait deux sortes de propriétés :

1°. La propriété *Melk*, ou libre, consacrée par des titres ;

2°. La propriété *Habbous*, grevée de charges au profit de corporations religieuses ou de particuliers. — En principe, le fonds de la terre frappée de habbous ne pouvait être l'objet d'aucune transaction ; l'usufruit seul pouvait en être cédé, mais le bail ne devait jamais excéder trois années. C'était donc essentiellement une propriété de main-morte. — Comme conséquence, la plus grande partie du sol restait inculte.

Dans les tribus, le droit privatif sur le sol n'existait pas, sauf en ce qui concerne les Kabyles ; on trouvait bien, ça et là, quelques propriétés individuelles, données en apanage à des familles puissantes, mais c'était l'exception. En principe, le sol appartenait au souverain ; le Bey en accordait, à titre arch ou sabige, une portion à une tribu qui en devenait ainsi usufruitière. Le Kaïd de cette tribu assignait l'emplacement du douar, et le chef du douar faisait le partage des terres entre les siens ; chaque chef de tente recevait un lot proportionné à sa fortune et y faisait une part aux pauvres à qui il fournissait les semences, les ustensiles, les bestiaux et abandonnait le cinquième de la récolte.

Cette terre, arch ou sabige, était nécessairement inaliénable par les usufruitiers qui, en retour de la concession qui leur était faite, payaient un double tribut ; *l'achour*, ou dixième de la récolte, payable en nature ; le *hokor*, ou loyer de la terre, payable en argent et au taux moyen de trente francs par charrue.

Après la conquête, la constitution de la propriété se modifia sensiblement ; d'une part, le Domaine s'empara de tous les biens ayant appartenu au Dey d'Alger, aux Beys des provinces, aux Turcs chassés de la Régence et aux corporations religieuses ; d'autre part, il y eut entre les Indigènes et les Européens de nombreuses transactions, transactions faites souvent de mauvaise foi, et qui donnèrent lieu à d'interminables procès.

Nous n'avons point à rappeler les différentes mesures prises par le Gouvernement pour sauvegarder les intérêts de tous ; il nous suffira de dire que deux articles (10 et 11), de la loi du 16 juin 1851, actuellement en vigueur, consacrent ainsi qu'il suit la propriété individuelle :

« La propriété est inviolable, sans distinction, entre
» les possesseurs indigènes et les possesseurs français,
» ou autres.

» Sont reconnus tels qu'ils existaient au moment de la
» conquête ou tels qu'ils ont été maintenus, réglés ou
» constitués postérieurement par le Gouvernement fran-
» çais, les droits de propriété et les droits de jouissance
» appartenant aux particuliers, aux tribus et aux frac-
» tions de tribus. »

Cet article assura la situation et assit la propriété ; il faudra, néanmoins, le modifier, et voici pourquoi :

II. Cantonnement des Arabes. — La propriété n'existe qu'exceptionnellement chez les Arabes. — et, cependant, les Arabes détiennent la presque totalité du sol.

Or, cet état de choses, qu'il a fallu accepter, est sous plus d'un rapport préjudiciable aux intérêts de la colonie, et l'Administration s'applique à le changer ; elle atteindra le but auquel elle vise en cantonnant les tribus.

Quel sens doit-on attacher à ce mot de *cantonnement?* nous allons le dire :

Sous l'empire de la législation actuelle, la tribu est ce qu'elle était autrefois, un être collectif, et compte comme unité administrative. Elle occupe, suivant qu'elle est plus ou moins nombreuse, une étendue de territoire plus ou moins considérable, se déplace, dans un rayon donné, chaque fois que son intérêt l'exige et, toujours suivant ses ressources, cultive ou laisse en friche une partie de son territoire. — Lorsque certaines circonstances ont notablement modifié la composition d'une tribu ou changé les rapports de ressources de ses membres, il est procédé par le kaïd, et sous la surveillance du bureau arabe, à une nouvelle répartition des terres de culture.

Chaque famille ensuite travaille pour son propre et privé compte et acquitte l'achour, à proportion de ses cultures, la zekkat, à proportion du nombre de ses troupeaux.

Or, ce mode de procéder a des inconvénients multiples ; et en effet :

D'une part, la terre changeant souvent de mains, nul ne songe à l'améliorer ; elle produit donc sensiblement moins qu'elle ne pourrait produire ; d'où il résulte une perte sèche pour le trésor et pour la consommation générale ;

D'autre part, en abandonnant aux tribus plus d'espaces qu'elles n'en peuvent cultiver, on prive les Européens de terres labourables dont ils voudraient tirer parti, et on enraye, du même coup, et le peuplement de l'Algérie, et la colonisation.

Le Gouvernement l'a bien compris ; et c'est afin d'éviter ce double écueil qu'il veut cantonner les Arabes.

Evidemment, il ne pouvait songer à prendre aux Indigènes toutes les terres qu'ils occupent ; les uns ont besoin *pour vivre*, d'une partie de ces terres ; les autres ont à la possession du sol des droits régulièrement établis. Ces besoins et ces droits, également respectables, sont également respectés. Pour concilier ces exigences, l'Administration fait opérer :

1°. Le relevé cadastral du terrain occupé par la tribu ;
2°. La vérification des titres de propriété individuelle, titres qui sont confirmés dès qu'ils sont reconnus valables ;
3°. Le partage équitable, entre l'Etat et les individus n'ayant point de titres, de la partie du sol qu'ils détiennent comme simples usufruitiers ;
4°. Enfin, la remise à chacun de ces individus, d'un lot de terres proportionné aux cultures effectuées par lui.

Tel est le cantonnement : — l'œuvre commence à peine ; il faudra plusieurs années pour l'achever, parce que l'Administration, qui ne peut créer de toutes pièces un système nouveau, se heurte, à chaque instant, contre des difficultés. Mais ces difficultés vaincues, l'état social de la colonie se transforme aussitôt ; les Indigènes, devenus *propriétaires*, abandonnent forcément leur existence nomade ; ils s'attachent au sol, le cultivent, l'améliorent et renoncent à toute idée de guerre.

III. Impôts. — Les impôts des *Européens* se rapprochent de ceux établis sur le continent, mais ils ne sont pas, à beaucoup près, aussi élevés, et une grande partie des taxes les plus lourdes qui sont perçues en France, ne sont point encore établies en Algérie. C'est ainsi que l'impôt foncier, celui des portes et fenêtres et celui des successions, les droits d'octroi, ceux de consommation et de circulation sur les vins et liqueurs et le monopole des tabacs ne sont pas appliqués à la colonie.

Les taxes actuellement établies sont les suivantes :
Au profit de l'Etat : La **contribution des patentes** ; —

les *droits d'enregistrement, de timbre, de greffe et d'hypothèques*, qui sont perçus d'après un tarif de moitié moins élevé que celui de France et ne supportent pas l'addition du décime de guerre ; — les *droits de licence*, dus exclusivement par les débitants de vins et liqueurs ; — les *droits de douane*.

Au profit des communes : la *taxe des loyers*, qui représente, à peu près, la contribution personnelle et mobilière de France ; — les *prestations en nature* pour les chemins vicinaux ; — la *taxe sur les chiens* — et l'*octroi de mer*, perçu dans tous les ports sur les denrées qui arrivent par mer.

Aucun droit d'octroi n'est perçu à la porte des villes ; les communes touchent les quatre cinquièmes de l'octroi de mer ; l'autre cinquième entre dans le budget provincial comme contribution des communes dans les dépenses hospitalières.

Les Indigènes, Arabes et Juifs, domiciliés *en territoire civil*, supportent les charges municipales imposées aux habitants européens de la commune ; ils sont, en outre, soumis à l'impôt arabe et aux réquisitions.

Les tribus *du territoire militaire* doivent, en principe, payer l'*achour* et *le zekkat;* mais, pour quelques-unes d'entre elles et suivant les circonstances qui ont déterminé la soumission, la règle générale est modifiée dans son application.

L'*achour* est la dîme prélevée sur les récoltes ; autrefois, il se payait en nature ; mais depuis longtemps nous l'avons converti en un impôt en argent, supputé annuellement d'après l'importance des moissons et le prix des denrées.

Le *zekkat* est un impôt sur les bestiaux. Le Gouverneur-Général en arrête chaque année les tarifs. En voici les moyennes : mouton, 10 centimes ; chèvres, 05 centimes ; bœuf ou vache, 2 fr. 50 cent.; chameau 4 francs.

Les impôts d'exception sont les suivants :

Le *hokor*, redevance de loyer pour les terres beylick

ou domaniales. Il est fixé à 20 francs, en moyenne, *par charrue*, c'est-à-dire par étendue qui varie, suivant les usages locaux, de huit à vingt hectares. — Là où cet impôt est dû, il s'ajoute à l'achour.

La *lezma* (obligation). C'est un impôt fixe, déterminé une fois pour toutes au moment où les tribus ont fait leur soumission ; ainsi, le cercle de Fort-Napoléon paie annuellement une lezma de 80,000 francs ; le caïdat du Ferdjioua, une lezma de 60,000 fr. — La répartition de ces lezmas est faite par les Djemmâas, en dehors de toute participation de l'autorité française.

Les tribus du Sahara paient des redevances particulières sur les produits de leurs oasis, et aux époques où elles viennent faire dans le Tell leurs achats de grains.

Il y a peu d'années encore, les tribus étaient autorisées à s'imposer extraordinairement pour dépenses locales à faire sur leur territoire : ces contributions sont aujourd'hui remplacées dans les tribus arabes du Tell, par le paiement de *centimes additionnels* à l'impôt. On a maintenu aux tribus kabyles et aux tribus sahariennes, — mais sous l'approbation du Gouverneur-Général, — la faculté de s'imposer elles-mêmes pour les travaux d'utilité commune. — Les centimes additionnels doivent être consacrés, intégralement et exclusivement, aux dépenses d'utilité commune spéciales aux tribus de chaque subdivision militaire. La quotité en est déterminée par le Gouverneur-Général; depuis plusieurs années, elle est fixée à 18 centimes par franc des impôts achour et zekkat.

Le revenu des impôts arabes s'est élevé graduellement jusqu'au chiffre de 17 millions.

I. Importations et exportations. — Un jour viendra, sans doute, où l'Algérie, occupée par une population stable, et fécondée par le travail, indemnisera la France des sacrifices que lui impose sa laborieuse transformation. Alors il y aura, d'un rivage à l'autre de la Méditerranée, un va et vient continuel de bateaux à vapeurs; les trois provinces seront sillonnées de railways; les distances disparaîtront, et l'Europe sera mise en contact immédiat avec le Nord de l'Afrique.

Mais nous n'en sommes point encore là. C'est d'hier seulement que date la conquête, et nous ne saurions trop le répéter, puisqu'on semble l'oublier trop.

Donc, le commerce de la colonie est peu considérable; ce qui le constitue particulièrement, ce sont les importations de France et de l'étranger, et l'exportation des produits algériens.

Le mouvement commercial se répartit comme suit :

Marchandises importées :

Les tissus de toute sorte, les vins, les eaux-de-vie, les farineux alimentaires, le sucre, le café, les fromages et autres denrées combustibles; les savons, les peaux préparées et ouvrées, les matériaux à bâtir, le fer, la fonte, l'acier, les ouvrages en métaux, la poterie, la faïence, la porcelaine, les verreries et les cristaux, les tabacs exotiques, etc.

Marchandises exportées :

Les huiles d'olives, les peaux brutes, les plumes d'autruche, les laines en masse, la soie en cocons et grége, le coton, différents minerais, le corail, les tabacs en feuilles, les céréales en grains, les bois de myrte et thuya, les fruits, les primeurs et les essences.

Les différents régimes de douanes qui ont été successivement appliqués à l'Algérie, ont exercé sur le mouvement commercial une influence plus ou moins fâcheuse, suivant que les tarifs étaient plus ou moins élevés. Mais le système prohibitif a fait son temps; les lois des 11 janvier 1851 et 11 février 1860, consacrent le principe de l'assimilation douanière entre la France et l'Algérie, et, sous peu, cette assimilation sera complète.

Nous avons parlé des exportations : le tableau suivant,

dressé d'après les documents officiels et qui embrasse une période de dix années, — 1850-1860, — prouve combien la situation commerciale de l'Algérie tend à s'améliorer.

Marchandises exportées.	1850.	1855.	1860.
Peaux brutes. . . . .fr.	2,327,634	724.947	3,359,020
Laines en masse. . .	2,315,264	2,836,744	6 616,763
Corail brut.	465,200	579,150	1,494,050
Blé.	43,020	18,842,775	5,625,540
Légumes secs. . .	8,490	732,943	538,545
Légumes frais. . . .	85,795	108,615	185,024
Huile d'olive.	96,643	1,517,625	2,698,858
Crin végétal.	20,724	327.713	1,021,934
Sangsues.	39,716	67,695	68,455
Minerai de fer. . . .	»	73,884	693.918
Minerai de plomb. . .	»	1,644,394	2,124,388
Liége brut.	»	91,841	409,893
	5,402,486	27,545,320	24,836,385

Ainsi l'Algérie exportait, en 1850, pour *deux* millions de peaux brutes : elle en exporte actuellement pour *trois* millions et plus.

Elle exportait pour *deux* millions de laines : elle en exporte aujourd'hui pour près de *sept* millions.

Les huiles d'olive qui, en 1850, donnaient à l'exportation 96,000 *francs*, donnent aujourd'hui 2,698,000 *francs*.

En 1850, on exportait pour 43,000 *francs* de blé; en 1855 (guerre de Crimée), pour 18 *millions;* en 1860, en pleine paix, et à la suite d'une récolte plus que médiocre, on en a exporté pour plus de *cinq millions*.

En somme, sur douze articles seulement qui figurent au tableau ci-dessus, l'exportation, de 1850 à 1860, s'est élevée de 5 *millions* à 25 *millions*, elle a quintuplé. Quel argument plus péremptoire pourrait-on opposer à ceux qui s'obstinent à nier la puissance productive et le mouvement ascendant de l'Algérie ?

II. Industrie. — Tout est encore à créer, et notre colonie d'Afrique offre aux Européens un vaste champ d'expériences. — Un publiciste algérien, justement préoccupé de la situation présente, traçait en ces termes le programme à suivre :

« Il faut promptement mettre en œuvre les immenses ressources que la Providence a accumulées en Algérie ;

» Il faut fouiller les entrailles de la terre et en extraire ces minerais si riches qui manquent presque partout en Europe ;

» Il faut tirer des carrières ces admirables marbres numidiques, ces onyx translucides, ces albâtres dont l'industrie saura tirer si bon parti ;

» Il faut fouiller nos forêts : nous y trouverons des bois précieux pour l'ébénisterie, des pièces solides pour la charpente, pour la menuiserie, des liéges qui deviennent de plus en plus rares ;

» Mais il ne faut pas que ces produits sortent bruts de nos ports : il faut qu'ils soient façonnés chez nous ;

» Il faut que nos laines sortent peignées et tissées sur place ;

» Il faut que l'élève du ver-à-soie se répande, se vulgarise partout où cela est possible, et que la soie soit filée dans la colonie ;

» Il faut qu'une partie de nos tabacs y soit manufacturée ;

» Il faut que des fabriques de pâtes alimentaires travaillent nos farines de blé dur ;

» Il faut, en un mot, que *l'Industrie* donne au moins une première façon à nos produits de tous genres, pour épargner au *commerce* des frais énormes et inutiles de transport. »

Oui, sans doute il faudrait tout cela ; mais pour que ce programme soit complètement réalisé, IL FAUT à l'Algérie des capitaux et des bras. Viennent les bailleurs d'argent, — et ils viendront lorsque la propriété sera régulièrement assise, — et nous verrons fonctionner les usines. L'attente sera-t-elle bien longue ? c'est le secret de l'avenir.

Pour le moment, l'industrie algérienne est encore, si je puis ainsi parler, à l'état rudimentaire. Les capitalistes et les colons gardent l'expectative ; des essais malheureux les ont rendus défiants, et c'est avec une réserve extrême qu'ils tentent les chances aléatoires d'entreprises nouvelles. On ne saurait les en blâmer ; l'Algérie, du reste, y gagnera : quand l'impulsion sera donnée, chacun voudra la suivre.

Quelques usines, cependant, fonctionnent et prospèrent; c'est ainsi que nous citerons : les fabriques de sparterie, dans la province d'Alger ; les hauts fourneaux de l'Alélick, près de Bône, qui fournissent au commerce d'excellente fonte aciéreuse ; les usines de Kef-oum-Teboul, près de La Calle, et de Gar-Rouban, près de Tlemcen, où se traitent les minerais de cuivre et de plomb-argentifère ; celle de Jemmapes, où l'on traite le mercure, et celle de Saint-Denis-du-Sig, où l'on égrène le coton.

Les Arabes et les Kabyles ont des industries particulières, en rapport avec leurs instincts : ceux-là confectionnent des bournous, des haïcks, des tapis estimés, des babouches et des fichus lamés d'or et d'argent ; ceux-ci fabriquent des poteries originales, des fusils dont la crosse est incrustée d'ivoire, des sabres à la lame tranchante, des poignards au fourreau ciselé.

Enfin, les Juifs, plus industriels qu'industrieux, confectionnent les menus objets d'orfévrerie.

Chambres de commerce. — Il est établi à Alger, à Oran, à Constantine, à Bône et à Philippeville des chambres de commerce qui ont pour attributions : 1°. de donner au gouvernement les avis et renseignements qui leur sont demandés sur les faits et les intérêts industriels et commerciaux ; 2°. de présenter leurs vues sur les moyens d'accroître la prospérité de l'industrie et du commerce, sur les améliorations à introduire dans toutes les branches de la législation commerciale, y compris les tarifs de douanes et octrois; sur l'exécution des travaux et l'organisation des services publics qui peuvent intéresser le commerce ou l'industrie, tels que les travaux des ports, la navigation des fleuves, des rivières, les postes, les chemins de fer, etc.

Elles donnent spécialement leurs avis sur les changements projetés dans la législation commerciale; sur les érections et règlements des chambres de commerce; sur les créations de bourses et les établissements d'agents de change ou de courtiers; sur les tarifs des douanes; sur les tarifs et règlements des services de transport et autres, établis à l'usage du commerce; sur les usages commerciaux, les tarifs et règlements de courtage maritime et de courtage en matière d'assurance de marchandises, de change et d'effets publics; sur les créations des tribunaux de commerce dans leurs circonscriptions; sur les établissements de banques, de comptoirs d'escompte et de succursales de la banque de France; sur les projets de travaux publics locaux relatifs au commerce; sur les projets de règlements locaux en matière de commerce et d'industrie.

Les membres sont nommés à l'élection par une assemblée de commerçants notables, dont le nombre est fixé pour chaque circonscription par des arrêtés de l'administration supérieure. Sont éligibles, les commerçants français, indigènes et étrangers établis en Algérie, âgés de trente ans au moins et exerçant le commerce ou une industrie depuis trois ans. — Les fonctions de membre durent six ans; le renouvellement a lieu, par tiers, tous les deux ans. Les membres sortants sont indéfiniment rééligibles.

Courtiers. — Des courtiers sont institués à Alger, à Oran, à Bône, à Philippeville, à Mostaganem, à Ténès, à

Cherchell, à Bougie et à Djidjelli. Ils se divisent en deux classes :

1°. Les courtiers en marchandises ;
2°. Les courtiers maritimes.

Les courtiers en marchandises ont seuls le droit de faire le courtage des marchandises et d'en constater le cours. — A défaut d'agents de change, ils ont seuls le droit de faire les négociations des effets publics et autres susceptibles d'être cotés; de faire, pour le compte d'autrui, les négociations des lettres de change ou billets et de tous papiers commerçables, et d'en constater le cours; de faire les négociations et le courtage des ventes ou achats de matières métalliques, et d'en constater le cours.

Les courtiers maritimes rédigent les contrats ou polices d'assurances concurremment avec les notaires; ils en attestent la véracité par leur signature. — Ils ont seuls le droit de traduire, en cas de contestation devant les tribunaux, les déclarations, charte-parties, connaissements, contrats et tous actes de commerce dont la traduction est nécessaire ; enfin, de constater le cours du fret ou du nolis. Dans les affaires contentieuses de commerce et pour le service de toutes les administrations, ils servent seuls de truchements à tous étrangers, maîtres de navires, marchands, équipages de vaisseaux et autres personnes de mer. — L'arrêté de nomination détermine les langues que chaque titulaire a droit d'interpréter.

Les courtiers sont assujettis à un cautionnement de 5,000 fr. pour Alger, et de 3,000 fr. pour les autres résidences ; leurs droits de courtage sont tarifés. — La compagnie est placée sous l'autorité d'une chambre syndicale.

Bourse de commerce. — L'importance du mouvement commercial de l'Algérie, et le développement qu'il est appelé à prendre ont nécessité la création d'une Bourse de commerce à Alger.

La Bourse est ouverte à toute personne jouissant de ses

droits civils et aux étrangers : nul commerçant failli ne peut s'y présenter s'il n'a obtenu sa réhabilitation. — L'ouverture a lieu tous les soirs, les jours non fériés, à trois heures ; la fermeture à quatre. Les courtiers de commerce y traitent les affaires concernant leurs fonctions ; les particuliers y négocient entre eux et par eux-mêmes les lettres de change, billets à ordre et au porteur, et vendent par eux-mêmes leurs marchandises. — A la fin de chaque séance, les courtiers se réunissent pour la vérification des cotes des marchandises et matières premières ou métalliques, et font constater le cours arrêté par le syndic, en présence du Commissaire de police, qui porte ledit cours sur un registre spécial.

Enfin, il existe en Algérie trois TRIBUNAUX DE COMMERCE ; à Alger, à Oran et à Constantine ; les présidents et les juges sont élus, comme en France, par les notables commerçants de ces localités.

III. Service des Ponts-et-Chaussées. Routes et voies ferrées. — On connaît cet axiôme : « Les grands chemins sont pour un pays ce que les artères et les veines sont pour le corps. » — Afin d'apprécier convenablement ce qui a été fait jusqu'à ce jour, il faut se rappeler ce qu'était l'Algérie avant 1830.

Sous la domination des Turcs, le territoire de la Régence, divisé entre une multitude de douars, n'offrait aux voyageurs ni ressources, ni sécurité ; le commerce était nul, l'agriculture en souffrance, et les arabes de l'intérieur, dont rien n'aiguillonnait l'énergie, croupissaient dans la misère. Aussi, de province à province, et même du village à la ville, les relations étaient rares ; les routes disparaissaient, perdues dans les broussailles ou effondrées par les torrents, sans que personne en prît souci.

La situation est, aujourd'hui, toute différente. — Où la France s'arrête, elle laisse trace de son passage ; or, elle a radicalement transformé l'Algérie. Les villes du littoral et de l'intérieur sont reliées entre elles par des routes carrossables ou par des chemins vicinaux, et les voyageurs trouvent sur leur parcours, à défaut d'hôtels, de vastes caravansérails parfaitement entretenus. Grâce à l'active surveillance des bureaux arabes, on peut aller partout, en toute sécurité, sans escorte et sans armes; et, pour se rendre à Laghouat, — c'est-à-dire au Désert, — on prend les Messageries !

Pour accomplir cette révolution, trente ans ont suffi; mais rendons à César ce qui appartient à César, et répétons avec le colonel Ribourt : « L'honneur de l'armée d'Afrique et de ses chefs est peut-être moins dans les succès de la guerre que dans les labeurs de la paix. Depuis les légions romaines qui maniaient la pioche aussi bien que l'épée, nulle armée au monde n'a accompli autant de travaux, ni tant fait pour livrer un grand pays à la culture et à la civilisation. Il faut qu'on sache que lorsque nos soldats ne se battaient point, ils travaillaient, et que chaque année, durant sept mois, cinquante ou soixante mille hommes étaient échelonnés au travers de la contrée, pour ouvrir des routes, dessécher les marais, combler les fondrières, abaisser les montagnes, faire des ponts, des barrages, bâtir dans les tribus des maisons de commandement, sur les chemins des caravansérails, et créer dans le désert des oasis nouvelles. »

Oui, presque tout ce qui a été fait en Algérie pendant les trente premières années de l'occupation, routes, chemins, ponts, aqueducs et barrages, puits et fontaines, a été construit par l'armée, — et ce sera sa gloire éternelle ! — Cependant il reste encore beaucoup à faire : d'autres routes devront être percées, qui abrégeront les distances; des ponts solides remplaceront les passerelles élevées à la hâte; les eaux seront aménagées, et des travaux habilement conduits assainiront les plaines. A cette tâche qui lui incombe, l'Administration civile, aidée par le service des Ponts-et-Chaussées, ne saurait faillir : dégagée des entraves qui gênaient ses allures, elle poursuit, avec une ardeur qu'on ne lui soupçonnait point, l'œuvre si laborieuse de la colonisation et multiplie ses efforts : Emule intelligente de l'autorité militaire, elle achèvera ce qu'on n'a fait qu'ébaucher.

Le service des *Ponts-et-Chaussées* a donc une immense importance, et son aide qui n'a jamais fait défaut à l'armée ne saurait faiblir maintenant qu'il est à peu près seul pour achever la tâche.

Ports et phares à construire, routes à ouvrir, marais à dessécher, acqueducs à établir ou à restaurer, centres de population à créer ; telle était la vaste tâche à remplir et à laquelle a concouru, pour une large part, le service des Ponts-et-Chaussées.

Voici un exposé très succinct de ce qui a été fait par ses soins.

Le service des Ponts-et-Chaussées, confié, dès l'origine, à des Ingénieurs détachés momentanément des cadres de la métropole, a été organisé à Alger en 1831, à Oran en 1832, à Bône en 1833. Son rôle fut extrêmement limité tant que durèrent les hostilités : il se borna, en quelque sorte, aux travaux maritimes du port d'Alger. Mais dès 1843, alors que la pacification parut probable, on vit le Génie civil et le Génie militaire réunir, sans rivalité, leurs efforts et poursuivre l'exécution des travaux publics qui devaient consolider la conquête. Aujourd'hui ces deux corps se sont partagé le sol algérien : le Génie exécute en territoire militaire tous les travaux du ressort du service des Ponts-et-Chaussées en France et dont celui-ci demeure exclusivement chargé en territoire civil.

L'organisation du corps est d'ailleurs exactement celle de la métropole : un Inspecteur général est chargé de l'inspection des travaux publics en Algérie ; 4 Ingénieurs en chef, à Alger, à Oran, à Constantine et à Bône, ont aujourd'hui sous leurs ordres 17 Ingénieurs ordinaires ou Conducteurs en faisant fonctions, chefs d'arrondissement, assistés d'un nombre proportionné de Conducteurs des Ponts-et-Chaussées (80 environ). Ce personnel relève, quant à l'avancement, du Ministère des Travaux publics qui le met à la disposition du Gouvernement-Général de l'Algérie: il offre, conséquemment, tous les caractères désirables de savoir, d'aptitude, de zèle et d'activité qu'on se plaît à reconnaître dans le corps impérial des Ponts-et-Chaussées de France.

S'il fallait énumérer les travaux préparés et exécutés par ce service civil en Algérie, notre cadre serait immédiatement dépassé.

Chargés exclusivement des travaux maritimes, les Ingénieurs peuvent revendiquer la création à Alger d'un port de 90 hectares, abrité par des môles dont la profondeur atteint parfois 30 mètres; celle de 2 formes de radoub au même lieu ; le recreusement et l'agrandissement du port de Cherchell ; l'aménagement du port de Mostaganem; la création d'un refuge à Oran; la création d'un port à Philippeville et d'un autre à Bône, de débarcadères sur de nombreux points de la côte : ouvrages dont l'établissement est d'autant plus difficile que, à l'exception de Bougie, la côte ne présente nulle part des abris naturels.

Le système d'éclairage des côtes a été complètement étudié et a reçu, en partie, son application.

On citera les phares de Mers-el-Kebir, d'Arzew, de Cherchell, d'Alger, du cap Carbon, de Djidjelli, de Philippeville et de Bône et les feux qui signalent l'entrée de chaque port. — Un phare de 1er ordre, celui de Ténès, est en voie de construction.

A l'armée appartenait, dans le principe, le soin de tracer les voies de communication et de pénétrer dans l'intérieur du pays; au génie civil incombait l'œuvre du perfectionnement, la rectification des tracés, l'exécution des empierrements, la construction des ouvrages d'art. Il serait donc extrêmement difficile, sinon impossible, de démêler la part de travail et de mérite qui revient à chaque service dans la création du vaste réseau de routes *à l'état d'entretien*, c'est-à-dire empierrées et carrossables comme les bonnes routes de France, qui couvre les trois provinces et qui, pour la seule province d'Alger, comprend 200 kilomètres de routes impériales, 500 kilomètres de routes départementales, 125 kilomètres de chemins de grande communication, et une longueur indéterminée de chemins de colonisation ou de culture, rentrés dans la catégorie des chemins vicinaux ordinaires depuis la constitution des communes.

L'œuvre si vaste et si féconde en résultats, mais en même temps si meurtrière pour ceux qui l'accomplissent, du desséchement des marais n'a pas été négligée. — Les premiers travaux importants datent seulement de 1843 dans le département d'Alger et de 1845 et 1847 dans les départements d'Oran et de Constantine. — Cependant la longueur des canaux principaux ouverts par les soins du service des Ponts-et-Chaussées atteint déjà 150 kilomètres ; la surface desséchée, assainie, rendue à la culture, dépasse 10,000 hectares ; dans cette quantité, la province d'Alger entre pour moitié.

Partout aussi, en territoire civil, on s'est attaché à aménager les eaux d'irrigation ; des barrages ont été construits et des rigoles ouvertes ; mais on ne s'est pas engagé encore dans le système des grands ouvrages analogues à ceux que les Maures ont laissés en Espagne, parce que les bras et les capitaux manquent. — On reconnaîtra bien, en effet que l'aménagement des eaux d'arrosage constitue une opération industrielle, et non une opération d'utilité publique, et que le Gouvernement a bien fait de limiter ses dépenses à l'utilisation des ressources ordinaires. Cependant, le concours de l'État ne fera pas défaut aux grandes sociétés industrielles et l'administration mettra toujours à la disposition des capitalistes les lumières du corps des Ponts-et-Chaussées.

Les Romains ont laissé, principalement dans la province de Constantine, de nombreux vestiges des ouvrages publics destinés à la distribution des eaux d'alimentation, mais devenus impropres à leurs fonctions ; les aqueducs des Turcs étaient eux-mêmes en fort mauvais état. — L'administration civile française a fait restaurer déjà et reconstruire deux des grands aqueducs à Alger, ceux d'Aïn-Zeboudja et du Telemly qui ont coûté environ 800,000 fr. — A Blidah, elle a construit l'aqueduc de l'Oued-el-Kebir, 115,000 fr. — A Oran et à Mers-el-Kébir près de 400,000 fr. ont été dépensés pour l'établissement des conduites d'eau de l'aqueduc du Raz-el-Aïn et celui du Ravin-Blanc. A Philippeville, on a restauré les citernes Romaines ; à Bône, on a créé de toutes pièces le système alimentaire. — A ces travaux, les plus importants, s'ajoutent toutes les conduites d'eau, les fontaines, les lavoirs, les abreuvoirs, les puits dont chaque centre de population est doté. L'administration n'a reculé devant aucun sacrifice et parfois on a été chercher à 4, 6 et même 8 kilomètres une source débitant 2 litres à la seconde pour pourvoir aux besoins d'un village.

Les villes principales de l'Algérie, Alger, Oran, Constantine, Philippeville, Blidah, etc., sont pourvues d'égouts, dont quelques-uns constituent des ouvrages d'une importance réelle. L'égout dit de ceinture, à Alger, établi sous les rues Bab-Azoun, Bab-el-Oued et de la Marine a coûté près de 800,000 fr., il reçoit toutes les eaux pluviales et ménagères de la ville et les conduit en dehors du port, qu'on a ainsi préservé de l'infection. L'égout du ravin Raz-el-Aïn, qui traverse Oran, a 2^m 50 de hauteur sur 2^m 50 de largeur ; l'égout d'Aïn-Safar, à Mostaganem, offre une section de 1^m 50 de largeur sur 2^m 00 de hauteur.

On ne parlera ici que pour mémoire des travaux relatifs à la voirie urbaine. Aujourd'hui le service des Ponts-et-

Chaussées n'a plus à s'occuper, pour compte de l'Etat, que de la grande voirie ; la petite voirie est du domaine municipal, mais il en a eu la direction exclusive depuis 1846 jusqu'à l'époque de la constitution des communes. Quiconque a parcouru ou seulement traversé nos villes algériennes dira que beaucoup de villes françaises peuvent leur porter envie au point de vue de la bonne tenue des rues dont un grand nombre sont bordées de trottoirs.

Enfin, et pour clôre cette notice déjà longue, il est utile de faire remarquer que le service des Ponts-et-Chaussées a concouru à la création de tous les centres de population en territoire civil ; que les commissions chargées d'étudier l'installation de ces centres sont présidées par des Ingénieurs des Ponts-et-Chaussées ; que tous les travaux d'alignement, nivellement, conduites d'eau, fontaines, lavoirs, plantations, irrigations sont exécutés sous leur direction et par les soins des conducteurs sous leurs ordres. — C'est dire quelle haute mission l'administration des Ponts-et-Chaussées est appelée à remplir et les services qu'elle peut rendre.

Parmi les travaux projetés ou en cours d'exécution, les plus importants, sans contredit, sont ceux du chemin de fer qui doit relier entre elles les trois provinces de l'Algérie. Qu'on nous permette, à ce propos, de rappeler ici l'opinion d'un homme d'État : « Quel mouvement, disait M. le duc de Broglie, imprimerait au commerce de l'Afrique, une voie ferrée qui mettrait à quelques heures des côtes, et à trois journées de Marseille, les métaux, les bois précieux, toutes les richesses métallurgiques, végétales et minérales, en un mot, dont l'Atlas cache dans ses profondeurs les veines et les racines ; quel attrait cet accès commode exercerait sur les spéculateurs : quelle valeur prendraient les denrées agricoles le jour où au lieu d'être chariées lentement, à travers des marais embourbés, elles courraient lestement, par toute saison, à la suite d'une locomotive : — personne ne peut le calculer, il est probable qu'aucun des coups de théâtre accomplis déjà parmi nous par la vapeur, n'en donne une idée suffisante. La France, qui regrette d'avoir tant dépensé pour sa colonie, a peut-être sous la main les moyens de rentrer d'un seul coup dans toutes ses mises. C'est de placer hardiment, sur la création d'un chemin de fer, un nouvel enjeu dont le gain incalculable est par avance presque assuré. »

Le nouvel enjeu a été fait : on travaille maintenant, partiellement au moins, pour niveler les plaines; demain, on percera des montagnes et, avant qu'il soit peu, l'Algérie tout entière sera sillonnée de rails.

IV. Télégraphie. — Le service télégraphique a été organisé dans la colonie en vertu d'un arrêté ministériel en date du 8 juin 1844.

Le système aérien était alors seul en usage : deux grandes lignes, passant par les points intermédiaires, mirent d'abord en communication Alger et Oran, à l'ouest, Alger et Constantine, à l'est. Plus tard, de nouvelles lignes furent rattachées aux artères principales, et relièrent aux villes de premier ordre les villes et les centres importants du littoral ou de l'intérieur. — Tous ces établissements furent faits dans une période de dix ans.

En 1854, et sur les instances du Maréchal Randon, alors gouverneur-général, l'administration décida que le système aérien serait remplacé par le système électrique, et elle autorisa l'établissement immédiat des lignes d'Alger à Médéah et d'Oran à Mostaganem, d'après le mode sur poteaux usité en France; il fut convenu que les lignes électriques suivraient les lignes aériennes déjà établies, afin que, si le fil de communication venait à se rompre, le stationnaire pût rentrer dans son poste et transmettre les signaux.

L'essai réussit; l'élan fut aussitôt donné; moins de trois

années après, le service télégraphique était organisé sur tous les points du territoire, et, au fur et à mesure de leur construction, les lignes électriques étaient mises à la disposition du public.

V. Service des Postes. — Le service postal est organisé sur les mêmes bases que celui de France, avec le concours d'un personnel spécial emprunté, sauf les agents secondaires ou inférieurs, aux cadres de l'administration métropolitaine.

La direction et la haute surveillance du service, en tout ce qui concerne l'étude et la satisfaction des besoins économiques et industriels des populations algériennes, les questions d'organisation, les moyens de transport, l'emploi des crédits budgétaires sont réservés au Gouverneur-Général.

La Direction générale des postes, dont le siége est à Paris, correspond avec le Chef du service en Algérie pour tout ce qui a trait à la surveillance du personnel, à l'exécution des règlements et instructions sur le service de la manipulation des correspondances.

Organisation du service. — Un Inspecteur résidant à Alger est chargé du service des trois provinces; sous ses ordres, deux Sous-Inspecteurs, l'un à Oran, l'autre à Constantine, dirigent le service dans ces provinces.

Le service des postes en Algérie comprend:

7 Bureaux de direction composée;
26 Bureaux de direction simple;
38 Bureaux de distribution;
24 Bureaux de distribution-entrepôt.

On appelle Bureau *composé* celui dans lequel le Directeur est assisté par un ou plusieurs agents nommés par l'administration ; Bureau *simple*, celui dans lequel le Directeur ne reçoit l'assistance d'aucun employé nommé par l'administration. Ce comptable peut, toutefois, s'adjoindre un aide qu'il paie sur les frais d'abonnement qui lui sont accordés pour cet objet. — Une *Distribution* est un établissement de postes, dont le titulaire n'est pas tenu de fournir un cautionnement, qui ne peut payer ou délivrer des mandats de poste, et dont la comptabilité est rattachée à celle d'une Direction voisine. — Dans les *Distributions-entrepôts*, les destinataires doivent aller retirer leurs lettres au bureau. Ces établissements diffèrent, en outre, des distributions ordinaires en ce qu'ils ne sont pas admis à prendre part au service des chargements.

A chaque bureau de poste et à la plupart des bureaux de distribution sont attachés des facteurs de ville et des facteurs ruraux pour distribuer à domicile les correspondances, tous les jours ou tous les deux jours, suivant la fréquence des courriers.

Les établissements de poste sont reliés entre eux soit par des courriers d'entreprise, soit encore, sur quelques points, par des courriers indigènes, relevant directement de l'autorité militaire. Ces courriers, les uns en voiture partout où l'état des routes le permet, les autres à cheval, effectuent leurs voyages les uns chaque jour, les autres chaque semaine, à des dates plus ou moins rapprochées, selon l'importance des localités qu'ils desservent. Leurs départs sont réglés de manière à coïncider, tant à l'aller qu'au retour avec les arrivées et les départs des paquebots réguliers de Marseille pour Alger.

Marche des correspondances. — La marche des correspondances entre la France et l'Algérie est réglée comme suit :

Les départs d'Alger à Marseille et de Marseille à Alger ont lieu simultanément de ces deux points, trois fois par semaine, les mardi, jeudi et samedi, à midi.

La traversée s'effectue, en temps ordinaire, en 48 heures.

Les départs d'Oran à Marseille ont lieu le jeudi de chaque semaine; ceux de Marseille à Oran, le vendredi.

La durée moyenne de la traversée est de 70 heures.

Les départs de Stora à Marseille ont lieu le samedi de chaque semaine; ceux de Marseille à Stora, le mercredi.

La durée moyenne de la traversée, est de 52 heures.

CHAPITRE VII.

Gouvernement-Général et administration; — Conseil consultatif; — Conseils généraux; — Conseils municipaux; — Organisation financière; — Services publics; — Établissements de bienfaisance; — Sociétés de secours mutuels; — Institutions de crédit.

ADMINISTRATION

I. Gouvernement-Général. — Le Gouvernement de l'Algérie a été reconstitué par décret impérial en date du 10 décembre 1860.

Aux termes de ce décret, le gouvernement et la haute administration de la colonie sont centralisés à Alger sous l'autorité d'un GOUVERNEUR-GÉNÉRAL qui rend compte directement à l'Empereur de la situation politique et administrative du pays.

Le Gouverneur-Général commande les forces de terre et de mer; toutefois, le Ministre de la guerre et le Ministre de la marine conservent sur l'armée et sur la marine l'autorité qu'ils exercent sur les armées en campagne et les stations.

Un SOUS-GOUVERNEUR, général de division, chef d'état-major général, supplée le Gouverneur-Général, en cas d'absence.

Conseil consultatif. — Placé auprès du Gouverneur, et sous sa présidence, ce Conseil, dont les attributions ont été définies par décret spécial, est nécessairement appelé à donner son avis sur les affaires qui intéressent le domaine de l'État, les concessions de mines, de forêts, les créations de centres de population, etc., et, facultativement, sur toutes les affaires qui sont renvoyées à son examen par le Gouverneur-Général.

Le Gouverneur-Général prépare le budget annuel de l'Algérie, l'assiette et la répartition des impôts; le budget et la répartition des crédits entre les divers services sont soumis à l'examen d'un *Conseil supérieur*. Ce Conseil, qui ne se réunit qu'une fois par an, est composé ainsi qu'il suit :

1°. Du Gouverneur-Général, président ;
2°. Du Sous-Gouverneur ;
3°. Des membres du Conseil consultatif ;
4°. Des trois Généraux commandant les divisions militaires ;
5°. Du premier Président de la Cour impériale d'Alger ;
6°. Des trois Préfets des départements ;
7°. De l'Évêque ;
8°. Du Recteur de l'Académie ;
9°. De six membres des Conseils généraux (deux choisis par le Conseil général de chaque province).

Après délibération du Conseil supérieur, le projet du budget à présenter au Corps législatif et les répartitions des crédits alloués au dernier budget voté, sont arrêtés par le Gouverneur-Général et soumis par le Ministre de la guerre à la sanction de l'Empereur.

II. Administration. — A la tête de l'administration centrale est placé un DIRECTEUR-GÉNÉRAL DES SERVICES CIVILS. — Ce haut fonctionnaire réside à Alger ; il exerce, sous l'autorité du Gouverneur-Général et en son nom, la direction des affaires civiles ; il propose et soumet au Gouverneur toutes les mesures qui intéressent la colonisation, l'agriculture et les travaux publics, ainsi que celles qui ont pour objet d'assurer l'exécution des lois, décrets, règlements généraux et instructions concernant l'administration publique ; il centralise dans ses bureaux (*Direction générale*) tous les services de la colonie, exception faite de la justice, de l'instruction publique et des cultes.

L'Algérie est divisée administrativement en trois *provinces*. — Province d'Alger, au centre ; province d'Oran, à l'ouest ; province de Constantine, à l'est.

Chaque province est divisée en territoire civil et en territoire militaire.

Le territoire civil de chaque province forme le *département*.

Le département est administré par un Préfet, assisté d'un Conseil de préfecture. — Ce Conseil est composé de quatre membres pour le département d'Alger, et de trois membres pour chacun des deux autres. — Chaque arrondissement est administré par un Sous-Préfet et comprend un certain nombre de *districts*, dont l'administration est confiée à des Commissaires civils qui joignent à leurs fonctions celles de maires et souvent celles de juges de paix.

Le territoire militaire est administré par le Commandant de la division territoriale, assisté d'un *Conseil des affaires civiles*. Ce Conseil est composé : d'un Sous-Intendant militaire, à la désignation du Commandant du territoire; du chef du service des Domaines; du chef du service des Contributions diverses et d'un membre civil à la nomination du Gouverneur-Général. — Les Commandants du territoire militaire statuent, en Conseil des affaires civiles, sur les matières attribuées aux Préfets en Conseil de préfecture.

L'administration des territoires militaires s'étend aux Européens et aux Indigènes établis sur ces territoires : elle est exercée, dans chaque subdivision et dans chaque cercle, par les officiers investis du commandement.

L'ordonnance du 26 septembre 1842, sur l'organisation de la justice en Algérie, réservait aux Conseils de guerre la connaissance des crimes et délits commis en territoire militaire par un français ou un européen étranger à l'armée; mais cette ordonnance a été rapportée : aux termes d'un décret impérial du 15 mars 1860, les crimes et délits ainsi que les contraventions punissables de peines correctionnelles, commis en territoire militaire par les européens et les israélites, sont rentrés sous l'empire du droit commun, c'est-à-dire, déférés aux cours d'assises et aux tribunaux de première instance (voy. *Justice*).

Les Commandants de place, à défaut de fonctionnaires civils, remplissent, en territoire militaire, les fonctions d'officiers de l'état-civil et de juge de paix, et connaissent des contraventions punies des peines de simple police.

Il existe, en outre, dans toutes les subdivisions, dans tous les cercles et dans tous les lieux importants, soit sous le rapport politique, soit au point de vue administratif, des bureaux dits BUREAUX ARABES, et dirigés par des officiers français (voy. ch. IV, *Organisation des Indigènes*). — Ces officiers sont, nous l'avons dit, spécialement chargés d'être les organes de notre autorité auprès des indigènes ; ils dirigent les chefs arabes, visitent les tribus, les marchés, écoutent, sur les lieux mêmes, toutes les réclamations et y font droit dans les limites de leurs attributions ; ils veillent à la transmission de tous les ordres et en expliquent le sens aux intéressés ; dressent la statistique complète de tous les éléments de la population indigène ; préparent l'appropriation du sol pour la colonisation européenne introduite sur les divers points du territoire algérien ; exercent, enfin, la police judiciaire en tout ce qui concerne la recherche des crimes, des délits et des contraventions commis par les indigènes dans les territoires soumis à leur juridiction.

Conseils généraux. — Le décret impérial du 27 octobre 1858 a institué dans chaque province un conseil général, composé, aujourd'hui, de vingt-cinq membres, nommés par l'Empereur et choisis parmi les notables européens ou indigènes résidant dans la province ou y étant propriétaires.

Le Conseil général tient, chaque année, une session ordinaire au chef-lieu de la province ; il discute le budget provincial, surveille la gestion des finances, adresse directement au Gouverneur-Général, par l'intermédiaire de son président, les réclamations qu'il croit devoir présenter dans l'intérêt spécial de la province ainsi que son opinion sur l'état et les besoins des différents services publics concourant à l'administration provinciale.

Le Préfet du département et le Commandant du territoire militaire ont entrée au Conseil; ils sont entendus quand ils le demandent et assistent aux délibérations, excepté lorsqu'il s'agit de l'apurement de leur compte administratif. — Les séances ne sont pas publiques, mais le Conseil peut ordonner la publication de tout ou partie de ses procès-verbaux.

Régime municipal. — Les centres de population sont érigés en communes par décrets impériaux, lorsqu'ils ont acquis un certain degré de développement; ces décrets sont rendus sur la proposition du Gouverneur-Général, le Conseil consultatif entendu.

Le corps municipal de chaque commune se compose d'un maire, d'un ou de plusieurs adjoints et d'un Conseil municipal.

Les maires et les adjoints doivent être *français* ou *naturalisés français;* ils sont nommés par l'Empereur dans les communes de 3000 habitants et au-dessus, ainsi que dans les chefs-lieux d'arrondissement ou de tribunaux de première instance. Dans les autres communes, ils sont nommés par le Gouverneur-Général.

Le Conseil municipal se compose, indépendamment du maire et des adjoints, d'un certain nombre de membres déterminé, pour chaque commune, par le décret d'institution, et qui varie de cinq à seize, suivant l'importance des communes. — Les étrangers et les indigènes ne peuvent ensemble excéder, dans un conseil municipal, le tiers du nombre total de ses membres; la part afférente à chacune de ces catégories est déterminée par le décret d'institution.

Les Conseils municipaux se réunissent quatre fois

l'année : en février, mai, août et novembre. Ils peuvent être convoqués extraordinairement, sur la demande du Préfet ou sur celle du maire, toutes les fois que les intérêts de la commune l'exigent.

Le maire est seul chargé de l'administration de la commune, mais il peut déléguer une partie de ses fonctions à un ou plusieurs de ses adjoints. — Les adjoints institués dans les annexes ou sections *extrà-muros* remplissent les fonctions d'officier de l'état-civil dans leur section ; ils y veillent à l'exécution des lois et des règlements de police, sous l'autorité du maire.

Le Conseil municipal délibère : sur le mode d'administration des biens communaux, sur le mode de jouissance et sur la répartition des pâturages ainsi que sur les conditions à imposer aux parties prenantes ; sur le budget communal, sur toutes les dépenses et les recettes soit ordinaires, soit extraordinaires propres à la commune, sur tous les objets, en un mot, au sujet desquels les lois, décrets et arrêtés appellent les Conseils municipaux à se prononcer. Il délibère également sur les comptes annuels présentés par le maire ; entend, débat et arrête, sauf règlement définitif par l'autorité supérieure compétente, les comptes de deniers des receveurs. — Les séances ne sont pas publiques et les délibérations ne peuvent être publiées qu'en vertu d'une autorisation de l'administration supérieure. Une circulaire récente du Gouverneur-Général a fait connaître que l'intention du gouvernement était que, dans la pratique, cette disposition restrictive fût interprétée dans le sens le plus large et le plus libéral.

Il est nommé un receveur municipal spécial pour la gestion financière de toute commune dont le revenu s'élève à 50,000 fr. et au-dessus. — Pour les communes dont le revenu est inférieur à 50,000 fr., le service de la recette municipale est confié aux receveurs des Contributions diverses, sous la surveillance et le contrôle du chef de service dans chaque province. Néanmoins, sur la demande du Conseil municipal et sur l'avis conforme du Conseil consultatif, le Gouverneur-Général peut instituer un receveur spécial dans les communes dont le revenu est inférieur à 50,000 fr.

III. Organisation financière. — La constitution actuelle du régime financier en Algérie comprend :
1°. Le budget du Gouvernement-Général de l'Algérie (budget de l'État) ;
2°. Les budgets provinciaux ;
3°. Les budgets communaux ;
4°. Les budgets locaux ;
5°. Enfin, les budgets des centimes additionnels à l'impôt arabe.

Budget du Gouvernement-Général de l'Algérie. — Le budget annuel du Gouvernement-Général de l'Algérie est préparé par le Gouverneur-Général (*Direction générale des affaires civiles*) et soumis par ses soins à l'examen du Conseil supérieur du gouvernement. Après délibération du Conseil, le projet du budget est arrêté par le Gouverneur-Général et adressé au Ministre de la guerre pour être soumis au Conseil d'État et voté ensuite par le Corps législatif et le Sénat. — Les crédits alloués par la loi de finances sont répartis par *chapitres*, en vertu d'un décret impérial. Le Gouverneur-Général en arrête ensuite la sous-répartition en Conseil supérieur du gouvernement. — Le budget de l'Algérie a été arrêté pour 1861 à 17,338,600 fr., et pour 1862 à 17,515,315 fr.

Budgets provinciaux. — Les budgets provinciaux sont arrêtés conformément au décret du 27 octobre 1858, qui supprime le budget local et municipal et assimile, presqu'en tous points, la gestion financière des provinces algériennes à celle des départements de France.

Le budget de chaque province, préparé de concert

par le Préfet et le Général de division commandant du territoire militaire, est présenté au Conseil général par le Préfet. Ce budget, après avoir été délibéré par le Conseil général, est réglé définitivement par décret impérial.

Budgets communaux. — Les budgets des communes *constituées* sont soumis, à peu de chose près, aux mêmes règles que celles qui régissent dans la métropole les budgets communaux.

Budgets locaux. — Ces budgets, spéciaux aux localités *non encore érigées en communes*, sont réglés directement : dans le territoire civil, par le Préfet, et dans le territoire militaire par le Général commandant la division. Ils s'alimentent :

1°. Des recettes dites *communales*, réalisées dans lesdites localités ;

2°. De la part qui revient à ces localités, au prorata de leur population (la population indigène comptant pour $1/10^e$ de son effectif), sur le produit net de l'octroi de mer ;

3°. Et des subventions qui peuvent leur être accordées sur le budget provincial.

Budget des centimes additionnels à l'impôt arabe. — Ces budgets ont été institués *en territoire militaire* (arrêté ministériel du 30 juillet 1855), en vue de réglementer la comptabilité des cotisations arabes au moyen desquelles il était pourvu antérieurement aux dépenses d'utilité commune dans les tribus, sous la surveillance de l'autorité militaire.

Ils ont été également institués dans les localités du *territoire civil*, non érigées en communes, par décret en date du 25 juillet 1860.

Ainsi que l'indique leur titre, ces budgets s'alimentent des centimes additionnels, ajoutés au principal de l'impôt arabe. Ils peuvent, en outre, comprendre, pour ordre, les contributions volontaires que les indigènes sont autorisés à s'imposer pour les travaux urgents et d'utilité générale à la tribu, travaux auxquels la situation budgétaire ne permettrait point de donner la prompte satisfaction qu'ils réclament.

Les dépenses doivent, toutes, présenter un caractère essentiellement communal. Les règles de la comptabilité des communes sont applicables à la comptabilité des centimes additionnels.

Services financiers. — Les services financiers organisés en Algérie, sont les suivants :
1°. L'Enregistrement et les Domaines ;
2°. Les Contributions diverses ;
3°. Les Postes ;
4°. Les Douanes ;
5°. Les Forêts ;
6°. Le Trésor.

Ces services ont, à peu de chose près, les mêmes attributions qu'en France. Toutefois, le service des Contributions diverses, tout spécial à la colonie, réunit une partie des fonctions partagées, dans la métropole, entre les administrations des Contributions directes et indirectes et les percepteurs ; — D'un autre côté, le Trésor cumule les attributions dévolues, en France, aux receveurs généraux et particuliers des finances et aux payeurs. — Comme sur le continent, les services financiers sont l'objet de vérifications générales accomplies par l'inspection des finances, laquelle se compose d'un inspecteur général, chef de la mission, et de trois inspecteurs.

Voici, du reste, le détail des travaux qui incombent à chacun de ces services :

Le service de *l'Enregistrement et des Domaines* est chargé de la perception des produits de l'enregistrement, du greffe, du timbre, des hypothèques, des forêts et mines, de l'administration des biens domaniaux ou séquestrés, de l'instruction et de la suite des instances en matière domaniale ; de l'entretien et de la remise au service de la colonisation des immeubles à concéder; de plus, il surveille la gestion des curateurs aux successions vacantes, tant des indigènes (*Beit-el-Mâl*) que des Européens. Il est, en outre, chargé de diverses recettes et perceptions de revenus attribuables aux budgets provinciaux et aux budgets des localités non érigées en communes. — Il est placé sous la direction exclusive du Gouverneur-Général, par l'intermédiaire des préfets.

Le service des *Contributions diverses* est chargé : 1°. de l'assiette et du recouvrement des impôts arabes en territoire civil et de la perception des mêmes impôts en territoire militaire (voy. chap. v, pour le détail de ces impôts.); — 2°. du recouvrement des revenus et taxes municipales dans les localités non pourvues de receveurs municipaux ; — 3°. de l'assiette et de la perception des droits de patente, taxes locatives et prestations en nature ; — 4°. de l'assiette et du recouvrement des droits de licence imposés aux débitants de vins et liqueurs ; — 5°. de la vente des poudres et tabacs provenant des manufactures impériales ; — 6° de la garantie des matières d'or et d'argent. Il est, comme celui des Domaines, dirigé par le Gouverneur-Général.

Le service des *Postes* perçoit les produits du Trésor en ce qui touche la manutention des dépêches et tout ce qui ressortit à cette administration, d'après les lois et règlements de la métropole. Il dépend du Gouverneur-Général, quant aux questions d'organisation et de dépenses, et du Ministre des Finances, quant au personnel et à l'application des règlements généraux et des instructions générales qui régissent le service en France.

Le service des *Douanes* perçoit les droits de tonnage et autres afférents au régime douanier; il perçoit, pour le compte des communes et des provinces, l'impôt spécial dit *octroi de mer* ; il assure, en outre, l'exécution des règlements spéciaux en matière de douanes et dépend directement du ministre des finances.

Le service des *Forêts* veille à la conservation, à l'aménagement et à l'amélioration des forêts. Toutefois, il y a lieu de remarquer qu'il ne s'appuie point encore, pour la répression des contraventions, sur le code forestier français. Ce code n'a pas été promulgué en Algérie, où les délits sont poursuivis en vertu d'arrêtés spéciaux. — Le service est, en outre, chargé du travail préparatoire aux concessions et baux à faire dans les forêts de l'Etat. — Il est directement placé, comme ceux des Domaines et des Contributions diverses, sous les ordres du Gouverneur-Général.

Le service du *Trésor* centralise toutes les recettes, acquitte toutes les dépenses et reçoit les sommes versées au titre de dépôts et consignations.

Le personnel de ces différents services, sauf quelques agents spéciaux, est emprunté à celui des services similaires en France : les grades, fonctions, emplois, mode d'avancement, droits à la retraite, etc., sont absolument les mêmes ; seulement, pour les agents détachés des cadres de la métropole, les traitements réglementaires sont augmentés, à titre d'indemnité coloniale, d'un quart dans les services des Domaines, des Contributions, des Postes et des Douanes et d'un tiers dans celui des Forêts. En outre, les agents comptables reçoivent des frais de logement et de bureau et les agents supérieurs des frais de tournées.

Tous ces services sont centralisés au chef-lieu de chaque département, et ils sont gérés, dans chaque localité, ville ou village, où leur action est jugée nécessaire, par des employés spéciaux. Toutes les réclamations en remboursements, restitutions, dégrèvements, transactions, etc., relatives à chacun de ces services, doivent être adressées au préfet, dans le département, — au général commandant la division, en territoire militaire.

IV. Services divers. — Mais l'administration qui a charge d'âme, ne gère pas seulement les intérêts du Trésor : elle protége les citoyens, les éclaire de ses conseils et les seconde dans leurs efforts ; — c'est ainsi qu'elle a créé nombre de services qui témoignent hautement de sa sollicitude, et qu'elle multiplie sur tous les points les établissements d'assistance publique.

Pépinières. — Presque partout où elle s'est établie, la colonisation a trouvé le sol nu. Or, les plantations d'arbres ont été et sont encore l'un des premiers besoins à satisfaire lors de la création des centres de population et des exploitations agricoles. Il faut planter des arbres à haute venue, des arbres dits de haute futaie, pour donner de l'ombrage, assainir, rompre la sombre monotonie du paysage et donner plus tard du bois d'œuvre et du bois à brûler, dont l'Algérie finirait par manquer.

Il faut aussi planter dans les exploitations agricoles et sur les champs cultivés, des abris pour garantir les cultures de la violence et de l'influence pernicieuse des vents; il faut encore planter des arbres à fruits et des arbres sur le produit desquels l'industrie agricole puisse s'exercer.

Pour satisfaire, autant que possible, à ces besoins, le Gouvernement a fondé et entretient dans les trois provinces, outre le *Jardin d'acclimatation* d'Alger, des pépinières où les services publics et les colons trouvent, à prix très réduits, les espèces et variétés d'arbres acclimatés qui leur sont nécessaires.

Le nombre des pépinières du Gouvernement est aujourd'hui de quinze, savoir :

Quatre dans la province d'Alger ; elles sont établies : à Médéah, — à Milianah, — à Orléansville — et à Aumale.

Quatre dans la province d'Oran: elles sont établies : à Mostaganem, — à Mascara, — à Tlemcen, — et à Nemours ;

Sept dans la province de Constantine, réparties dans les villes suivantes : Constantine, — Bône, — Philippeville, — Sétif, — Guelma, — Batna — et Biskara.

Toutes ces pépinières sont parfaitement entretenues et fournissent d'excellents produits.

Chambres d'agriculture. — C'est sur l'agriculture que repose l'avenir de la colonie : le Gouvernement, dans le but d'éviter aux producteurs de cruelles déceptions, a établi au chef-lieu de chaque province, une chambre consultative d'agriculture. Le nombre des membres est fixé à trente pour la province d'Alger, et à vingt pour chacune des autres provinces. — Ces chambres, convoquées à des époques fixes par ordre du Gouverneur-Général, présentent leurs vues sur toutes les questions qui intéressent l'agriculture. Elles donnent leur avis sur les changements à opérer dans la législation, en ce qui touche les intérêts agricoles, et, notamment, en ce qui concerne les contributions, les douanes, les octrois, la police et l'emploi des eaux. Elles sont consultées sur l'établissement, la suppression et le changement des foires et marchés, sur la destination à donner aux subventions de l'État, et fournissent à l'administration les éléments de la statistique agricole de la province. Elles peuvent faire, en outre, sous l'approbation du Gouverneur-Général, les publications ayant pour but de propager en Algérie la connaissance des travaux, des découvertes, des essais et des perfectionnements qui tendent à l'amélioration des cultures.

Inspecteurs de colonisation. — Ces fonctionnaires sont en contact immédiat avec les colons, au milieu desquels ils vivent : ils inspectent les dépôts affectés aux immigrants, veillent au peuplement des villages et président, sous les ordres de l'autorité supérieure, à l'installation des familles, à la distribution des lots et à celle des semences, plantes, instruments, animaux, etc., etc., prêtés ou donnés aux colons; ils font connaître le mouvement de la population, des constructions, des cultures dans les nouveaux centres, ainsi que les besoins des localités, sous le rapport des voies de communication, de l'assainissement, de la police rurale, des usines, marchés, etc.; ils recueillent les documents propres à établir la statistique agricole, constatent les produits des récoltes, le développement des plantations et sont spécialement chargés de surveiller les travaux de construction et de cultures imposés aux concessionnaires provisoires pour l'obtention des titres définitifs de propriété.

Dépôts d'immigrants. — Il existe dans les ports d'Alger, d'Oran, de Philippeville et de Bône, des dépôts où sont reçus, à leur débarquement, les colons qui arrivent d'Europe : ils peuvent y séjourner pendant quelques jours, ce qui leur permet de se reposer des fatigues du voyage, et, s'ils sont ouvriers d'art, d'entrer en rapport avec les colons, ou, s'ils sont cultivateurs, de recevoir une destination pour un centre agricole. — On y reçoit également les ouvriers sans ressources, que le manque d'ouvrage ramène de l'intérieur au littoral, et ceux qui, sortant de l'hôpital pour rentrer en France, se trouvent dans l'impossibilité de pourvoir à leur subsistance jusqu'à leur embarquement.

Les dépôts sont placés sous la surveillance de l'autorité municipale et dirigés par des agents comptables auxquels sont adjoints des hommes de peine et des sœurs de charité. Les hommes, femmes ou enfants y sont logés et couchés dans de vastes dortoirs divisés par catégories : tous y reçoivent une ration de vivres qui, préparés dans une cuisine commune, leur sont distribués dans un réfectoire, en deux repas par jour. (Voir à la fin de l'ouvrage : *Changements survenus après l'impression.*)

Hygiène publique. — Il est institué au chef-lieu de chacun des départements un conseil d'hygiène et de salubrité publique, composé de médecins, de fonctionnaires et de notables désignés parmi les principaux habitants. Ce conseil a mission de donner son avis sur les questions qui lui sont adressées par l'autorité, de réunir et coordonner les documents propres à éclairer l'administration supérieure sur la mortalité et sur ses causes, ainsi que sur la statistique médicale. Il fait, chaque année, un rapport général sur l'hygiène publique et sur la salubrité du département, et un pareil rapport sur celles du territoire militaire. Le premier est adressé au préfet, le second au général commandant la division. Un double est envoyé au Gouverneur.

Service médical. — Ce service comprend les *médecins des établissements civils* et les *médecins de colonisation*.

Les premiers sont établis dans les villes ; ils ont dans leurs attributions le service des hôpitaux civils, des dispensaires et des prisons ; les consultations gratuites et les visites à domicile pour les malades indigents dans l'enceinte de la ville. Ils sont rétribués sur les budgets communaux.

Les seconds desservent les territoires livrés à la colonisation ; divisés, à cet effet, en circonscriptions médicales, ils sont placés, pour tout ce qui concerne leur service, sous la surveillance de l'autorité administrative.

Les médecins de colonisation doivent *gratuitement* les soins et les secours de leur art à toute personne indigente de leur circonscription : ils sont tenus de faire des tournées périodiques dans chacun des centres ou groupes de population compris dans cette circonscription ; — de tenir, au lieu de leur résidence, à jours et heures fixes, un bureau de consultation gratuite pour quiconque s'y présente ; — de propager la vaccine, etc.

Un tarif, arrêté par le Gouverneur-Général, détermine les honoraires dus pour les visites et les opérations faites par les médecins de colonisation aux personnes non indigentes. — Dans les localités où il n'existe pas de pharmacie, les médecins délivrent les médicaments, qui sont tirés des dépôts de pharmacie des hôpitaux civils ou militaires. Les médicaments sont fournis gratuitement aux indigents, et aux prix fixés par l'administration aux autres personnes. (Voir à la fin de l'ouvrage : *Changements survenus après l'impression.*)

Hôpitaux civils. — Il existe en Algérie trois grands hôpitaux civils : l'un à Alger ; un autre à Douéra ; le troisième à Oran. Ces établissements sont les seuls qui reçoivent des malades des deux sexes. — A l'hôpital de Douéra est annexé, sous le titre d'*asile départemental des vieillards et incurables indigents*, un hospice spécialement ouvert aux habitants de la province d'Alger qui, français ou étrangers, y ont acquis le domicile de secours par une année de résidence fixe. — Le nombre des lits entretenus aux frais du département est de 40 pour les hommes et de 20 pour les femmes ; 10 lits supplémentaires sont réservés pour les deux autres provinces. — On y reçoit des pensionnaires à raison de 30 fr. par mois. — Les vieillards valides n'y sont admis qu'à 70 ans accomplis. (Voir à la fin de l'ouvrage : *Changements survenus après l'impression.*)

Deux hôpitaux d'une moindre importance que ceux qui viennent d'être désignés ont été récemment cédés par l'autorité militaire à l'administration civile : l'un à *El-Arrouch*, dans l'arrondissement de Philippeville, département de Constantine ; l'autre à *St-Denis-du-Sig*, arrondissement et département d'Oran.

Il est établi à Constantine, à Bône et à Philippeville un hôpital civil à l'usage exclusif des femmes.

Les malades sont divisés en trois catégories :

1°. Malades pensionnaires de première classe, astreints à rembourser le prix intégral de la journée de traitement ;

2°. Malades pensionnaires de seconde classe, admis moyennant le remboursement de la moitié du prix de la journée de traitement ;

3°. Malades indigents, traités gratuitement.

Les malades pensionnaires sont admis à la première classe sur leur demande. — Pour être admis à la seconde classe, les malades doivent justifier, par un certificat du maire de leur domicile, que leurs facultés pécuniaires ne leur permettent pas de supporter intégralement les frais de la journée de traitement. — L'admission à titre gratuit n'a lieu que sur la production d'un certificat d'indigence, délivré par le maire de la localité où le malade a son domicile ou sa résidence habituelle. En cas d'urgence constatée par un officier de santé de l'hôpital, les malades sont admis sans l'accomplissement de cette formalité, qui est, d'ailleurs, ultérieurement remplie.

Le service intérieur des hôpitaux civils est confié à des religieuses hospitalières.

Les malades qui ne peuvent être reçus dans les établissements sus-indiqués, sont traités dans les hôpitaux et ambulances militaires situés dans les centres de population ou à leur proximité ; ils sont tenus de rembourser les frais de leur traitement, d'après les décomptes établis par l'administration militaire : les indigents seuls sont traités aux frais de l'administration civile.

Commissions administratives. — Comme en France, il est institué, auprès de chaque hôpital ou hospice civil, une *Commission administrative* dont nous allons indiquer la composition et les attributions. — Ces commissions sont composées de cinq membres nommés par le Préfet, et du maire de la commune. Elles ont pour mission :

D'exercer une surveillance active sur le personnel, le régime intérieur de l'hospice, l'exécution du service de santé et la tenue de la comptabilité ;

De proposer toutes les mesures de salubrité, d'organisation et d'amélioration dont le service intérieur de l'hospice est susceptible ;

De donner leur avis au Préfet sur toutes les ventes ou achats à conclure par voie d'adjudication ou autrement ;

De proposer les cahiers des charges qui devront servir de base à ces marchés ;

De vérifier la comptabilité du directeur ou de l'économe ;

De proposer le budget des dépenses de chaque exercice et toutes les dépenses extraordinaires.

Ces commissions exercent sur les enfants trouvés et sur les orphelins élevés aux frais du département ou de la commune, les soins de surveillance et de tutelle déterminés par la loi. — Elles sont en outre chargées :

De l'administration directe des maisons d'orphelins et enfants trouvés, érigées en établissements publics ;

Et de la surveillance permanente des établissements privés qui reçoivent des hospices, en apprentissage ou pour les élever, des orphelins et enfants trouvés des deux sexes.

Aliénés. — L'Algérie ne possède point encore d'établissement public ou privé où puissent être recueillis les malheureux frappés d'aliénation mentale. — Ceux d'entre eux qui, par mesure de sûreté publique, ne peuvent être abondonnés à eux-mêmes ou laissés à leurs familles, sont dirigés par l'administration sur l'asile public d'Aix (Bouches-du-Rhône).

Dispensaires de police. — On désigne sous ce titre des établissements spécialement affectés au traitement de femmes qui se livrent à la prostitution, quand elles sont atteintes de maladies contagieuses, et où elles sont enfermées par mesure administrative, quand elles enfreignent les règlements auxquels elles sont soumises.

Il existe un Dispensaire de police dans les principales villes de la colonie ; des médecins civils traitent les malades.

Enfants trouvés. — Dans chaque province, les enfants trouvés sont confiés à des nourrices par l'intermédiaire des sœurs qui font le service des hospices. — L'administration paie les frais de layette ; elle accorde, en outre, une subvention mensuelle de quinze francs, pour chaque enfant, jusqu'à l'âge où il est admis dans un orphelinat.

Orphelinats. — On compte, en Algérie, sept orphelinats ou maisons d'apprentissage : trois pour les garçons, trois pour les filles.

Le septième orphelinat est consacré aux enfants issus de familles protestantes : il est *mixte*, c'est-à-dire qu'il reçoit les garçons et les filles.

Les trois orphelinats de garçons, dirigés par des congréganistes, sont situés :

A Ben-Aknoun et à Boufarik (province d'Alger) ;
A Misserghin (province d'Oran) ;

Ces orphelinats sont établis dans des domaines ruraux, où les élèves sont formés aux travaux de l'agriculture et apprennent les métiers de l'utilité la plus immédiate pour les habitants des campagnes. Les enfants y entrent à six ans et peuvent y rester jusqu'à leur majorité. L'administration paie leur pension jusqu'à dix-huit ans, le prix de cette pension décroît à mesure qu'ils avancent en âge. A leur sortie, ils emportent un trousseau et reçoivent un pécule dont le *minimum* est de cent francs.

Les trois orphelinats pour filles sont établis à Mustapha, près Alger, à Misserghin, près Oran, et à Bône.

Les orphelines reçoivent dans les maisons où elles sont placées l'instruction primaire et religieuse ; elles y sont, en outre, formées aux travaux de leur sexe et aux soins du ménage. Elles jouissent des mêmes avantages que les garçons, à cette différence près que leur pension n'est payée que jusqu'à ce qu'elles aient atteint leur seizième année.

L'orphelinat mixte est consacré à recevoir les enfants des deux sexes des communions protestantes. Il est établi à Dely-Ibrahim, près Alger, dans une belle propriété rurale qui était précédemment connue sous le nom de *Ferme Mazères*.

Ainsi que nous l'avons dit plus haut, tous ces établissements sont sous la surveillance permanente des commissions administratives.

Outre les élèves confiés aux Directeurs par l'administration de l'Algérie, les orphelinats de garçons reçoivent de France un certain nombre d'enfants qui sont élevés aux frais soit de l'administration générale de l'assistance publique de Paris, soit du Ministère de l'intérieur, soit, enfin, des départements qui les ont placés.

Bureaux de bienfaisance. — La plupart des villes de l'Algérie possèdent des bureaux de bienfaisance régulièrement constitués et administrés comme ceux de la métropole. Ces bureaux sont placés sous la surveillance de commissions ayant les mêmes attributions que les commissions administratives des hospices.

Pour assurer l'entière régularité du service, il a été créé un *Inspecteur central des établissements de bienfaisance*, qui réside à Alger et exerce ces fonctions dans les trois provinces, sous l'autorité immédiate du Directeur général des services civils. La province d'Oran a, en outre, un Inspecteur particulier.

Le service des inspections comprend, les hôpitaux, hospices et infirmeries civils ; — les enfants placés en nourrice aux frais de l'assistance publique ; — les bureaux de bienfaisance ; — les dispensaires communaux ; — les orphelinats de garçons et de filles ; les maisons de sevrage tenues par des sœurs hospitalières.

En ce qui concerne spécialement les enfants placés en nourrice, l'Inspecteur vérifie s'ils reçoivent tous les soins physiques et moraux que réclame leur âge, s'ils ont été vaccinés et s'ils sont visités, dans leurs maladies, par le médecin de l'administration. — En ce qui concerne les orphelinats, les investigations de l'Inspecteur ont particulièrement pour objet d'assurer la stricte exécution des traités passés entre l'administration et les Directeurs ou Directrices de ces mêmes établissements.

Le contrôle de l'Inspecteur porte également : sur les monts-de-piété, les caisses d'épargne, les dépôts d'immigrants, les sociétés de secours mutuels dûment autorisées, etc. — La nature et la limite de ses attributions sont ainsi déterminées par arrêté ministériel : « La mission de l'inspecteur est exclusivement d'enquête et de contrôle ; il ne peut prendre de son chef aucune mesure de répression ou de redressement ; mais il constate les infractions et faits répréhensibles ou punissables, par des procès-verbaux qu'il adresse immédiatement à l'autorité administrative compétente.

Sociétés de secours mutuels. — Les sociétés de secours mutuels se composent d'associés *participants* et de membres *honoraires*. Ces derniers paient les cotisations fixées par les statuts ou dotent l'association, sans participer aux bénéfices. — Ces sociétés, qui doivent être autorisées par le Gouvernement, ont pour but d'assurer des secours temporaires aux sociétaires malades, blessés ou infirmes, et de pourvoir aux frais de leur enterrement. Lorsque leur situation financière le permet, elles assurent aux membres invalides une pension de retraite. Aux termes d'un arrêté ministériel, les diplômes servent aux sociétaires de passe-ports et de livrets d'ouvriers.

Placées, comme celles de France, sous le patronage et la surveillance de la commission supérieure, dont le siége est à Paris, ces associations rendent d'autant plus de services qu'elles sont parfaitement administrées : les statuts règlent les cotisations individuelles d'après les tables de maladie et de mortalité confectionnées et approuvées par le gouvernement ; les fonds ainsi perçus, sont versés à la caisse de la société, et, lorsqu'ils excèdent une somme dont le chiffre est basé sur le nombre des sociétaires, l'excédant est versé soit à la caisse des dépôts et consignations, soit à la caisse du mont-de-piété, et il produit un intérêt minimum de quatre et demi pour cent.

En cas de dissolution de société, il est restitué aux sociétaires faisant en ce moment partie de l'association, le montant de leurs versements respectifs, jusqu'à concurrence des fonds existants et déduction faite des dépenses occasionnées par chacun d'eux.

Les sociétés adressent chaque année au Gouverneur-Général, par l'intermédiaire du préfet, un compte rendu de leur situation morale et financière. Des mentions honorables, médailles d'honneur et autres mentions honorifiques peuvent être décernées aux membres honoraires ou participants qui se signalent par leur zèle et leur dévouement.

On compte en Algérie plusieurs sociétés de secours mutuels ; leur siége est établi :

A Alger, 1°. société des Arts et métiers ; 2°. société de

Saint-François-Xavier ; 3°. société de la Famille ; — à Constantine ; — à Blidah ; — à Douéra ; — à Oran ; — à Mostaganem ; — à Tlemcen ; — à Ténès — et à Philippeville.

Banque d'Algérie. — Il existe en Algérie une banque d'escompte, de circulation et de dépôts, sous la dénomination de *Banque de l'Algérie*. — Les opérations de la banque consistent :

A escompter les lettres de change et autres effets à ordre, ainsi que les traites du trésor public ou sur le trésor public et les caisses publiques.

A escompter des obligations négociables ou non négociables, garanties par des récépissés de marchandises déposées dans des magasins publics, par des transferts de rentes ou des dépôts de lingots, de monnaies ou de matières d'or et d'argent ;

A prêter sur effets publics, en se conformant aux lois et ordonnances en vigueur ;

A recevoir en compte-courant, sans intérêts, les sommes qui lui sont déposées ; à se charger, pour le compte des particuliers ou pour celui des établissements publics, de l'encaissement des effets qui lui sont remis, et à payer tous mandats et assignations, jusqu'à concurrence des sommes encaissées ;

A recevoir, moyennant un droit de garde, le dépôt volontaire de tous titres, lingots, monnaies et matières d'or ou d'argent ;

A émettre des billets payables au porteur et à vue, des billets à ordre et des traites ou mandats.

La banque reçoit à l'escompte les effets à ordre, timbrés, payables en Algérie ou en France, portant la signature de deux personnes au moins, notoirement solvables, et dont l'une au moins est domiciliée à Alger ou au siége d'une des succursales. L'échéance de ces effets ne doit pas dépasser cent jours de date ou soixante jours de vue. — L'une des signatures exigées peut être suppléée par la remise, soit d'un connaissement d'expédition de marchandises exportées d'Algérie, soit d'un récépissé de marchandises déposées dans un magasin public : dans ce cas, l'échéance des effets et obligations ne doit pas dépasser soixante jours de date. Le débiteur a toujours le droit d'anticiper sa libération.

Le rapport de la valeur des objets fournis comme garantie additionnelle est déterminé par les règlements intérieurs de la banque : cette proportion ne peut excéder, quant aux avances sur connaissements, la moitié de la valeur de la marchandise au lieu d'embarquement, et quant à tous autres effets et marchandises, les deux tiers de la valeur, calculée après déduction de tous droits ou engagements. — En cas de non paiement d'un effet garanti par la remise d'un récépissé de marchandises, la banque peut, huit jours après le protêt, ou après une simple mise en demeure par acte extrajudiciaire, faire vendre la marchandise aux enchères publiques et par ministère d'un courtier, pour se couvrir jusqu'à due concurrence.

Le taux des escomptes est fixé à six pour cent par an; pour les encaissements opérés à l'extérieur, la banque perçoit un droit de commission.

Toute personne notoirement solvable, domiciliée en Algérie, peut être admise à l'escompte et obtenir un compte-courant. L'admission est prononcée par le conseil d'administration, sur demande appuyée d'un de ses membres ou par deux personnes ayant des comptes-courants.

La banque de l'Algérie a établi ses comptoirs : à Alger, — à Oran — et à Constantine.

Crédit foncier. — Le privilége accordé au crédit foncier de France est étendu au territoire de l'Algérie.

Les prêts faits par le crédit foncier aux propriétaires d'immembles situés en Algérie ne peuvent dépasser cinq pour cent de la totalité des prêts effectués sur le territoire continental de la France. — Ces prêts sont réalisés en numéraire ; ils sont remboursables par annuités, comprenant : 1°. l'intérêt ; 2°. la somme nécessaire pour amortir la dette dans le délai de trente ans au plus ; 3°. les frais d'administration. Le taux de l'intérêt ne peut dépasser huit pour cent, et l'allocation pour frais d'administration est fixée à 1 fr. 20 cent. Pour les emprunts d'une durée moindre de trente ans, l'annuité est établie sur les mêmes bases que ci-dessus.

Caisses d'épargne. — Sont déclarées applicables à l'Algérie les lois, ordonnances et décrets qui régissent, dans la métropole, les caisses d'épargne et de prévoyance. Ces caisses reçoivent en dépôt les sommes qui leur sont confiées par toutes personnes qui désirent y verser leurs épargnes.

Les statuts portent :

Les dépôts sont reçus depuis 1 fr. et produisent intérêt de cette somme à partir du jour de la semaine suivante correspondant au jour du dépôt. On ne peut déposer plus de 300 fr. à la fois, et on ne reçoit plus d'argent du même déposant lorsque les dépôts successifs ont atteint, en y comprenant les intérêts, le capital de mille francs.

L'article 11, transcrit sur les livrets, est ainsi conçu :

« Lorsqu'un déposant aura versé la somme nécessaire pour l'achat d'une inscription de rente de 10 fr., au moins, la caisse pourra, sur la demande du déposant, en faire l'achat au nom de ce dernier, qui n'aura à supporter aucuns frais.

» Lorsque, par suite du règlement annuel des intérêts, un compte excédera le maximum de mille francs fixé par la loi, si le déposant pendant un délai de trois mois n'a pas réduit son crédit au-dessous de cette limite, l'administration de la caisse d'épargne achètera pour son compte et sans frais, 10 fr. de rente *en quatre et demi pour cent*, lorsque le prix est au-dessous du pair, et *en trois pour cent* si le cours de la rente 4 1/2 dépasse cette limite. — Aussi longtemps que le déposant ne réclamera pas la remise de son inscription de rente, les arrérages seront touchés par la caisse et portés en accroissement au crédit du déposant. »

Des caisses d'épargne sont établies à Alger, — à Oran, — à Constantine — et à Bône.

Mont-de-piété. — Un mont-de-piété est établi à Alger, sous la surveillance et la garantie de l'autorité municipale.

Le mont-de-piété ne prête que sur nantissement d'effets mobiliers. Les prêts n'ont lieu qu'en faveur de personnes connues ou domiciliées, ou assistées d'un répondant connu ou domicilié; ils sont, au maximum, des quatre cinquièmes de la valeur, au poids et au titre, de l'argenterie et des bijoux d'or et d'argent; — des deux tiers de la valeur de l'estimation des perles, pierres fines et diamants; — de la moitié de la valeur appréciée sur tous autres objets admis en nantissement.

Les prêts sont accordés pour un an au plus; ils peuvent être renouvelés; toutefois, lorsque les objets déposés en nantissement sont des marchandises neuves ou des hardes ou autres effets en fil, coton, laine ou soie, les prêts ne peuvent être accordés que pour six mois.

Les effets mis en nantissement qui n'ont pas été retirés à l'expiration des délais prescrits, ou dont l'engagement n'a pas été renouvelé, sont vendus publiquement à l'enchère, sur une seule exposition, dans le courant du treizième mois qui suit la date de l'engagement; les ventes sont annoncées dix jours à l'avance, par la voie des journaux et par des affiches publiques. — Il est alloué aux commissaires-priseurs, pour vacations et frais de vente, un droit proportionnel, qui ne peut excéder cinq pour cent du prix de vente.

Les conditions du prêt consistent :

1°. En un droit de prisée de un pour cent sur chaque engagement ;

2°. En un intérêt de dix pour cent par an sur la somme prêtée.

Alger est, quant à présent, la seule ville de la colonie qui possède un mont-de-piété.

CHAPITRE VIII.

Cultes : Catholique, Protestant, Israélite, Musulman ; — Sociétés religieuses musulmanes ; — Justice : Tribunaux français, Tribunaux indigènes ; — Instruction publique : Lycée d'Alger, Ecoles primaires et secondaires, Collége français-arabe, Ecoles musulmanes, Ecoles israélites ; — Milices algériennes ; — l'Armée : — la Marine.

I. Cultes. — L'article v de la capitulation d'Alger (juillet 1830), était ainsi conçu :
« L'exercice de la religion mahométane restera libre.
» La liberté des habitants de toutes classes, leur religion,
» leurs propriétés, leur commerce et leur industrie ne re-
» cevront aucune atteinte ; leurs femmes seront respec-
» tées ; le général en chef en prend l'engagement sur
» l'honneur. »
Le gouvernement français, — on doit lui rendre cette justice, — a tenu la promesse faite par M. de Bourmont au lendemain de sa victoire : il n'a jamais cherché à convertir au christianisme les Arabes de la Régence ; il a même soigneusement évité de froisser leurs intérêts religieux ; et, donnant au monde civilisé un exemple éclatant de tolérance, il a voulu que tous les cultes, sans distinction, fussent, dans la colonie comme dans la métropole, également protégés et également libres.

Culte catholique. — La religion catholique a ses ministres dans les trois provinces, et un évêque, institué par bulle papale (9 août 1838), est à la tête du diocèse d'Alger.
Nous n'avons point à indiquer ici le personnel du clergé ; qu'il nous suffise de dire que dans la colonie il a été fait droit à toutes les exigences du culte : chaque ville a son église, chaque village son presbytère et sa chapelle.

Culte protestant. — Un consistoire central siége à

Alger ; il dirige les intérêts de toutes les églises protestantes de l'Algérie. Ces églises appartiennent soit au culte réformé, soit à la confession d'Augsbourg. — Les pasteurs réformés relèvent directement du Consistoire central ; ceux de la confession d'Augsbourg sont sous la direction du Directoire général, siégeant à Strasbourg.

Le Consistoire central d'Algérie est composé :

1°. De dix membres laïques pris dans les deux confessions ;

2°. Des pasteurs des trois provinces.

La province d'Alger compte trois paroisses : Alger, Douéra et Blidah ; ces paroisses et leurs annexes sont desservies par cinq pasteurs. La province d'Oran a deux paroisses : — Oran et Mostaganem, desservies, ainsi que leurs annexes, par trois pasteurs. — La province de Constantine a cinq paroisses : Constantine, Philippeville, Bône, Guelma et Aïn-Arnat ; ces paroisses et leurs annexes sont desservies par cinq pasteurs.

Chaque paroisse a son conseil presbytéral, composé de plus ou moins de membres. Le pasteur en est le président. — Les attributions des conseils presbytéraux et du consistoire central ont été réglées par décret impérial, en date du 14 septembre 1859.

Culte israélite. — Il est institué en Algérie un consistoire *algérien* et des consistoires *provinciaux*. Le consistoire algérien siège à Alger ; les consistoires provinciaux, au nombre de deux, siègent, l'un à Oran, l'autre à Constantine.

L'autorité du consistoire algérien s'étend sur toute la colonie ; celle des consistoires provinciaux s'exerce respectivement dans la circonscription de leurs provinces.

Le consistoire algérien est composé de quatre membres laïques et d'un grand rabbin, nommés par l'Empereur, sur la proposition du Gouverneur-Général. Chaque consistoire provincial est composé de trois membres laïques et d'un rabbin nommés directement par le Gouverneur-Général.

Les traitements et frais de logement du grand rabbin du consistoire algérien et des rabbins des consistoires provinciaux, ainsi que les frais d'administration du consistoire algérien sont à la charge de l'Etat. — Les membres des consistoires, au jour de leur installation, prêtent, en levant la main, le serment qui suit : « Devant le Dieu tout puissant, créateur du ciel et de la terre, qui défend de prendre son nom en vain, et qui punit le parjure, je jure fidélité à l'Empereur des Français, obéissance aux lois, décrets et règlements publiés ou qui seront publiés par son gouvernement. »

Les différentes attributions des consistoires ont été réglées et définies par ordonnance royale, en date de 9 novembre 1845, encore en vigueur. (Voir à la fin de l'ouvrage : *Changements survenus pendant l'impresssion.*)

Culte musulman. — La religion musulmane a quatre rites différents : El-Maléki ; — El-Hanéfi ; — El-Chefaï ; — El-H'ambeli. — Les Arabes de l'Algérie suivent les deux premiers rites, mais le maléki domine. — Une décision ministérielle (17 mai 1851) a réglé, ainsi qu'il suit, l'organisation du culte :

Les établissements religieux musulmans sont divisés en cinq classes, eu égard au chiffre plus ou moins élevé de la population musulmane dans chaque localité et au degré d'importance de chaque établissement en particulier.

Les établissements de 1re classe se composent de mosquées principales, ayant un *mouderrès* (professeur) ;

Ceux de 2e classe comprennent les mosquées ayant une tribune pour la *khotba*, prière que le *khetib* récite tous les vendredis, et qui correspond au *Domine salvum fac Imperatorem* des catholiques ;

Ceux de la 3e classe, les mosquées à tribunes moins importantes ;

Ceux de la 4ᵉ classe, les mosquées qui n'ont point de tribune pour la khotba, et les oratoires principaux, consacrés aux marabouts ;

Enfin, ceux de 5ᵉ classe comprennent les plus petites chapelles, desservies par un seul agent.

Le personnel se divise en deux catégories : le personnel supérieur et le personnel inférieur.

Le personnel supérieur comprend :

1°. Le *mufti*, chef du culte dans la circonscription qui lui est assignée ;

2°. L'*Iman*, dont les attributions sont de diriger les prières et le service religieux, et de faire périodiquement diverses instructions ou lectures.

Le personnel inférieur se compose des agents ci-après :

1°. Le *Mouderrès*, ou professeur, spécialement chargé de l'enseignement supérieur dans les mosquées de première classe : il fait des cours préparatoires, en suite desquels les élèves peuvent concourir pour être admis dans les Medersa ;

2°. Le *Bach-Hazzab*, ou chef des lecteurs ;

3°. Les *Hazzabin*, lecteurs du Koran ou d'ouvrages de théologie ;

4°. Le *Bach-Moudden*, qui a sous ses ordres :

5° Les *Mouaktin*, préposés à la détermination de l'heure pour la prière ;

6°. Les *Moudinn*, ou crieurs des mosquées, spécialement chargés d'indiquer, du haut du minaret, les heures des prières ;

7°. Les *Nas-el-Houdour* ou *tolbas*, destinés aux fonctions du culte, et qui suivent régulièrement les cours publics ouverts dans les mosquées.

Les traitements attribués au personnel supérieur du culte, sont imputés au budget de l'Algérie ; les traitements attribués au personnel inférieur et les frais généraux d'entretien sont à la charge du budget local et municipal.

Telle est, dans son ensemble, l'organisation du culte musulman. Nous devrions peut-être nous en tenir à ce simple exposé, mais nous nous sommes imposé la tâche de faire connaître les mœurs particulières des Arabes, et nous croyons devoir donner quelques détails sur les pratiques et les corporations religieuses des indigènes.

La religion, dans son acception générale, établit les rapports de l'homme avec Dieu. — Mahomet, en prêchant l'Islamisme, dit à ceux qui l'écoutaient : « Il n'y a de Dieu que Dieu, et Mahomet est son prophète, » — et il donna pour dogme à la religion nouvelle les peines et les récompenses de la vie future. C'est ainsi qu'il proposait pour récompense, une vie éternelle, où l'âme serait enivrée de tous les plaisirs spirituels, et où le corps, ressuscité avec ses sens, goûterait par ces sens mêmes, toutes les voluptés qui lui sont propres. — Le châtiment devait résider dans la privation de ces plaisirs.

Mais le Prophète ne pouvait espérer que sa parole aurait force de loi. Il eut recours au merveilleux, parce que le merveilleux devait séduire des peuples enthousiastes, aux passions ardentes. Représentant de Dieu sur la terre, il avait, dit-il, reçu de Dieu même la doctrine qu'il révélait aux hommes et dont les préceptes, extraits du KORAN, — c'est à dire du livre saint par excellence, — lui étaient remis séparément, et à des intervalles plus ou moins éloignés, par l'ange Gabriel, un des quatre anges du paradis.

Mahomet mourut : — Aboubekir, son successeur, recueillit et mit en ordre (l'an 13e de l'hégire, 635e de J.-C.) tous les préceptes donnés par le Prophète, et c'est l'ensemble de ces préceptes qui constitue le Koran. — Le Koran est donc, tout à la fois, le recueil des dogmes de l'Islamisme, et le code civil, criminel, politique et religieux des musulmans.

Et voici ce qu'il enseigne :

Après le châtiment infligé par Dieu à la première postérité des enfants d'Adam, « *le plus ancien des Prophètes,* » Noé répara les désastres occasionnés par les péchés des hommes. Après Noé parurent successivement Abraham, puis Joseph, puis Moïse. — Saint Jean vint ensuite qui *précha* l'Evangile ; Jésus-Christ, « conçu sans corruption dans le sein d'une vierge exempte des tentations du démon, créé du souffle de Dieu et animé de son esprit, » *établit* cet Evangile et Mahomet le confirma.

Les cinq bases fondamentales du culte sont les suivantes :

La prière ; — l'aumône ; — le jeûne ; — le pèlerinage ; — la profession de foi.

Tout bon musulman sera récompensé dans une vie future ; et comme il y a des degrés en tout, aussi bien dans les béatitudes célestes, que dans l'échelle des êtres, le Koran donne aux fidèles *sept* paradis :

« Le premier est d'argent fin ; — le second, d'or ; — le troisième de pierres précieuses ; — le quatrième est d'émeraudes ; — le cinquième de cristal ; — le sixième de couleur de feu — et le septième, un jardin délicieux, arrosé de fontaines et de rivières de lait, de miel et de liqueurs, avec des arbres toujours verts, dont les pépins se changent en des filles si belles et si douces, que si l'une d'elles avait craché dans la mer, l'eau n'en aurait plus d'amertume.

» Ce paradis est gardé par des anges, dont les uns ont la tête d'une vache qui porte des cornes, lesquelles ont quarante mille nœuds, chaque nœud séparé de l'autre par quarante journées de marche. Les autres anges ont soixante-dix mille bouches, chaque bouche a soixante-dix mille langues, et chaque langue loue Dieu soixante-dix mille fois le jour en soixante-dix mille idiômes différents.

Devant le trône de Dieu sont quatorze cierges allumés et distants l'un de l'autre de cinquante journées de marche.

— Les *appartements* sont ornés de tout ce que l'imagination peut rêver de plus riche : les vrais croyants s'y nourriront des mets les plus exquis, et épouseront d'admirables hourris, toujours riches et toujours *vierges*. »

Ainsi dit le Koran. — Mahomet, on le voit, connaissait à merveille le caractère des orientaux : en caressant leurs instincts, il les poussait au fanatisme.

Il ne faudrait point croire, cependant, que la religion musulmane soit tout entière basée sur le matérialisme : ce serait mal l'apprécier. Le Koran est, à vrai dire, un mélange des doctrines chrétiennes et juives unies aux traditions orientales, et toute sa morale, au dire des interprètes, est contenue dans ces paroles :

« Recherchez qui vous chasse, donnez à qui vous ôte,
» pardonnez à qui vous offense, faites du bien à tous, et
» ne contestez jamais avec les ignorants. »

Prières et ablutions. — Le Koran exige, sous peine de châtiment éternel, de prier cinq fois le jour, aux heures déterminées par les mouaktin. Chaque prière est précédée d'une ablution, *oudou-el-seghir*, que les fidèles répètent trois fois.

L'ablution consiste à se verser un peu d'eau dans la main gauche et à la laver également en prononçant ces paroles :

« Au nom de Dieu le miséricordieux, etc., mon intention est de faire telle prière. »

On se gargarise ensuite avec une gorgée d'eau, toujours par trois fois, et trois fois on aspire de l'eau par les narines, en disant :

« O mon Dieu, faites-moi sentir l'odeur du Paradis ! »

Puis on se lave successivement la figure, les yeux, les oreilles, les bras et les jambes.

Il est aussi recommandé expressément de faire l'aumône : « Dieu n'accordera sa miséricorde qu'aux miséricordieux, dit le Koran; faites donc l'aumône, ne fut-ce que de la moitié d'une datte. Qui fait l'aumône aujourd'hui sera rassasié demain. »

Le Ramadhan. — « Les préceptes du Koran étaient écrits sur une table gardée au septième ciel. Gabriel les recueillit en un volume et remit ce volume au Prophète, mais par parties détachées, et en 23 ans. — Les docteurs ne sont pas d'accord sur le moment précis où l'ange apporta le livre saint; tous conviennent, cependant, que ce fut une des dix dernières nuits du mois de *Ramadhan*. »

Le Ramadhan est le 9me mois de l'année musulmane : c'est le mois de l'abstinence et des mortifications. — Un des commentateurs du Koran s'exprime ainsi : « Le manger et le boire, dit-il aux fidèles, vous sont rigoureusement interdits jusqu'à l'heure où vous pourrez, à la clarté du jour, distinguer un fil blanc d'un fil noir. Accomplissez ensuite le jeûne jusqu'à la nuit. Éloignez-vous pendant ce temps de vos femmes, et passez le jour en prières : tel est le précepte du Seigneur. »

Pendant tout ce mois, les musulmans ne prennent aucune nourriture, ne boivent ni ne fument depuis le lever de l'aurore jusqu'au coucher du soleil; et ce jeûne est d'une si étroite obligation que personne n'en est exempt.

Si rigoureux qu'il soit, il est strictement observé par le peuple et même par des femmes qui, en temps ordinaire, pêchent de plus d'une sorte. Nul n'oserait l'enfreindre publiquement; mais les riches trouvent moyen d'éluder le précepte : ils font ripaille toute la nuit et dorment tout le jour.

Dans les villes de l'Algérie, l'heure à laquelle cesse le jeûne est, chaque soir, annoncée par un coup de canon.

Le Serment. — Chez les musulmans, le serment est de deux sortes : il consacre l'obligation de faire ou de ne pas faire, ou bien il est l'affirmation de l'existence ou de la non existence d'un fait. Il n'engage la conscience et n'a le caractère obligatoire que lorsqu'on prend à témoin ou le nom de Dieu ou un des attributs de sa divinité. Par exemple, lorsqu'on dit : « par Dieu! par la bénédiction de Dieu! par le Fort! par la sainte Ecriture! » et qu'on fait suivre le fait énoncé d'une des formules que nous venons d'énoncer.

Le serment est simple ou grave.

Le serment simple fait seulement mention du nom de Dieu ; toute personne dont la vertu ou la probité sont hors de doute est admise à le prêter.

Le serment grave est exigé de toute personne ne réunissant pas toutes les garanties de moralité désirables. En voici la formule : « Je jure par Dieu, par ce Dieu unique, » qui voit tout, qui sait tout, qui entend tout, par ce Dieu » clément et miséricordieux, à qui rien n'échappe que...» Ce serment est prêté publiquement, la main droite placée sur le Koran ou sur le Boukhari.

Les Marabouts. — Le culte a ses ministres ; mais à côté de ces ministres officiellement reconnus, il existe une classe d'hommes qui exercent sur toutes les consciences un empire presque absolu. Nous voulons parler des *marabouts*.

Le marabout est l'homme spécialement voué à l'observance des préceptes du Koran, qu'il commente et qu'il explique. C'est lui qui, aux yeux des Arabes, conserve intacte la foi musulmane ; la religion l'environne d'un tel prestige que ses paroles, avidement écoutées, sont toujours et partout pieusement recueillies. Mais, laissons parler M. Daumas :

« La vénération publique pour les marabouts ne se traduit pas seulement en honneurs, en déférence, en priviléges, ils vivent par le peuple et sur le peuple : on pourrait dire que tous les biens de la nation leur appartiennent. Leurs zaouïas ou habitations communes sont réparées, pourvues, sans qu'ils aient à s'en occuper, sans qu'ils aient besoin même d'exprimer un désir : on prévient tous leurs vœux. »

On comprend qu'elle influence exercent les marabouts, soit qu'ils agissent isolément, soit que, réunis en corps, ils enseignent aux enfants qui fréquent leurs zaouïas, et la honte du servage et la haine du nom chrétien. — Mais il nous faut dire ce que sont les *zaouïas*.

Les Zaouïas. — Dans un ouvrage que nous aurons à citer encore (*Les Khouan*), M. le colonel de Neveu a défini ainsi qu'il suit la zaouïa :

« La zaouïa est un établissement qui n'a aucun analogue dans les états d'occident : c'est à la fois une *chapelle* qui sert de lieu de sépulture à la famille qui a fondé l'établissement, et où tous les serviteurs alliés ou amis de la famille viennent en pèlerinage à des époques fixes; une *mosquée* où se réunissent les musulmans des tribus voisines pour faire leur prière en commun; une *école* où toutes les sciences sont enseignées : lecture, écriture, arithmétique, géographie, histoire, théologie, et où les enfants, pendant toute l'année, les étudiants (*thaleb*), pendant certaines saisons, les savants (*euléma*), à des époques fixes, se réunissent, soit pour former des conciles et discuter certaines questions de droit, d'histoire ou de théologie; un *hôpital*, une hôtellerie où tous les voyageurs, les pèlerins, les malades et les infirmes trouvent un gîte, des secours, des vêtements et de la nourriture; un *office de publicité*, un *bureau* d'esprit, où s'échangent des nouvelles, où l'on écrit l'histoire des faits présents; enfin, une *bibliothèque* où l'on conserve la tradition écrite des faits passés.

Généralement, les zaouïas possèdent de grands biens

provenant de dotations ou d'aumônes affectées par la charité publique à l'entretien de l'établissement, auquel de nombreux serviteurs sont attachés, soit pour en cultiver les terres, soit pour en servir le nombreux personnel.

« On peut affirmer, ajoute M. de Neveu, que l'Algérie
» est à peu près divisée en circonscriptions de zaouïas,
» comme chez nous le pays est divisé en circonscriptions
» religieuses : paroisses, évêchés et archevêchés ; et
» comme la zaouïa est également une école, le ressort de
» cet établissement correspond aussi à un ressort académique.
» Sous ce double rapport, les zaouïas méritent
» une surveillance et une attention toutes particulières. »

Ordres religieux : les Khouans. — Il existe plusieurs ordres religieux ; ils se distinguent les uns des autres par le nombre et le récitatif des prières : mais ils ont tous pour base le mahométisme pur. Chacun de ces ordres porte le nom de son fondateur ; les sociétaires sont appelés *khouans* (frères). — Chaque ordre est dirigé par un khalifa (lieutenant), qui est considéré comme le chef sprituel : il est toujours désigné d'avance par son prédécesseur qui, soit par dispositions testamentaires, soit dans une nombreuse réunion de frères, le présente comme devant lui succéder.

Ces ordres sont au nombre de six ;

1°. L'ordre de *Sidi-Abd-el-Kader-el-Djelali*. — C'est le plus ancien : le fondateur, dont le nom est vénéré de tous les musulmans, était de Bagdad, où sept chapelles, à dômes dorés, sont élevées à sa mémoire, et où se rendent annuellement un très grand nombre de pèlerins. — C'est le nom d'Abd-el-Kader-el-Djelali que répètent les mendiants en demandant l'aumône ; c'est lui qu'invoquent les malheureux dans la souffrance et la femme dans les douleurs de l'enfantement.

2°. L'ordre de *Mouleï-Taïeb*. — Mouleï-Taïeb fut un

des chérifs du Maroc, et l'ordre qu'il a fondé a, dans toute l'Algérie et surtout dans l'ouest, de profondes racines. Il est, incontestablement, le plus redoutable, car une prophétie annonce aux khouans de cette corporation qu'un jour viendra où ils chasseront les chrétiens. Or, leur foi en cette prophétie peut, d'un jour à l'autre, les pousser à la révolte. — Le khalifa réside au Maroc ; il exerce sur les populations de l'empire et sur celles de l'Algérie, un ascendant immense. « C'est un saint, dit M. Richard ; il
» passe aux yeux des musulmans pour avoir le don des
» miracles. Du fond de sa petite ville d'Ouazan, il remue
» tous les fils secrets qui agitent le peuple arabe. Il peut,
» d'un mot, produire bien des commotions et des boule-
» versements. C'est lui qui désigne le successeur à l'em-
» pire du Maroc, et le nouveau sultan vient recevoir l'in-
» vestiture de ses mains. Il jouit, en un mot, de tous les
» priviléges de notre papauté chrétienne, à l'époque où
» elle était assez puissante pour mettre le pied sur la tête
» de l'empereur. »

3°. L'ordre des *Aïssaoua*. — Il fut fondé par Ben-Aïssa, marabout de Mecknès, dans le Maroc. Les sociétaires se livrent, en corps ou séparément, aux pratiques les plus révoltantes ; — on en jugera.

La scène que nous allons décrire se passe, soit dans une cour, soit sur une place publique :

Les Aïssaoua se rangent en cercle, puis, d'une voix lente, psalmodient leurs prières et chantent les louanges de Ben-Aïssa. Bientôt ils s'animent, prennent des timballes et des tambours de basque, pressent la cadence, s'exaltent mutuellement, dansent et se tordent, ainsi que des convulsionnaires, en invoquant le nom d'Allah, jettent bas leur ceinture et leur turban, puis, hideux, stupides, marchent sur les mains et se traînent sur les genoux, imitant de leur mieux les mouvements de la bête.

Lorsque l'exaltation est à son comble, ils commencent

leurs jongleries : les uns broient du verre entre leurs dents ou s'emplissent la bouche avec des clous; les autres dévorent des épines ou des chardons et promènent leur langue sur un fer rouge qu'ils prennent, ensuite, à pleines mains. Celui-ci saute, impunément, à pieds joints, sur le tranchant d'un sabre; celui-là se livre à la piqûre des scorpions ou à la morsure des vipères qu'il enroule autour de son cou.

Et les arabes crient au miracle; et les femmes, que ces spectacles passionnent plus qu'on ne saurait le croire, trépignent d'aise et poussent d'énergiques *you-you!* — Pas n'est besoin d'ajouter que les aïssaoua sont tout simplement d'adroits escamoteurs. On voit journellement en Europe des saltimbanques qui exécutent devant la foule ébahie des tours de passe-passe, auprès desquels les jongleries des arabes ne sont que jeux d'enfants; et les disciples de Ben-Aïssa nous feraient sourire si leurs dégoutantes contorsions ne soulevaient le cœur.

4°. L'ordre d'*Abd-er-Rahman*. — C'est un ordre tout religieux et qui compte de nombreux adeptes, aussi bien parmi les kabyles que parmi les arabes. L'émir Abd-el-Kader en faisait partie.

5°. L'ordre de *Youssef-Hansoli*. — Particulier à la province de Constantine, et plus religieux que politique.

6°. Enfin, l'ordre de *Tedjini*. — Localisé dans le Sud et sans ramifications dans les pays voisins.

Tels sont, parmi les arabes, les ordres religieux le plus généralement connus. Nous ne pouvions que constater leur existence; mais nous dirons volontiers avec M. le colonel de Neveu, qui a écrit l'histoire de ces différentes corporations : « Toute association est une force, et pour
» l'homme qui veut et sait la diriger, c'est une arme puis-
» sante dont il peut s'aider dans l'accomplissement de ses
» projets. Les congrégations de khouans sont des corps
» dont les éléments composent un faisceau déjà formé et

» qu'une énergique et habile volonté peut faire mouvoir
» avec ensemble. Chez eux, une hiérarchie existe, des
» moyens et des habitudes de correspondance sont établis,
» les nouvelles se transmettent rapidement, des assem-
» blées se forment dans lesquelles les individualités se
» groupent, s'excitent réciproquement ; les trames s'our-
» dissent en secret, puis, tout-à-coup, une explosion vient
» déceler l'existence de menées occultes. » Cela est vrai ;
la franc-maçonnerie arabe pourrait être un danger : mais
la police a les yeux d'Argus, -- et nous savons qu'elle
veille.

II. Justice. — La justice est administrée au nom de
l'Empereur, par des tribunaux français et des tribunaux
indigènes, suivant les distinctions établies par le décret du
31 décembre 1859.

Tribunaux français. — L'organisation judiciaire
comprend :

1°. Une cour impériale siégeant à Alger, et dont le ressort embrasse la totalité de l'Algérie, sauf le territoire exclusivement réservé, en tant que juridiction, à l'autorité
militaire. — La Cour impériale d'Alger se compose d'un
premier président, de deux présidents de chambre et de
conseillers. Les fonctions du ministère public près la
Cour sont remplies par un procureur-général, deux avo-
cats-généraux, dont l'un reçoit le titre de premier avocat-
général, et deux substituts. — Cette Cour se divise en
trois chambres, dont une connaît des affaires civiles, une
des mises en accusations et une des appels de police cor-
rectionnelle ;

2°. Des tribunaux de première instance ;

3°. Des tribunaux de commerce ;

4°. Des justices de paix.

Les tribunaux français connaissent entre toutes personnes, de toutes les affaires civiles et commerciales, à
l'exception de celles dans lesquelles des musulmans sont

seuls parties, et qui sont portées devant les tribunaux indigènes. — C'est la loi française qui régit les conventions et contestations entre français et étrangers.

Les tribunaux de première instance connaissent (sauf les causes portées devant le conseil de guerre), de tous délits ou contraventions, à quelque nation ou religion qu'appartienne l'inculpé ; ils ne peuvent prononcer, même contre les indigènes, d'autres peines que celles établies par les lois pénales françaises.

Les tribunaux de commerce, qui sont au nombre de trois, établis à Alger, Oran et Constantine, sont formés, comme en France, par voie d'élection. Des arrêtés du Gouverneur-Général fixent le nombre des commerçants notables, du ressort, appelés à concourir à l'élection ; la liste des notables est dressée par le préfet. Les élections doivent être confirmées par décret impérial.

Des *cours d'assises*, composées de trois conseillers de la Cour impériale, de deux magistrats ou juges et d'un greffier, connaissent de tous les faits qualifiés crimes par la loi. Elles jugent sans l'assistance de jurés. L'ordonnance du 26 septembre 1842 réservait aux conseils de guerre la connaissance des crimes et délits commis en territoire militaire par un français ou un européen étranger à l'armée. Mais, comme nous l'avons dit, cette ordonnance a été récemment rapportée : par décret impérial, les crimes, délits et contraventions commis en territoire militaire *par les Européens et les Israélites*, sont donc déférés, soit aux cours d'assises, soit aux tribunaux de première instance.

La tenue des assises a lieu tous les quatre mois, dans chacun des chefs-lieux d'arrondissement de l'Algérie, où est établi un tribunal de première instance : les membres de la Cour se transportent successivement dans les divers arrondissements pour y exercer leurs fonctions.

Tribunaux indigènes. — La loi musulmane régit les conventions et toutes les contestations civiles et commerciales entre indigènes musulmans, ainsi que les questions d'état, questions de famille. Toutefois, la déclaration faite dans un acte par les musulmans, qu'ils entendent contracter sous l'empire de la loi française, entraîne l'application de cette loi et la compétence des tribunaux français.

Pour l'administration de la justice musulmane, le territoire est divisé en circonscriptions judiciaires. Il y a, par circonscription, un tribunal de cadis, composé :

Du cadi. — d'un bach-adel — et d'un certain nombre d'adels, 2, 3 ou 4 (assesseurs), dont l'un remplit les fonctions de greffier. — Il est, en outre, attaché à chaque mahakma (ou tribunal de cadi), selon les besoins du service, un ou deux aouns (huissiers-audienciers). Les oukils (agents d'affaires), peuvent seuls représenter les parties ou défendre leurs intérêts devant les cadis, lorsque les parties ne se présentent pas elles-mêmes ou refusent de comparaître. Tout ce personnel est à la nomination du Gouverneur-Général, qui a également le droit de révocation.

Les cadis connaissent de toutes les affaires civiles et commerciales; ils connaissent en dernier ressort des actions personnelles et mobilières, jusqu'à 20 fr. de revenus. — Dans les trois jours qui suivent le jugement rendu en *premier ressort*, les parties peuvent demander que la cause soit examinée de nouveau par un medjelès, conseil essentiellement consultatif, composé du cadi qui a rendu le jugement et d'autres magistrats musulmans qu'il s'adjoint. Le cadi confirme ou réforme son premier jugement, sans être tenu de suivre l'avis du medjelès.

Les appels sont portés, suivant les cas, devant les tribunaux de première instance, ou devant la cour impériale. — Pour garantir aux indigènes l'application de leurs lois dans les causes portées en appel devant nos tribunaux, des assesseurs musulmans sont adjoints aux magistrats français, mais avec voix consultative seulement.

Le cadi n'est pas seulement juge, il fait encore l'office de notaire et d'huissier : il marie, prononce le divorce, sanctionne les répudiations, procède à la liquidation et au partage des successions, selon les usages établis, et, sous la surveillance de l'administration du Domaine, à la liquidation et au partage des successions auxquelles sont intéressés les absents et le Beit-el-Mâl (administration chargée des déshérences musulmanes). Enfin, il reçoit les actes publics et les transcrit en entier sur un registre à ce destiné.

Cette organisation judiciaire avec appel devant les tribunaux français, n'est applicable, aux termes du décret du 31 décembre 1859, qu'aux régions Telliennes. Les tribus Sahariennes restent encore régies en dehors de l'action de la justice française, par l'organisation judiciaire du décret de 1854, avec des medjelès constitués en véritables tribunaux d'appel. Quant aux Kabyles, ils ont conservé leurs kanouns particuliers, sauf, bien entendu, pour tout ce qui concerne le criminel.

Nous avons déjà défini leurs institutions municipales : Dans chaque commune, un amin, élu par le suffrage universel, mais dont l'élection doit être confirmée par le général de division, dirige l'administration intérieure et exerce la police du village, avec le concours de la Djemâa.

Chaque commune kabyle a des revenus dont elle dispose librement : ces revenus sont alimentés par le produit des biens communaux, l'acquittement de certaines redevances et le produit des amendes. Des registres spéciaux, où sont inscrites les recettes et les dépenses, permettent au commandement français d'en surveiller la comptabilité.

Les jugements de djemâa sont sans appel : ils engagent les parties au même titre que les jugements rendus par les cadis ou par les tribunaux français.

Le kanoun, particulier à chaque village, est l'œuvre du

temps, aussi peut-il être modifié suivant les circonstances et les besoins nouveaux qui se produisent. — A mesure donc que notre civilisation pénètrera dans le pays, ces kanouns se rapprocheront progressivement du code français. Déjà, même, notre influence sur cette justice coutumière est manifeste; car, lorsqu'il se débat des questions délicates, dont la solution présente certaines difficultés de droit, les Djemâas consultent volontiers les bureaux arabes.

L'autorité française s'est réservée, en Kabylie comme en pays arabe, la répression des crimes et des délits. Elle exerce son action par l'intermédiaire des amin-el-oumena, qui rendent compte de tous les faits importants, mais sans pouvoir s'immiscer dans les affaires intérieures des communes. Ces agents également nommés à l'élection, et confirmés par le Gouverneur-Général, reçoivent un traitement.

Tribunaux spéciaux; Pénalités. — En pays conquis, l'autorité doit redoubler de vigilance : il importe que toute atteinte à la loi soit punie, et que le châtiment suive de près l'offense. Or, la pacification des tribus est de date si récente, les Arabes prêtent encore si complaisamment l'oreille aux excitations des fanatiques, qu'il y aurait parfois danger véritable à suivre de tous points les formes ordinaires de la procédure.

Les crimes ou délits dont les indigènes se rendent coupables, en territoire militaire, sont donc appréciés et jugés selon leur gravité :

Par le commandement supérieur;

Par les commissions disciplinaires;

Par les conseils de guerre.

Le commandement supérieur peut ordonner l'arrestation immédiate de tout indigène prévenu d'un crime ou d'un délit. — Une instruction sommaire est alors immédiatement dressée par les officiers des affaires arabes, qu'un décret de 1860 a investis, à cet effet, des fonctions de police judiciaire. Selon la nature du crime ou du délit, les prévenus sont, par l'ordre du général de division, déférés au tribunal compétent.

Les *Commissions disciplinaires* ont été instituées par arrêté ministériel en date du 21 septembre 1858. Elles siégent dans chaque chef-lieu de subdivision et de cercle. — Elles sont composées d'un certain nombre d'officiers, du chef du parquet ou du juge de paix, et d'un fonctionnaire de l'intendance militaire.

Leurs jugements sont immédiatement exécutoires, mais ils doivent être soumis à la sanction du Gouverneur-Général.

Telles qu'elles sont constituées, ces commissions se rapprochent beaucoup des conseils de discipline de l'armée.

Les peines infligées par les divers tribunaux, sont celles édictées par les codes français ; on applique en outre aux indigènes, par mesure politique ou administrative, la responsabilité collective des tribus, l'internement en Algérie ou en Corse et l'expulsion du territoire français.

Les indigènes jouissent d'ailleurs, devant tous les tribunaux, des garanties que la loi française assure à la liberté de la défense.

Les indigènes condamnés à la détention subissent leur peine dans des pénitenciers spéciaux, où ils sont assujettis à des travaux agricoles. Il y a un pénitencier par province.

III. Instruction publique. — « Au point de vue de la conquête, a dit un des gouverneurs-généraux, une bonne école vaut mieux qu'un régiment. » — C'est le duc d'Aumale qui parlait ainsi : on a élevé cette théorie à la hauteur d'un principe, et l'instruction publique n'a jamais cessé d'être l'objet de toute la sollicitude du pouvoir. Les Européens qui viennent s'établir en Afrique y trouvent donc pour leurs enfants de nombreuses écoles. Les indigènes ne sont pas moins bien partagés. Le gouvernement croit à la perfectibilité humaine, il veut tirer la race arabe de l'état d'abaissement dans lequel elle languit, et d'esclaves courbés depuis des siècles sous la double servitude de la superstition et du despotisme, faire des hommes émancipés par le travail et par l'intelligence ; pour arriver à ses fins, il a multiplié les moyens d'enseignement.

Le service de l'instruction publique en Algérie est placé dans les attributions et sous l'autorité du Ministre de l'instruction publique, à l'exception des écoles musulmanes, qui restent dans les attributions exclusives du Gouverneur-Général.

Académie. — L'académie d'Alger, dont le ressort embrasse les trois provinces, sans distinction de territoire, fut créée en 1848; son personnel est ainsi composé :

Un Recteur; deux inspecteurs d'académie; trois inspecteurs de l'instruction primaire, un dans chaque province; un secrétaire et un commis.

Il est, en outre, adjoint à l'Académie d'Alger un *Conseil académique*, composé de onze membres : les uns désignés par les fonctions universitaires qu'ils occupent, les autres nommés par le Ministre.

Le Recteur, chef du service pour toute l'Algérie, correspond directement et exclusivement avec le Ministre de l'instruction publique pour tout ce qui concerne les *écoles françaises et juives*. Il remet une copie de ses rapports périodiques au Gouverneur-Général.

Écoles françaises. — L'enseignement se divise, comme en France, en trois branches :

L'enseignement supérieur;
L'enseignement secondaire;
L'enseignement primaire.

Enseignement supérieur. — Il comprend :
1°. Une école préparatoire de médecine et de pharma-

cie, dont le siége est à Alger, et qui est placée, quant aux sessions d'examens, dans la circonscription de la faculté de médecine de Montpellier ;

2°. Les cours publics de langue arabe, qui sont faits au chef-lieu de chaque province, c'est-à-dire à Alger, à Constantine et à Oran.

École préparatoire de médecine et de pharmacie — Cette école a été instituée par décret impérial du 4 août 1859. L'enseignement y est distribué entre huit professeurs titulaires, de la manière suivante : Chaire d'anatomie et de physiologie ; de pathologie externe ; de clinique externe ; de pathologie interne ; de clinique interne ; d'accouchement, des maladies des femmes et des enfants ; de chimie et de pharmacie ; d'histoire naturelle médicale et matière médicale.

Il y a, en outre, quatre professeurs suppléants, un chef des travaux anatomiques, un prosecteur, un préparateur de chimie et un conservateur de la bibliothèque.

Un des professeurs titulaires, désigné par le Ministre, remplit les fonctions de Directeur.

Les certificats d'aptitude, ou diplômes, délivrés par l'École préparatoire d'Alger, valent, pour toute l'étendue de la colonie, sans que ceux qui voudraient changer de province, soient tenus de subir de nouveaux examens et d'obtenir un nouveau diplôme ; mais cette condition est imposée à ceux qui voudraient exercer dans un département de la métropole. Réciproquement, les praticiens reçus par les écoles de France, ne peuvent (en vertu du décret du 22 août 1854) exercer en Algérie, sans subir de nouveaux examens devant l'Ecole d'Alger.

Sont admis à l'Ecole préparatoire :

Les indigènes qui ont reçu l'enseignement du degré supérieur dans les écoles arabes-françaises, et les étrangers, chrétiens ou musulmans, qui justifient de leur aptitude à suivre les cours.

Cours de langue arabe. — Ces cours sont faits par des professeurs nommés par le Ministre : ils sont gratuits et fréquentés principalement par les Européens qui se destinent aux services publics.

ENSEIGNEMENT SECONDAIRE. — Il comprend :
Le lycée impérial d'Alger ;
Quatre colléges communaux, institués à Bône, Constantine, Philippeville et Oran ;
Une institution secondaire et primaire à Mostaganem ;
Un établissement privé tenu, à Oran, par les Jésuites.

Le *lycée impérial* a été réorganisé par arrêté du pouvoir exécutif (21 septembre 1848). L'État accorde une subvention annuelle de cinquante mille francs ; le prix de la pension des élèves internes, boursiers ou pensionnaires libres, est fixé à 800 francs.

L'enseignement est le même que celui donné en France, dans les lycées de premier ordre, il comprend :
1°. Outre les études classiques, des cours spéciaux et complets pour la préparation aux professions commerciales et industrielles ;
2°. Des cours préparatoires à la division élémentaire.

Les *colléges communaux* sont des écoles secondaires, aussi utiles que peu coûteuses : on y fait des études assez complètes pour que les élèves puissent être reçus bacheliers ès lettres ou ès sciences.

ENSEIGNEMENT PRIMAIRE. — Cet enseignement, nous aimons à le redire, a pris en Algérie un large développement : écoles publiques, écoles privées, spéciales aux différents cultes, écoles de garçons, écoles de filles, écoles mixtes, salles d'asile, tous ces établissements existent dans la colonie comme dans la métropole et, on peut dire, dans de meilleures conditions, au point de vue des avantages assurés au personnel enseignant.

La population européenne trouve donc à satisfaire largement au besoin de donner à ses enfants l'instruction qui leur est nécessaire.

Le tableau suivant, emprunté aux dernières statistiques, fera, du reste, connaître la situation :

NATURE DES ÉTABLISSEMENTS.

Écoles des garçons et écoles mixtes.

		Nombre des établissem.	garçons	filles.
Écoles publiques	Laïques.	140		
	Congréganistes.	25	10,124	1,594
Écoles privées	Laïques.	36		
	Congréganistes.	6		

Écoles spéciales aux filles.

Écoles publiques	Laïques.	22		
	Congréganistes.	57	»	8,313
Écoles privées	Laïques.	37		
	Congréganistes.	20		
		343	10,124	9,907

SALLES D'ASILE.
Enfants au-dessous de six ans.

Asiles publics.	Laïques.	5		
	Congréganistes.	65	2,655	4,002
Asiles privés.	Laïques.	»		
	Congréganistes.	11		
		81	2,655	4,002

Ce qui constitue pour les deux sexes, 424 écoles primaires, publiques ou privées, où sont instruits : 12,779 garçons et 13,909 filles, ensemble 26,708 enfants. — L'instruction primaire est donnée par 669 instituteurs ou institutrices, savoir : 327 laïques et 342 congréganistes.

Écoles israélites. — Les écoles rabbiniques, dites *midrashim*, sont des écoles privées, spéciales aux garçons israélites, dans lesquelles on n'enseigne que l'hébreu et la religion mosaïque. Les maîtres, pourvus d'un certificat délivré par l'autorité municipale et d'un certificat délivré par le grand-rabbin de la province, sont autorisés par le recteur de l'Académie. Ces écoles sont remplacées, peu à peu, par des écoles communales dans lesquelles l'enseignement profane et l'enseignement religieux sont donnés simultanément par des instituteurs français appartenant au culte israélite et par des rabbins indigènes. Il existe encore, en ce moment, en Algérie, 21 midrashim, réunissant 935 enfants.

Écoles françaises-musulmanes. — Un des moyens les plus efficaces pour arriver à la complète pacification de l'Algérie devait être de propager et de vulgariser, parmi les populations indigènes, la connaissance de la langue française ; aux termes d'un décret présidentiel (14 juillet 1850), il a été créé, dans les principales villes de l'Algérie, des écoles *primaires* pour le double enseignement de l'arabe et du français, tant pour les garçons que pour les filles. Cet ensemble d'organisation est complété par l'établissement d'écoles d'adultes où sont ouverts, gratuitement, sous la direction des professeurs aux chaires d'arabe, des cours de langue française, de calcul, d'histoire et de géographie.

Les écoles primaires de garçons relèvent, sous le rapport de la surveillance, d'un comité local dans lequel figurent le cadi et le muphti ; le personnel de chaque école se compose d'un directeur français et d'un maître-adjoint musulman, choisi parmi les tolbas ; l'instruction est gratuite ; elle comprend : la lecture et l'écriture de l'arabe, les éléments de la langue française, la lecture et l'écriture du français, les éléments du calcul et le système légal des poids et mesures.

Les écoles primaires de filles relèvent, sous le rapport de la surveillance, d'un comité de dames désignées par le Préfet; le personnel de chaque école se compose d'une directrice française et d'une sous-maîtresse musulmane. On enseigne gratuitement aux élèves : la lecture et l'écriture de l'arabe, la lecture et l'écriture du français, les éléments de la langue française et les éléments de calcul, les travaux d'aiguille.

Les écoles d'adultes sont établies à Alger, à Oran et à Constantine; l'enseignement comprend les éléments de la langue française, du calcul, de l'histoire et de la géographie ; les cours ont lieu trois fois par semaine et sont gratuits. — Il est institué dans le chef-lieu de chaque province un jury d'examen chargé de délivrer aux jeunes indigènes des brevets constatant leur aptitude; ces brevets sont de trois degrés. Les emplois auxquels peuvent prétendre les candidats sont donnés de préférence à ceux d'entr'eux qui ont subi les examens du plus haut degré.

Écoles supérieures musulmanes. — Il est institué aux frais de l'Etat, dans chacune des villes d'Alger, de Tlemcen et de Constantine, une école supérieure (*medersa*), pour former des candidats aux emplois dépendants des services du culte, de la justice, de l'instruction publique indigènes et des bureaux arabes. — L'enseignement est gratuit, et même des secours sont accordés à un certain nombre d'élèves. — Cet enseignement comprend : un cours de grammaire et de littérature (*nahhen*); un cours de droit et de jurisprudence (*fak*); un cours de théologie (*touhhid*). Les écoles sont placées sous la surveillance des officiers généraux commandant les provinces; cette surveillance s'exerce par l'intermédiaire des bureaux arabes.

Ces écoles supérieures font une utile concurrence aux

zaouïas que dirigent les marabouts, car elles nous donnent un moyen facile d'exercer une salutaire influence sur les esprits et sur les mœurs des indigènes.

Collége impérial arabe-français. — Pour compléter l'organisation de l'instruction publique parmi les musulmans, on a fondé, à Alger, sous le titre de *Collége impérial arabe-français*, un établissement qui répond à nos établissements d'instruction secondaire, et « où, sous la direction de maîtres français, connaissant la langue et les mœurs des indigènes, la jeune génération peut recevoir une éducation appropriée à ses besoins, embrassant les connaissances susceptibles d'être utilisées par elle, laissant au contraire celles qui sont seulement nécessaires dans l'état de civilisation beaucoup plus avancé de l'Europe. »

Le collége impérial arabe-français (*medersa-es-soulthania*) a été créé spécialement pour les indigènes. Un certain nombre d'élèves y sont entretenus aux frais du budget de l'Etat ou des budgets provinciaux; les bourses et demi-bourses sont réservées pour les fils d'officiers, chefs et agents indigènes ayant servi ou servant encore la France, et pour les fils de sous-officiers indigènes tués ou restés estropiés par suite de blessures reçues dans l'exercice de leurs fonctions. — Le collége reçoit, en outre, des élèves indigènes pensionnaires entretenus, soit en entier aux frais des tribus ou des familles, soit en partie aux frais des tribus et en partie aux frais des familles. Les enfants européens et indigènes sont également admis à suivre les cours du collége, mais seulement comme externes, et moyennant une rétribution mensuelle dont la quotité est déterminée par le Gouverneur-Général.

L'instruction comprend :
Un cours élémentaire et supérieur de langue française;
        Id.   de langue arabe;
        Id.   de géographie et d'histoire;

Un cours élémentaire et supérieur de mathématiques;
Id. de sciences physiques;
Id. d'histoire naturelle;
Id. de dessin.

Les élèves pratiquent, en outre, les exercices gymnastiques, l'équitation et la natation. — Un imam, nommé par le Gouverneur-Général, est spécialement chargé, sous la surveillance du directeur, du service du culte et de l'instruction religieuse.

Les élèves indigènes qui ont parcouru tout le cercle de l'enseignement du collége et qui, au terme de leurs études, ont subi avec succès les examens obligés, reçoivent un diplôme spécial qui équivaut au baccalauréat pour les emplois donnés, en Algérie, par le Gouverneur-Général. — Des emplois de sous-officiers sont réservés à ceux qui, ayant leur diplôme, désirent entrer dans les troupes indigènes.

Écoles primaires musulmanes. — Au moment de la conquête, les études musulmanes étaient dans une situation de prospérité relative; elles se divisaient en plusieurs branches :

1°. L'instruction primaire consistait à apprendre aux enfants, entre l'âge de six à dix ans, les premiers éléments de la religion, et, en même temps, pour une partie d'entr'eux, les principes de la lecture et de l'écriture. Le local de l'école primaire était presque toujours attenant à une mosquée, et faisait partie des biens immeubles substitués aux établissements religieux. La grande majorité des arabes, dans les villes et dans les tribus, recevait l'instruction primaire.

2°. L'instruction secondaire, comprenant la lecture et l'explication du Koran et les études grammaticales élémentaires, était, en général, suivie par les enfants appartenant à la classe aisée, entre l'âge de dix à quinze ans. Cet enseignement se donnait dans des locaux dépendant des mosquées et particulièrement dans les chapelles appelées *zoouïa*.

3°. Les hautes études se composaient de cours de droit et de jurisprudence, de théologie, de traditions religieuses et de quelques notions d'arithmétique, d'astronomie, de géographie, d'histoire, d'histoire naturelle et de médecine ; chacune de ces espèces d'universités (*medersas*) formaient aussi une dépendance d'une mosquée. Quelques-unes offraient un certain nombre de cellules où les étudiants étaient logés gratuitement ; on leur donnait, en outre, des prestations en nature sur les revenus des mosquées. Les jeunes gens qui fréquentaient les medersas appartenaient presqu'exclusivement aux familles lettrées et vouées à la vie religieuse.

L'état n'avait aucune part immédiate à la direction et à la surveillance de l'enseignement. Les écoles étaient, en quelque sorte, placées sous la sauvegarde de la loi religieuse, et les munificences des fondations pieuses pourvoyaient à leur entretien. Les locaux, comme nous l'avons déjà dit, faisaient partie des biens substitués aux mosquées. Les élèves ne payaient qu'une rétribution pour ainsi dire facultative et presque toujours en nature ; l'enseignement secondaire et des hautes études était gratuit.

Après la conquête, les biens des mosquées furent réunis au Domaine, sans qu'on songeât à assurer les dépenses de l'instruction publique ; la presque totalité des écoles primaires des villes furent, par suite, abandonnées ; la même ruine frappa l'instruction secondaire, et l'enseignement supérieur s'appauvrit singulièrement.

Aujourd'hui, l'instruction, dans les tribus, est donnée par des *tolbas*. Essentiellement primaire (1er et 2e degrés), elle est placée sous la haute surveillance du Gouverneur-Général. Le service a été réglementé de manière à ce qu'on pût arriver, graduellement et sans froisser les idées des indigènes, à placer à la tête des écoles des maîtres dévoués à notre cause, et à débarrasser les tribus des instituteurs marocains et tunisiens, dont l'enseignement était un danger pour nos intérêts politiques. — Ainsi, nul musulman ne peut ouvrir une école primaire sans une permission spéciale, délivrée, en territoire militaire par les généraux commandant les divisions, et en territoire civil, par les préfets des départements. Les chefs des bureaux arabes ou départementaux, selon le territoire, sont les inspecteurs naturels des écoles : leur surveillance est incessante.

On compte environ dans les trois provinces, trente mille enfants ou adultes qui suivent les cours.

MILICES ALGÉRIENNES

Les milices algériennes ont été instituées, comme en France, pour concourir au maintien de l'ordre intérieur et de la tranquillité publique; mais elles ont une autre mission pour l'accomplissement de laquelle elles doivent se tenir constamment prêtes : c'est la garde et la conservation du sol conquis à la colonisation européenne. — Environnée d'une population indigène facile à entraîner dans des tentatives soudaines de révolte, la population coloniale ne doit pas s'endormir dans la sécurité présente : il est bon que chaque homme compte sur son courage personnel, et tout colon valide doit prévoir le cas où il serait appelé à manier un fusil et à concourir, avec l'armée, à la défense du territoire.

C'est en vertu de ce principe que les milices algériennes ont été créées.

La milice est organisée par commune dans toutes les parties du territoire où le Gouverneur-Général le juge nécessaire; son service consiste :

En service ordinaire dans l'intérieur de la commune ;

En service de détachement hors du territoire de la commune.

Elle est placée :

Dans les territoires civils : sous l'autorité des maires, commissaires civils, sous-préfets et préfets ;

Dans les territoires militaires : sous l'autorité du pouvoir militaire chargé de l'administration du pays.

Toutefois, elle peut toujours passer, en vertu d'un arrêté du Gouverneur-Général, sous le commandement de l'autorité militaire.

Le service de la milice est obligatoire pour tous les Français âgés de dix-huit à cinquante-cinq ans, qui sont reconnus aptes à ce service par les conseils de recensement ; il est également obligatoire pour les étrangers, les musulmans et les israélites qui sont admis dans la milice avec l'approbation du Gouverneur-Général, et en vertu d'arrêtés spéciaux rendus par les préfets et les généraux commandant les divisions.

Néanmoins, les causes particulières qui, en France, font exempter du service ou exclure de la garde nationale certaines catégories de citoyens, entraînent également en Algérie l'exemption ou l'exclusion de la milice dont l'organisation générale est réglée par un décret du 7 décembre 1859.

ARMÉE D'AFRIQUE.

L'armée d'Afrique se compose :

1° De régiments de toutes armes, envoyés de France, puis relevés par d'autres, après cinq ou six années de séjour ;

2°. De corps spéciaux créés dans le pays.

Les trois provinces forment autant de divisions militaires : Alger, Oran et Constantine sont les sièges de ces divisions qui comprennent un certain nombre de subdivisions, placées sous le commandement de généraux de brigade ou d'officiers supérieurs.

La province d'Alger comprend six subdivisions militaires :

Alger, Blidah, Médéah, Aumale, Milianah, Orléanville.

La province d'Oran en compte cinq :

Oran, Mostaganem, Sidi-bel-Abbès, Mascara, Tlemcen.

La province de Constantine en a quatre :

Constantine, Bône, Sétif, Batna.

Chaque subdivision comprend un ou plusieurs *cercles*, commandés par un officier supérieur; ils sont au nombre de 26 dans les trois provinces.

Durant la période de la guerre ou, pour mieux dire, sous le gouvernement du maréchal Bugeaud (1839-1847), l'effectif de l'armée fut porté jusqu'à 100,000 hommes. Depuis, cet effectif a été réduit, et le corps d'occupation, toutes armes comprises, présente environ 70,000 hommes. — L'état récapitulatif des troupes, en 1861, donnait les chiffres suivants :

État-major	(officiers et troupes)...	537
Gendarmerie	id. ...	627
Infanterie	id. ...	34,870
Cavalerie	id. ...	7,691
Artillerie	id. ...	5,763
Génie	id. ...	1,531
Troupes d'administ^{on}	id. ...	5.225
Services administratifs	id. ...	2.627
Troupes indigènes	id. ...	11,666
Condamnés militaires	id. ...	2,559

Au total, 71,096 hommes.

Les corps spéciaux se composent :

Pour la cavalerie : — de trois régiments de chasseurs d'Afrique et de trois régiments de spahis;

Pour l'infanterie : de trois régiments de zouaves, trois régiments de tirailleurs algériens, de deux régiments de légion étrangère, et d'une légion de gendarmerie.

Les régiments de tirailleurs algériens sont essentiellement formés d'Arabes, de Kabyles et de Nègres. Les officiers supérieurs et les capitaines sont tous européens; quant aux officiers subalternes et aux sous-officiers, ils sont choisis, moitié parmi les européens, moitié parmi les indigènes. — L'effectif de chacun de ces régiments est fixé à 2,000 hommes; les engagements et rengagements sont contractés par devant les fonctionnaires de l'intendance et pour une durée de quatre ans. Les tirailleurs reçoivent, dans toutes les positions, les vivres de campagne : la solde de soldat de 1re classe est fixée à 0 fr. 60 c. par jour ; celle des soldats de seconde classe, à 0 fr. 50 c. Les cadres français, sous-officiers, caporaux, soldats, tambours et clairons, reçoivent les mêmes allocations que dans les régiments de zouaves.

Les spahis, recrutés également parmi les indigènes, ont une organisation spéciale. Les trois régiments, — un par province, — sont partagés en autant de *smalas* qu'il y a d'escadrons ou de fractions d'escadron stationnés autour des postes avancés. Les smalas, établies sur des possessions domaniales, sont entourées de murs, flanqués de tourelles, et peuvent, en cas d'attaque, servir de refuge et d'abri. — Chaque cavalier reçoit, en usufruit, un lot de quatre à cinq hectares de terres labourables qu'il exploite à sa convenance. Il perçoit, en outre, une solde fixe ; — ainsi rétribué, il est aux ordres du commandement militaire, porte les correspondances d'un point à un autre, escorte les voyageurs, surveille les routes et, en temps de guerre, marche avec les colonnes.

La création des smalas est de date récente (1853) : les résultats ont pleinement justifié les espérances que le maréchal Randon avait conçues. Chaque smala est, en effet, une véritable ferme-modèle au milieu du pays arabe, et les spahis servent de moniteurs. En les voyant faire et prospérer, les indigènes apprennent, tout à la fois, à améliorer leurs troupeaux, leurs laines et leurs terres, et ils comprennent que la paix leur est plus profitable que la guerre.

La guerre d'Afrique a été pour nos soldats la meilleure des écoles : tous sont venus, à tour de rôle, tenir la campagne, et c'est à leurs persévérants efforts que nous devons la conquête et la pacification du pays : durs à la fatigue, insouciants du danger, ils sont allés du nord au sud et de l'est à l'ouest, partout où il fallait combattre ; — et c'est ainsi qu'ils ont appris à vaincre. Tels ils étaient à Staouéli, à Constantine et aux Zaatchas, tels ils furent sous les murs de Sébastopol et dans les plaines d'Italie.

Mais la guerre ne fut point toujours leur unique occupation, et il est permis d'affirmer que l'armée d'Afrique, si elle a détruit, par suite des nécessités fatales de la guerre, a édifié beaucoup plus encore : routes, barrages, puits artésiens, défrichement du sol, — elle a tout entrepris ; il n'est pas de ville ou de village dont les monuments publics, les promenades et les travaux d'art ne soient, en tout ou en partie, son œuvre propre.

Les officiers des armes spéciales ont été les dignes émules de leurs compagnons d'armes : ils ont mis au service de l'œuvre commune l'intelligence et le savoir qui les distinguent, — et c'est pour leur rendre pleine justice que nous reproduisons la page suivante de l'histoire d'Afrique :

« Le littoral algérien, a dit avec orgueil l'administration de la guerre (1855), le littoral algérien n'était connu, au moment de notre occupation, qu'au moyen de cartes marines fort incomplètes. La topographie de l'intérieur était hypothétique et présentait d'ailleurs d'immenses lacunes.

— En peu d'années, les travaux persévérants des officiers d'état-major, des officiers du génie, de la direction centrale des affaires arabes, des membres de la commission scientifique et de la section topographique du dépôt de la guerre, ont produit des cartes à différentes échelles, dont la principale est la carte d'ensemble, au *quatre cent millième*, présentant, sur un développement considérable, les villes, villages, tribus, montagnes, forêts, lacs et cours d'eau.

» D'autres cartes, dressées à des points de vue spéciaux, telles que celles des tribus indigènes, proprement dites, et celles du Sahara algérien, ont répandu une grande lumière, non-seulement sur le Tell ou le Sahara, mais aussi sur le grand Désert, de façon à guider le voyageur tenté de se joindre aux caravanes qui sillonnent cette mer de sable. En outre, il a été dressé par le service des opérations topographiques, pour faciliter l'étude des projets de colonisation et l'établissement de villages, une série de plans particuliers.

» Les points de défense du littoral, surtout Alger, Bougie et Mers-el-Kébir, ont été pourvus de fortifications, et les autres points de la côte ont été mis à l'abri de toute agression.

» Des casernes, comparables à celles de la France, ont été construites dans les principales villes, et cinquante mille soldats trouvent, en Afrique, un logement salubre. Des arsenaux, des poudrières, des magasins pour les vivres et les fourrages ont été édifiés, et les hôpitaux militaires peuvent contenir, ensemble, jusqu'à cinq mille malades.

» Ces travaux ont été exécutés par le génie militaire, et souvent, avec les bras de l'armée. — Les légions romaines n'ont pas fait mieux!... »

MARINE IMPÉRIALE.

La station navale de l'Algérie relève du ministre de la Marine et est placée sous les ordres d'un contre-amiral.

Elle se compose actuellement :

D'une frégate à roues, mise à la disposition du Gouverneur-Général ;

De six corvettes ou avisos à vapeur, chargés du service des courriers ;

D'une corvette à voiles, stationnaire dans le port d'Alger, servant en même temps d'école pour les mousses indigènes.

D'un brick à voiles sous les ordres du commandant du stationnaire ;

Et de deux balancelles chargées de la surveillance de la pêche du corail : l'une est à la Calle, l'autre à Mers-el-Kébir. — Ces deux bâtiments relèvent du Gouverneur-Général, et sont commandés par des officiers de la marine impériale, qui veillent à ce que les pêcheurs n'emploient pas d'engins prohibés et soient munis d'une patente.

Service des courriers. — Le service des courriers est installé de la manière suivante :

Les 3, 13 et 23 de chaque mois, part le courrier de Bône, faisant escale à Dellys, Bougie, Djidjelly, Philippeville et Bône ; il repart de ce dernier point, les 7, 17, 27, et de Philippeville les 8, 18, 28, à huit heures du matin. — Une fois seulement par mois, le 8, le navire touche à Collo. (Voir à la fin de l'ouvrage : *Changements survenus pendant l'impression.*)

Le courrier d'Oran part les 4, 14 et 24 de chaque mois ; il touche à Cherchell, Tenès, Mostaganem, Arzew et repart d'Oran les 9, 19 et 29, à huit heures du matin.

Un courrier spécial rattache l'Espagne et le Maroc à l'Algérie : il part le 24 de chaque mois d'Alger, fait le service ordinaire du courrier d'Oran et reste en station à Mers-el-Kébir jusqu'au 7, jour de son départ pour Nemours, Gibraltar, Tanger et Cadix. Il reste habituellement trois jours dans ce dernier port, d'où il repart le 13, et revient à Mers-el-Kébir, faisant les mêmes escales.

Le service des courriers consiste à transporter, d'un point à l'autre de la côte, les dépêches et les passagers du gouvernement ; les voyageurs du commerce y prennent également passage, mais à la condition de ne point transporter de marchandises pour ne pas faire concurrence au petit cabotage.

Les officiers-généraux et supérieurs et les fonctionnaires civils et militaires assimilés vivent à la table du commandant, quel que soit leur grade ; les officiers subalternes et les fonctionnaires employés civils assimilés sont à la table de l'état-major. — Les passagers civils doivent être munis, pour embarquer, d'un passeport en règle : ce sont les agents des postes qui leur délivrent leur passage ; ils prennent leurs repas à la table d'un pourvoyeur établi sur le navire par le service des postes. Enfin, il existe une quatrième classe de passagers, composée des voyageurs qui n'ont que le passage sur le pont, sans vivres et sans abri.

Le nombre des couchettes installées à bord est de trente ; vingt-quatre sont réservées aux officiers généraux et subalternes ou à leurs assimilés ; six sont affectées aux passagers de la poste.

Ce service est insuffisant ; il sera, croyons-nous, prochainement amélioré.

Stationnaire. — Le bâtiment stationnaire a pour mission d'arraisonner les navires de guerre qui entrent dans le port ; il signale les incendies à terre par deux coups de canon, dès qu'il en a reçu avis de la place, et donne, matin et soir, par un coup de canon, le signal de l'ouverture du port et celui de la retraite.

Deux ou trois balancelles sont annexées à ce bâtiment ; on y forme des pêcheurs indigènes.

Ecole des mousses indigènes. — C'est à bord du stationnaire qu'est installée l'*École des mousses arabes.* — Cette école, créée par le maréchal Randon, est destinée à répandre, parmi les indigènes, le goût de la navigation et à former des marins pour notre flotte.

Elle est dirigée par un lieutenant de vaisseau ; le recrutement s'opère par voie d'engagement volontaire. Les jeunes arabes doivent rester au moins deux années; ils ne peuvent quitter le navire que sur la réclamation de leurs parents et après s'être libérés envers l'État des avances que celui-ci a faites pour leur équipement. — Un professeur, instruit dans les deux langues, leur apprend à lire et à écrire correctement l'arabe et le français; les officiers du bord leur enseignent la manœuvre et l'exercice des armes. Une fois par semaine, quand le temps le permet, le brick met à la voile et va manœuvrer dans la rade.

A mesure que les mousses ont terminé leur temps d'école, on les embarque sur les bâtiments de la station : là, ils achèvent leur éducation nautique et peuvent concourir avec les français pour l'avancement.

CONCLUSION

Bien que, de sa nature, l'œuvre de la colonisation soit lente, on peut, dès à présent, se rendre compte de la distance parcourue depuis la conquête, et apprécier les difficultés déjà vaincues.

La guerre a duré vingt ans; guerre incessante, qui ne laissait à nos soldats ni trêve ni repos, et tenait nos colons sous le coup d'un danger perpétuel. Or, point de sécurité, point de travail, et les plaines restaient incultes. — A cette cause d'atonie, il s'en joignait une autre qui paralysait tous les esprits : gouvernants et gouvernés doutaient de l'avenir. L'armée, qu'aucune fatigue ne rebutait, voulait, poursuivant sa tâche, doter la France d'un empire ; c'était en vain ! Chacune de ses victoires provoquait, dans les chambres, de nouvelles protestations, et des hommes d'État, plus soucieux de nos finances que de notre gloire, demandaient l'abandon de la colonie. Ces discours, répétés par la presse, égaraient l'opinion ; les administrateurs manquaient d'initiative, et les émigrants, effrayés du tableau qu'on leur montrait, hésitaient à venir.

Grâce, cependant, à l'énergique volonté et à la persévérance du maréchal Bugeaud, la vérité se fit jour et le pouvoir, répudiant le système qu'il avait suivi jusqu'alors, entra dans une voie nouvelle. Il s'égara souvent : la route était semée d'écueils, et la patience des gouverneurs fut, plus d'une fois, mise à l'épreuve. Peu à peu, cependant la lumière s'est faite et les difficultés ont été surmontées.

La volonté du Dey était, naguère, la loi suprême ; la servitude politique et religieuse entraînait la servitude civile et domestique. Les choses, depuis, ont changé. Sous l'influence française, un grand nombre de garanties libérales ont été réalisées : la justice criminelle est rendue dans des formes déterminées, et qui sont observées avec un soin scrupuleux ; les jugements des cadis, en matières civiles, reçoivent une entière et prompte exécution ; les atteintes contre les personnes ou les choses ont diminué dans une proportion notable ; les impôts, répartis avec égalité, sont aisément perçus ; les corvées de toute nature au profit des chefs, ont été abolies ; enfin, les facilités de circulation ont été sensiblement améliorées, et par la création de routes et par la sécurité dont jouissent les indigènes aujourd'hui convaincus que, durant leur absence de la tribu, l'autorité surveille et protége leurs intérêts. Dans cette situation toute nouvelle, la production a graduellement augmenté et la consommation de nos produits manufacturés a pris une grande importance.

Les conditions sociales du peuple arabe n'ont point tardé à s'améliorer, et l'individu lui-même a progressé, quoique d'une manière moins appréciable. Ainsi, des notions plus exactes sur le juste et l'injuste ont été répandues ; les indigènes perdent l'habitude de se faire justice et portent volontiers leurs griefs devant nos tribunaux ; on peut même affirmer qu'il se produit parmi les arabes un certain besoin d'apprendre et que la tolérance religieuse commence à naître parmi eux.

La situation des colons s'est également améliorée et tend, chaque jour, à progresser encore. Les premiers émigrants n'étaient peut-être que des chercheurs d'aventures : de là leurs impatiences et leurs mécomptes ; mais la génération qui s'élève est franchement algérienne ; elle a pris possession du sol dont elle a fait sa chose; elle travaille avec courage et vit de son labeur. Qu'elle persévère, et, — avant un quart de siècle, — la France possèdera, à quarante-huit heures de Marseille, la plus riche et la plus belle des colonies!

DICTIONNAIRE
GÉOGRAPHIQUE
DE L'ALGÉRIE

DICTIONNAIRE GÉOGRAPHIQUE DE L'ALGÉRIE

A

Aboukir (dép. d'Oran, ch.-l. de com.), village à 13 kil. de Mostaganem et à 77 kil. d'Oran, sur la route de Mostaganem à Mascara; pop. europ. 233. — Église, mairie, presbytère, écoles de garçons et de filles. — Terres fertiles, eaux abondantes; vignes et mûriers, céréales, tabac et coton; fourrages. — Commerce de bétail, de volaille et de légumes frais.

Affreville (dép. d'Alger, sect. de Milianah), village à 6 kil. de Milianah, sur les rives de l'Oued-Boutan, au bord de la plaine du Chélif; pop. europ. 120. — Pays fertile, mais fiévreux; céréales, vignes. — Marché arabe tous les jeudis.

Affreville, ainsi nommé en mémoire de Mgr. Affre, archevêque de Paris, tué aux journées de juin 1848, a été bâti sur l'emplacement de l'ancienne cité romaine *Colonia augusta*.

Aïn-Arnat (dép. de Constantine, com. de Sétif), à 10 kil. de Sétif et à proximité de la route d'Alger; pop. europ. 84. — Ce village a été construit par la *Compagnie suisse*; l'État y a bâti un temple protestant, un presbytère, une maison commune; école et salle d'asile; une fruiterie, un four banal, une fontaine maçonnée; lavoir et abreuvoir. — Érigé en chef-lieu de comm. par décret du 23 août 1861.

Aïn-Barbar (dép. de Constantine, arr. de Bône), groupe de maisons au pied du Chaïba, près de la route de Bône à Philippeville. — Mines de cuivre, zinc et plomb, actuellement exploitées.

Aïn-Beïda (dép. d'Alger, com. et sect. de la Rassauta), ham. à 30 kil. d'Alger, à l'Est du cap Matifou; pop. europ. 56. — Fontaine et bassins. — Céréales.

Aïn-Beïda-Kebira (prov. de Constantine), village à 100 kil. de Constantine, sur la route de Tebessa; pop. 542 hab. — Centre de commandement d'un cercle établi, depuis 1854, au milieu de la tribu des Haractas. — Bureau arabe, maison de kaïd et caravansérail. — Smala de spahis. — Chapelle, synagogue pour les juifs. — Bur. de poste; marché arabe tous les mercredis et les dimanches. — Prendra de l'extension; la pierre à chaux et à bâtir se trouve sur les lieux; une source, dont l'eau est d'excellente qualité, débite 400 litres à la minute.

Aïn-Boudinar (dép. d'Oran, ann. de la com. de Pelissier), ham. à 8 kil de Pelissier et à 12 kil. de Mostaganem; pop. europ. 163. — Église et école mixte; fontaine, abreuvoir et lavoir publics. — Céréales, vignes; jardins bien cultivés.

Aïn-el-Arba (dep. et arr. d'Oran), ham. situé dans la plaine de Meleta; pop. 110. —

Les terres sont de bonne qualité, mais il y a beaucoup de défrichements à faire.

Aïn-el-Bey (prov. de Constantine), à 13 kil. de Constantine, sur la route de Batna. — Caravansérail. — Pénitencier pour les indigènes.

Aïn-Guerfa (dép. de Constantine), ham à 19 kil. de Constantine, à gauche, sur l'ancienne route de Batna, dans la vallée du Bou-Merzoug; pop. 15.

Aïn-el-Khemis (prov. d'Oran, subdiv. de Sidi-bel-Abbès), groupe de fermes situées dans la plaine de Thessala. — Sol fertile. — Ferme annexe de l'orphelinat de Misserghin; une concession de 500 hect. y est affectée; elle comprend des bâtiments pour le logement des Frères et d'une quarantaine d'orphelins, une chapelle, un moulin à vent, une noria, un grand et magnifique jardin fruitier et des terres ensemencées en céréales ou réservées pour le paccage.

Aïn-el-Turck (dép. et arr. d'Oran), ham. à 16 kil. d'Oran, sur le bord de la mer; pop. europ. 385. — Céréales, vignes. — Point d'eau courante; un puits public alimente une fontaine avec abreuvoir et lavoir; l'alimentation des particuliers et le service des irrigations se font au moyen de 28 puits particuliers et de 3 norias. — Les Espagnols qui y résident font, au moyen de l'extraction ou de la coupe de l'alpha, un commerce assez important de sparterie pour cordages, paniers ou corbeilles.

AÏN-KHIAL (dép. et arr. d'Oran), sur la route d'Oran à Tlemcen, à 80 kil. d'Oran ; pop. europ. 46, ind. 0. — Fontaine et abreuvoir. — Pas de bois. — Les colons s'adonnent simultanément à la culture des céréales, à la récolte du foin sur les prairies naturelles qui sont fort communes dans la localité, et à l'élevage des bestiaux.

AÏN-KSEB (prov. de Constantine), caravansérail entre Jemmapes et Guelma.

AÏN-MADHI (prov. d'Alger, subdiv. de Médéah), à 60 kil. O. de Laghouat. — Ville arabe, défendue par une muraille de 8 mètres de haut sur 2 d'épaisseur. — Les indigènes, bien que relevant de l'autorité française, se considèrent comme les sujets d'une famille de Marabouts, celle des Tedjini.
Attaquée en 1838, par l'Émir Abd-el-Kader, elle fut prise par trahison, après un siége de huit mois.

AÏN-MOKHRA (divis. de Constantine, subdiv. et cercle de Bône), ham. et caravansérail sur la route de Bône à Jemmapes, près du lac Fezzara. — Riches mines de fer.

AÏN-NOUISSI (dép. d'Oran, arr. de Mostaganem, com. de Rivoli), village à 16 kil. de Mostaganem et à 8 kil. de Rivoli, au débouché de la route de Mascara, dans la plaine de l'Habra ; pop. europ 234. — Bonnes terres ; nombreuses plantations d'arbres fruitiers ; pépinières.

AÏN-SEFIA (dép. de Constantine, arr. de Sétif), ham. à 2 kil. de Sétif, dans une excellente position ; une source abondante forme un ruisseau qui développe la végétation sur son parcours ; pop. 44. — Les propriétaires se livrent principalement à l'élève du bétail. — Commerce avantageux et facile, en raison de la quantité des herbages et de la proximité de Sétif.

AÏOUN-SEBAA (dép. d'Alger, distr. d'Aumale, ann. de GueltZerga), ham. à 7 kil. d'Aumale. — Création récente.

AÏN-SIDI-CHÉRIF (dép. d'Oran, ann. de la com. d'Aboukir), ham. à 4 kil. d'Aboukir et à 18 kil de Mostaganem; pop. europ. 182. — Ecole mixte. — Vignes et céréales ; plantations nombreuses et bien entretenues. — Eaux bien aménagées, suffisantes aux besoins des hommes et des irrigations.

AÏN-SMARA (dép de Constantine), ham. à 19 kil. de Constantine, sur la route de Sétif ; pop. europ. 80. — Peu cultivé; bien que les terres soient fertiles, le territoire est d'un aspect pauvre et aride. — La fièvre y sévit avec violence pendant la chaude saison.

Aïn-Soffra (prov. d'Oran, subdiv. de Sidi-bel-Abbès), groupe de fermes situées dans la plaine du Thessala. — Sol très fertile, eaux abondantes ; salubrité parfaite.

Aïn-Soltan (dép. d'Alger, com. de Milianah), village à 16 kil. de Milianah ; pop. europ. 206. — Mairie, église, écoles, fontaines, lavoirs publics ; canal de desséchement, terres riches, parfaitement cultivées.

Aïn-Tasta (dép. d'Alger, distr. d'Aumale, ann. de Guelt-Zerga), ham. à 7 kil. d'Aumale. — Récemment créé.

Aïn-Tédelés (dép. d'Oran, ar. de Mostaganem), village à 20 k. de Mostaganem, sur un plateau qui descend vers la vall. du Chéliff ; pop. eur. 449. — Rues larges et bordées de trottoirs ; pépinières ; église ; maison commune ; campagne fertile et bien cultivée ; céréales, vignes, etc. — Marché arabe tous les lundis.

Aïn-Temouchent (dép. et arr. d'Oran), à 70 kil. d'Oran, sur la route de Tlemcen ; pop. europ. 1,100. — Commissariat civil, bureau de poste, caserne, poste de gendarmerie, place et jardins publics plantés de beaux arbres, fontaines publiques dont les eaux sont excellentes ; marché arabe tous les jeudis : les habitants s'y approvisionnent d'animaux et de denrées. — L'élevage des bestiaux procure des bénéfices très encourageants aux colons qui se livrent à cette industrie. — Quatre moulins à eau ; un moulin à vent ; fabrique de poterie, tuilerie et briqueterie. — Le village a, comme ressource pour les cultures et le fonctionnement des moulins, deux petits cours d'eau *l'Oued-Temouchent* et *l'Oued-Senam,* d'un débit moyen de trente litres à la minute, et dont la jonction est au pied même de la ville.

Aïn-Temouchent a été bâtie, en 1851, sur les ruines d'une ville romaine appelée par Pline *Oppidum Timici.* Les pierres de taille qui couvraient le sol servirent aux travaux militaires ou particuliers ; mais le service du Génie se réserva tout ce qui, provenant des fouilles, pouvait intéresser l'art. C'est ainsi qu'on a pu mettre de côté un certain nombre d'inscriptions lapidaires et quelques autres objets non moins précieux pour la science archéologique.

Aïn-Taïa (dép. et arr. d'Alger, com. de la Rassauta), village à 31 kil. d'Alger, à l'E. du cap. Matifou ; pop. europ. 330. — Terres fertiles, bien cultivées ; nombreuses plantations d'arbres ; maison commune, église, fontaine publique et abreuvoir. — Aux environs, fermes en plein rapport.

Aïn-Trid (prov. d'Oran, subd.

de Sidi-bel-Abbès), groupe de fermes situées dans la plaine du Thessala. — Territoire propre à la grande culture et à l'élève des bestiaux.

ALÉLIK (dép. de Constantine, arr. et ann. de Bône), ham. à 6 k. de Bône; pop 110. — Dépôt d'étalons. — Usine importante où l'on traite les minerais de fer qui fournissent une fonte aciéreuse d'une excellente qualité.

ALGER, ville et port maritime, siège du Gouvernement-Général, chef-lieu du département et de la division militaire d'Alger, à 1644 kilomètres de Paris, et à 800 kil. de Marseille.

Alger, — capitale de l'Algérie, — est bâtie en amphithéâtre sur les flancs d'un contre-fort du mont Bouzaréah : son sommet est sur une hauteur que couronne la Casbah; sa base touche à la mer. A droite et à gauche s'étendent les vastes campagnes de Saint-Eugène et de Mustapha, que dominent les croupes mamelonnées du Sahel. — La ville est entourée de fortifications qui la protégent contre toute attaque du dehors. Le port, admirablement défendu par de puissantes batteries, et éclairé par un phare à éclipses, a une superficie de 90 hectares : il peut contenir 40 bâtiments de guerre et 300 navires de commerce de 100 à 150 tonneaux.

La partie haute de la ville a conservé, à très peu de chose près, le cachet original qu'elle avait du temps des Turcs : les rues y sont étroites, tortueuses et on n'y voit guère que des maisons mauresques. C'est là qu'habitent les Arabes, les Nègres et la presque totalité des Juifs. — La partie basse est toute française : la rue de la Marine qui conduit du débarcadère à la place du Gouvernement, celles de Bab-el-Oued, de Bab-Azoun et de Napoléon sont larges, tirées au cordeau et bordées d'élégantes maisons; toutes ont des arcades; elles forment avec la rue d'Isly, nouvellement percée, les grandes artères de la ville. — Le boulevard de l'Impératrice, qui doit longer les quais, est en voie d'exécution.

Les places principales sont : celle du Gouvernement, d'où l'œil embrasse un immense panorama et que décore la statue équestre du duc d'Orléans; celle de Bab-el-Oued, au pied de laquelle est un établissement de bains de mer; celle de Chartres où se tient le marché principal; celle du théâtre et celle d'Isly, au centre de laquelle est la statue en pied du maréchal Bugeaud.

Parmi les principaux monuments, nous citerons : le palais du Gouverneur-Général, l'hôtel du Sous-Gouverneur, la mairie, l'évêché, la bibliothèque et le musée, établis dans une maison mauresque d'une architecture intérieure remarquable; la cathédrale, non encore achevée; le temple protestant et la grande mosquée;

la prison cellulaire, les casernes, la fontaine de la Marine, le théâtre. Un jardin zoologique a été nouvellement créé et forme une dépendance du jardin Marengo, la seule promenade que possède Alger.

Les hôtels sont nombreux ; on cite comme les plus recommandables : l'hôtel d'Europe, l'hôtel de la Régence, l'hôtel d'Orient et l'hôtel de Paris.

Tous les services publics, sans exception, qu'ils relèvent de l'administration civile ou de l'administration militaire, ont à Alger leur personnel et leurs bureaux : justice, cultes, armée, instruction publique, trésor et postes, enregistrement et domaines, travaux publics et institutions de crédit, etc., etc. Mais ce que nous avons dit aux chapitres précédents nous dispense de donner une énumération plus fastidieuse qu'instructive, et nous n'ajouterons que peu de mots : Alger, avec son port, ses maisons mauresques, ses vastes bazars, ses mosquées aux blanches coupoles, est une des villes les plus curieuses qu'on puisse voir. Les indigènes, dans leur orgueil naïf, l'appellent l'incomparable ; les Européens s'y plaisent et s'y laissent aller doucement à la vie contemplative, les valétudinaires y viennent d'outre-mer chercher sous ce ciel béni le soleil qui doit raviver leurs forces ; les phthysiques eux-mêmes s'y sentent vivre, et on ne s'y sent pas mourir.

Alger fut fondé, dit-on, par les compagnons d'Hercule ; les Romains, qui l'occupèrent plus tard, lui donnèrent le nom d'*Icosium* et en firent la capitale de la Mauritanie césarienne. Prise et détruite par les Vandales, puis, bientôt après rééditiée, elle devint, sous la domination arabe, une ville importante. Pour surveiller les habitants qui se livraient à la piraterie, les Espagnols, commandés par Pierre de Navarre, s'emparèrent d'un des îlots qui avoisinent la place et y élevèrent une forteresse (Pégnon) armée de batteries (1510).

Vers cette époque, un chef d'aventuriers, Aroudj, — dont les historiens du XVIe siècle ont fait Barberousse, — se rendit maître d'Alger, puis de toutes les villes de l'intérieur, et fonda la Régence dont Kaïr-ed-Din, son frère et successeur, offrit la suzeraineté au sultan de Constantinople. L'armée fut dès-lors exclusivement composée de Turcs et de renégats, habitués à vivre de brigandages, et Alger, érigée en capitale des Etats Barbaresques, devint le foyer de la piraterie. — La Méditerranée, incessamment parcourue par ces écumeurs de mer, n'offrait aux navigateurs aucune sécurité et les puissances européennes tentèrent plus d'une fois, mais inutilement, de mettre ordre à cet état de choses. Alger semblait être imprenable ; chaque nouvelle guerre tournait à son profit et à sa gloire ; exemples :

Un général espagnol, Diégo

de Véra, se présente avec 10,000 hommes et attaque la place; après un combat de quelques heures, ses troupes se débandent et regagnent précipitamment leurs vaisseaux (1515).
— Hugo de Moncade, vice-roi de Sicile, obéissant aux ordres de Charles-Quint, débarque avec 7,000 hommes (1518). A peine a-t-il pris position, qu'une tempête jette ses navires à la côte, et il est forcé de se retirer en abandonant aux Turcs un matériel immense. — Plus tard (1520), le Pégnon, qui se dressait comme une menace perpétuelle devant les Algériens, est pris par la milice, malgré la défense héroïque de Martin de Vargas. — Jaloux de le venger, Charles-Quint se présenta devant la ville à la tête d'une armée de 24,000 hommes (1541) : il avait avec lui l'élite de ses troupes et ne doutait point de la victoire. Cependant, une horrible tempête dispersa sa flotte et il dut fuir en toute hâte, après un combat désastreux.

La France fut plus heureuse que l'Espagne : le duc de Beaufort détruisit la marine algérienne (1665); — Duquesne (1682-1683) et après lui M. de Tourville (1685), canonnèrent Alger et la brûlèrent en partie; — trois ans après, et pour punir une nouvelle insulte, le maréchal d'Estrées jeta dans la ville près de dix mille bombes (1688). — Ces représailles donnaient à notre honneur national une apparente satisfaction; mais elles ne modifiaient en rien la situation : Alger était, en effet, aussitôt réédifiée, et les habitants continuaient leurs pilleries. Les Espagnols, qui avaient particulièrement à en souffrir, tentèrent un nouveau débarquement, sous les ordres du général O'Reilly (1774); cette fois encore ils furent défaits. Lord Exmouth les vengea plus tard (1816), en incendiant la marine algérienne; mais il n'était point de retour à Londres, que les corsaires avaient une flotte nouvelle et ravageaient les côtes. — L'heure était proche, cependant, où le gouvernement français, à bout de patience, allait purger la Méditerrannée.

La prise d'Alger fut décidée par le ministère Polignac; les motifs qui provoquèrent cette détermination sont aujourd'hui si peu connus, que nous croyons devoir les rappeler.

Vers la fin du siècle dernier, le mauvais état de nos récoltes força le gouvernement de la République à demander au dey d'Alger l'autorisation d'acheter des blés dans la Régence. Le dey s'y prêta de bonne grâce, et les juifs Busnach et Bacri expédièrent à Marseille, de 1793 à 1798, des fournitures de céréales dont le prix peut être évalué à quinze millions de francs.

Les premières livraisons furent soldées en monnaie métallique; mais lorsque les assignats devinrent la monnaie légale de la France, les créanciers protestèrent contre ce mode de paiement et réclamèrent une indemnité considérable. En droit, ils avaient raison; mais ils surchargèrent leurs mémoires en y ajoutant des intérêts usuraires, et les négociateurs français, chargés de liquider leur compte, exigèrent une diminution notable, « attendu que les dernières fournitures se composaient entièrement de blés avariés. » — On ne put s'accorder, et l'affaire resta pendante.

Cependant, sur les réclamations réitérées du dey d'Alger, personnellement intéressé dans les fournitures, on signa, en 1804, une convention dont l'un des articles était ainsi conçu :

« Son Excellence le dey d'Alger s'engage à faire rembourser toutes les sommes qui pourraient être dues à des Français par ses sujets, comme le citoyen Dubois-Thinville prend l'engagement, au nom de son gouvernement, de faire acquitter toutes celles qui seraient légitimement réclamées. »

Il fallait procéder à une liquidation difficile ; mais le gouvernement français, dont l'attention était ailleurs, se borna à donner, de temps à autre, de faibles à comptes. Vint la Restauration : Louis XVIII chargea M. Nicolas Pléville d'apurer le compte des Algériens et de s'entendre à ce sujet avec leur fondé de pouvoirs. — On arrêta à sept millions de francs la dette de la France (28 octobre 1819), et il fut stipulé que cette somme serait payée par douzièmes, à dater du 1er mars 1820.

Mais il fut expressément convenu (art. 3) « que les sujets français qui auraient eux-mêmes des réclamations à faire valoir contre les sieurs Busnach et Bacri, pourraient mettre opposition au paiement, et qu'une somme égale au montant de leurs réclamations serait tenue en réserve jusqu'à ce que les tribunaux français eussent prononcé sur le mérite de leurs titres de créance. »

Or, en vertu de cet article, des négociants de Marseille, qui avaient fait à Busnach et Bacri de fortes avances, produisirent leurs réclamations et demandèrent la retenue du montant de leurs créances, dont le chiffre s'élevait à 2,500,000 fr. — Le trésor paya donc aux juifs algériens une somme de 4,500,000 f. et, suivant l'usage, versa le complément à la caisse des dépôts et consignations. — Le dey, instruit de cette mesure, dépêcha immédiatement à Paris un envoyé extraordinaire présenter ses doléances : il était, disait-il, créancier du sieur Bacri et réclamait, comme lui appartenant en propre, la somme consignée par le trésor ; en outre, il exigeait le remboursement d'une somme de deux millions, perçue, affirmait-il, par notre consul général « pour prix de bons offices que ce dernier avait rendus à Bacri, actuellement en prison. » On répondit que les tribunaux étant saisis de l'affaire, le gouvernement ne pouvait intervenir sans dépasser ses pouvoirs.

Cette réponse n'était point de nature à satisfaire Hussein-Dey : il s'emporta contre la cour de France, se prétendit lésé dans ses intérêts et demanda à plusieurs reprises qu'on lui envoyât les créanciers privilégiés, pour qu'ils eussent à lui justifier de la validité de leurs créances ; à ce sujet même, il écrivit au ministre des affaires étrangères, au président du conseil et au roi une lettre tellement hautaine, que M. le baron de Damas ne crut point devoir y répondre officiellement ; il donna l'ordre au consul de s'expliquer verbalement avec le chef de la Régence.

Toutes ces lenteurs irritaient Hussein-Dey ; il se plaignait avec amertume et se déchaînait contre M. Deval, notre consul, en termes des plus injurieux : un jour vint où, dans le paroxisme de sa fureur, il perdit toute mesure.

C'était à l'époque des fêtes du Beyram : les consuls de toutes les nations s'étaient rendus au palais pour complimenter le dey. M. Deval était à peine introduit, qu'Hussein l'interpella :

— Avez-vous à me remettre une lettre de votre Souverain ?

— Votre Altesse sait bien, répondit M. Deval, que le roi de France ne peut correspondre avec le Dey d'Alger.

Hussein se leva furieux, l'injure à la bouche, il invectiva le consul et s'oublia jusqu'à le frapper au visage avec un chasse-mouches.

L'injure était grave... M. de Damas enjoignit à M. Deval de cesser tout rapport officiel avec la Régence ; une division de six bâtiments de guerre, sous les ordres du capitaine Collet, se présenta bientôt après devant Alger (juin 1827) : le capitaine devait exiger une éclatante réparation de l'outrage fait à la France en la personne de son consul ; il notifia sa mission en termes énergiques et pressants; mais Hussein se riait de nos menaces, et il repoussa toute ouverture d'accommodement. M. Deval et les Français résidant à Alger s'embarquèrent le lendemain. — Aussitôt après leur départ, injonction fut faite au bey de Constantine de détruire de fond en comble le comptoir de La Calle et nos autres établissements : ce fut la réponse d'Hussein à la signification du chef de notre escadre.

A dater de ce moment, un blocus rigoureux fut établi devant Alger. On comptait appauvrir ainsi la ville et provoquer une révolution ; mais Alger tirait ses subsistances de l'intérieur et la milice était toute dévouée au chef de l'Odjac. Aussi le blocus, qui coûtait à la France sept millions par an, fut-il absolument illusoire. On le comprit ; et comme il fallait sortir d'un *statu quo* ruineux, n'osant faire la guerre, on ne trouva rien de mieux que de s'adresser à Méhémet-Ali.

Des négociations furent donc ouvertes entre le gouvernement français et le pacha d'Egypte (1830) : Méhémet s'engageait à prendre possession des trois Régences, à détruire la piraterie et à abolir l'esclavage des chrétiens. Il gouvernerait au nom du sultan et lui paierait tribut. La France devait fournir les subsides nécessaires à l'expédition. Mais on ne pouvait conclure sans l'assentiment des puissances européennes. La Porte, prévenue par notre ambassadeur, ne témoigna ni mécontentement ni inquiétude, bien qu'elle fût particulièrement intéressée dans la question; la Prusse et la Russie donnèrent à ce projet leur entier assentiment; l'Autriche se borna à présenter quelques objections; l'Espagne applaudit des deux mains; la cour de Londres seule protesta, et il fut impossible de vaincre sa résistance: la France dut renoncer à cette combinaison et agir par elle-même.

Le blocus fut maintenu : M. le comte de la Bretonnière, capitaine de vaisseau, remplaça dans le commandement de l'escadre le vice-amiral Collet, qui venait de mourir, et serra de près la ville. Bientôt, cependant, de faux avis donnèrent à penser que la chef de l'Odjac désirait la paix. M. de la Bretonnière reçut mission de se rendre auprès du Dey et d'entamer, s'il était possible, de nouvelles négociations. Le capitaine montait la *Provence*, il était accompagné de M. Bianchi, secrétaire-interprète, et de M. de Nerciat, commandant du brick l'*Alerte*. A leur arrivée (30 juillet 1829), ils furent conduits par le consul de Sardaigne, comte d'Attili, chez le ministre des affaires étrangères et de la marine. — Le lendemain, MM. de la Bretonnière et d'Attili furent reçus par Hussein-Dey.

L'entrevue dura trois heures : le représentant de la France exposa l'objet de sa démarche, énuméra les griefs dont il exigeait le redressement, et déploya dans cette circonstance difficile autant d'habileté que d'énergie. — Le dey l'écouta patiemment, puis demanda 24 heures pur réfléchir

Une seconde conférence fut fixée au 2 août. Là, M. de la Bretonnière renouvela ses arguments : conseils et menaces, tout fut inutile ; le dey ne voulut point céder : il déclara que, se trouvant lui-même offensé, il entendait, non faire des excuses, mais en recevoir ; que si la France désirait la paix, il était prêt à la signer, mais à la condition formelle qu'on lui rendrait, sans retard, la somme par lui réclamée, et qu'on l'indemniserait, en outre, des pertes occasionnées à la Régence par la longueur du blocus.

M. de la Bretonnière regagna son vaisseau et attendit jusqu'au lendemain pour mettre à la voile. Le 3 août l'*Alerte* appareilla et sortit de la baie; la *Provence* leva ses ancres...

Alors eut lieu un acte incroyable de sauvagerie :

Tandis que la *Provence* louvoyait pour gagner le large, un coup de canon chargé à poudre partit de la batterie du Fanal. A ce signal, donné, s'il faut en croire les Arabes, par le ministre même de la Marine, les batteries de la ville et du môle répondirent par une décharge générale. Le vaisseau français, bien que portant au grand mât le pavillon parlementaire, devint le point de mire des canonniers algériens, et plusieurs boulets l'atteignirent, qui, heureusement, ne blessèrent personne, mais causèrent de nombreuses avaries à la voilure et au gréement.

A cette attaque imprévue, véritable guet-apens que le fanatisme le plus exalté ne saurait faire pardonner, les équipages de la *Provence* et de l'*Alerte* s'élancèrent à leurs pièces : officiers et soldats, tous demandaient à combattre. M. de la Bretonnière sut néanmoins les contenir. Décidé à ne point compromettre son caractère de parlementaire, il commanda à sa propre indignation et continua sa route. — De retour en France, il exposa brièvement au roi l'attaque dont il avait été l'objet. Charles X, dont la patience était à bout, renonça à toute idée de conciliation : la guerre fut décidée ; — on sait le reste. (Voy. art. S*idi-Ferruch* et *Staouéli*.)

ALMA(l') (dép. d'Alger, village érigé récemm. en comm., sur la route d'Alger à Dellys, près des rives du Boudouaou ;. pop. europ. 98, ind. 3. — Terres généralement bonnes; très pro-pres à la culture de la vigne. — A été longtemps insalubre, mais s'améliore. — Fut le théâtre d'un brillant combat : 900 fantassins et 45 cavaliers, sous les ordres du commandant De la Tone, repoussèrent et mirent en fuite près de 6,000 arabes (25 mai 1839).

AMEUR-EL-AÏN (dép. d'Alger, arr. de Blidah, com. et ann. de Marengo), village à 24 kil. de Blidah et à 14 kil. de Marengo ; pop. europ. 235. — Chapelle, fontaine, abreuvoir et lavoir ; belles plantations d'arbres le long des avenues. — Céréales et vignes.

AMMI-MOUSSA (div. d'Oran, subd. de Mostaganem), ham. et chef-lieu de centre, à 106 kil. de Mostaganem et à 24 kil. de la route qui relie Orléansville et Relizane; pop. europ. 64, ind. 64. Le village, situé à 33 mètres au-dessus de l'*Oued-Riou*, est abrité des vents du S. par un fort qui le domine. — Climat salubre. — Pépinière. — Station d'étalons. — Deux moulins à manége, terres médiocres. — Marché où se réunissent tous les jeudis, près de 1,200 arabes. — Il existe dans les environs plusieurs sources thermales.

Ammi-Moussa est une position stratégique et se trouve dans des conditions agricoles assez pauvres.

AMOURAH (div. d'Alger, subdiv. de Médéah), village arabe à 24 kil. de Médéah et à 34 kil.

de Milianah, à la jonction de la ligne ferrée qui doit relier Alger au chemin de fer à établir entre les deux autres provinces. L'administration projette d'y créér un centre agricole. Les études sont terminées.

Arbah (l') (dép. d'Alger, ch.-l. de com.), village à 32 kil. d'Alger; population europ. 604 hab. — Rues et places publiques bordées d'arbres. — Orangeries importantes, riches cultures en céréales et en tabacs, arrosées par l'Oued-Djemmah. — Eglise, mairie. — Deux beaux moulins à farine et deux distilleries. — On a découvert près du village une mine de fer d'une grande richesse.

Arcole (dép. d'Oran, com. de Sidi-Chami), ham. à 5 kil. d'Oran; population europ. 158 habitants. — Eglise, presbytère, école et asile. — Puits, abreuvoir et lavoir pub.; point d'eau courante; terres fertiles arrosées à l'aide de norias; cultures du coton, du tabac et de la garance, mais particulièrement des céréales.

Arzeu (dép. d'Oran, ch.-l. de comm.), ville et port maritime, à 37 kil. d'Oran; pop. européenne, 1,050. — Mairie, église, écoles de garçons et de filles, salle d'asile; caserne, pavillon d'officiers, ambulance; grands ouvrages militaires et maritimes; sol fertile, propre à la culture des céréales, du tabac, de la vigne et du coton; point d'eau courante ni d'eau potable. — Arzeu a eu un moment de prospérité (1848); mais, pour des causes qu'il serait difficile de préciser, la population s'est retirée en masse et grand nombre de maisons tombent en ruines. — Cet état de choses ne saurait durer; Arzeu occupe en effet, une situation exceptionnellement bonne, et, tôt ou tard, elle prendra le rang qu'elle doit occuper. Nous citerons à l'appui de nos dires l'opinion d'un homme dont on ne récusera point la compétence: « La rade d'Arzeu, dit M. Lieussou, est la meilleure de la côte d'Algérie, celle du moins qu'on peut le plus facilement approprier aux besoins d'un grand commerce. Elle a derrière elle les riches vallées du Sig, de l'Habra, de la Mina et du bas Chélif; elle est l'entrepôt naturel de Relizane, de Mascara et de Sidi-bel-Abbès. Elle communique avec le Sahara oranais par Mascara, Saïda et Géryville, plus facilement que tout autre point de la côte; elle paraît naturellement appelée à centraliser le commerce d'exportation des immenses plaines qui l'entourent et le transit qui s'établira, par le Sahara oranais, entre l'Europe et l'intérieur de l'Afrique... Sans routes carrossables et sans aiguades, Arzeu n'est encore qu'une impasse, qu'un lieu de relâche pour les navires que le mauvais temps chasse de Mostaganem; mais les caractères nautiques de sa rade et la topographie générale de la province d'Oran lui assignent le premier rang parmi les ports marchands de la région ouest de l'Algérie. Les intérêts particuliers d'Oran et de Mostaganem pourraient retarder longtemps encore son développement, mais ils ne prévaudront pas contre les intérêts généraux du commerce. Ce qui existe en Algérie est bien peu de chose par rapport à ce qui sera. Le jour où un réseau de chemins de fer pourra être établi dans la province d'Oran, on reconnaîtra que Arzeu est le seul port qui puisse devenir la tête de ce réseau, et l'artère qui aboutira sur cette rade deviendra la principale. »

Mais si l'avenir est gros de promesses, le présent est plein de déceptions. Les habitants se livrent à la pêche, à la coupe de l'alfa pour ouvrages de sparterie et à l'extraction du sel qui se cristallise par l'évaporation dans les salines d'Azi-Bazin, à 14 kil. sud du port. Ce sont là leurs seules industries et elles sont peu lucratives.

Arzeu fut occupée par les Romains, sous le nom d'*Arsenaria*, elle fut détruite par les Arabes, lors de leur invasion en Afrique, puis relevée par les rois de Tlemcen. Sous les Turcs, sa rade fut le principal port d'exportation de la province. Pendant la guerre d'Espagne, il en est parti plus de 300 navires par an, chargés de grains et de bestiaux pour l'armée anglaise; en 1834, plus de 100 navires vinrent s'y charger d'orge et de blé. — Le général Desmichels s'en empara le 4 juillet 1833; mais, aux termes du traité qu'il conclut avec l'Emir (26 février 1834), la ville fut replacée sous l'autorité du chef arabe. Peu après, la guerre recommença; Arzeu fut de nouveau occupée par nos troupes, puis fut définitivement acquise à la France par le traité de la Tafna (30 mai 1837).

Assi-Ameur (dép. d'Oran, annexe de Fleurus); ham. à 3 kil. de Fleurus; population europ. 189. — Mairie, école pour les filles, salle d'asile. — Terres bien cultivées; plantations publiques bien entretenues; pas d'eau courante: un noria alimente un lavoir et un abreuvoir pour les besoins publics; 16 puits particuliers fournissent aux besoins des ménages et des animaux.

Assi-ben-Ferréah (dép. d'Oran, com. de St-Louis); ham. à 2 kil. de St-Louis; pop. 183 hab. — Ecole mixte et asile; plantations publiques assez belles; vignes et céréales; point d'eau courante; puits particuliers.

Assi-ben-Okba (dép. d'Oran, com. de Fleurus), ham. à 4 kil. de Fleurus, sur la route d'Oran à Mostaganem; pop. europ. 210 hab. — Eglise, mairie, école pour les filles et salle d'asile. — Terres assez bonnes; céréales, légumes, vignes; point d'eau courante, puits particuliers, noria qui fournit une eau bonne et suffisante aux besoins de tous.

Assi-bou-Nif (dép. d'Oran, com. de Fleurus), ham. à 6 kil. de Fleurus; pop. europ. 245 hab. — Eglise, mairie, école et salle d'asile. — Terres médiocres; céréales et arbres fruitiers; point d'eau courante; noria et puits particuliers.

Aumale (dép. et arr. d'Alger), ch.-l. de subdivision militaire; commis. civil; à 128 kil. d'Alger, entre Sétif et Médéah; pop. européenne 1047 habitants. — Mairie, justice de paix, églises, casernes d'inf. et de cav., vastes magasins, hôp. mil., télégraphe et direct. des postes; station d'étalons. — Cultures, céréales et vignes, pépinière. — Pierre à chaux, plâtre, terre à briques. — Nombreux moulins à farine qui desservent les tribus environnantes; marché arabe tous les dimanches.

Aumale est essentiellement une position militaire; les Romains y fondèrent un établissement (*Auzia*); les Turcs y construisirent un fort (*Sour-Ghozlan*).

Azib-Zamoun (division d'Alger, subdiv. et cer. de Dellys), caravansérail à l'embranchement des routes d'Alger à Dellys et à Fort-Napoléon, par Tizi-Ouzou. — Quelques européens s'y sont établis. — L'administration projette d'y créer un centre agricole.

B

Baba-Hassen (dép. d'Alger, arr. de Douéra), ham. de 50 feux, à 3 kil. de Douéra, à 27 kil. d'Alger et à 500 mètres de la route d'Alger à Blidah; pop. europ. 182. — Eaux abondantes; terres fertiles; riches cultures en tabac, vignes et oliviers. — Est en pleine voie de prospérité.

Barral (dép. de Constantine, arr. de Bône), sur la rive gauche de la Seybouse, à 6 kil. de Mondovi et à 30 kil. de Bône; pop. 303 hab. — Sol fertile et bien cultivé; cérales, tabac. — Elève et engraissement du bétail.

Batna (dép. de Constantine, ch.-l. de sub. mil. commiss. civ., à 120 kil. de Constantine; pop. 1786 hab. dont 500 ind. — Ville toute française, avec rues spacieuses et tirées au cordeau; fondée en 1844. — Elle est située sur l'Oued-Batna, au milieu d'une vaste plaine qu'environne, au nord, sur un périmètre de trente mille hectares, de magnifiques forêts de cèdres et de chênes verts. — Hôpital, casernes, église, justice de paix et pépinière ; cercle militaire; jolies promenades. — Climat salubre et tempéré ; sol fertile; eaux abondantes. On y remarque de belles usines, notamment les moulins à blé. — Voitures publiques qui conduisent à Constantine et à Biskara. — Ses routes sont jalonnées de caravansérails.

Bayada (dép. de Constantine, district de Jemmapes), vaste propriété particulière, à 3 kil. de Jemmapes, sur les rives de l'Oued-Fendeck qui la traverse dans toute son étendue, et bornée au nord et à l'est par une forêt de chênes-lièges. — Terres exceptionnellement fertiles : céréales, vignes, cultures maraîchères; plantations de figuiers en plein rapport.

Des ruines nombreuses, éparses au pied d'un monticule qui domine la prairie, offrent aux archéologues un curieux sujet d'études.

Ben-Aknoun (dép. d'Alger, sect. d'El-Biar), à 7 kil. d'Alger. — Etablissement d'orphelins tenu par les Congréganistes.

Ben-Nechoud (dép. d'Alger, distr. de Dellys), ham. à 11 kil. de Dellys, sur la route de Dellys à Alger; pop. 78 hab. — Terres excellentes; céréales, vignes, béchena : les vignes donnent de très bon vin.

Beni-Izguen (div. d'Alger, subdiv. de Médéah, cercle de Laghouat), ville isolée de la confédération des Beni-M'zab. — Elle est située à l'embouchure de l'Oued-Natisa et possède de belles plantations. — Les caravanes de l'occident y font de fréquentes visites; elles y amènent des esclaves et surtout des négresses.

Beni-Mansour (prov. d'Alger, sect. d'Aumale), maison de commandement.

Beni-M'zab. — Le pays des Beni-M'zab est situé entre le 32° et le 33° degrés de latitude, sur un plateau calcaire, à 130 kil. sud environ de Laghouat. La température moyenne est de 20° 8'. En été, le thermomètre monte rarement au-dessus de 37° 38' et ne descend guère au-dessous de 22° 23. Dans cette saison, les pluies sont très rares et de peu d'importance. En hiver, grâce à la grande élévation de la contrée, il gèle souvent ; il pleut quelquefois, mais les pluies sont rarement assez fortes pour former un torrent.

Le pays est salubre; les fièvres y sont inconnues. — On y cultive comme arbres à fruits: le palmier-dattier, le grenadier, le pommier, le figuier, la vigne, qui donne de magnifiques raisins, et le figuier de Barbarie; comme plantes potagères : les citrouilles, les melons, les pastèques, le piment, les tomates, les aubergines, le chou et la carotte. — Au printemps, on récolte un peu d'orge autour des plantations.

Les Beni-M'zab, qui forment une puissante confédération, habitent cinq villes principales: Gardaïa, Molika, Beni-Izguen, Bounoura et El-Atef. — Un jeune savant, M. H. Duveyrier, a visité ces différentes villes (1859-1860) et a fourni à la *Société de géographie*, sur les mœurs des M'zabites, les détails qui suivent :

« Les Beni-M'zab ont une supériorité morale remarquable sur les peuplades arabes et berbères qui les environnent. Ils doivent cette supériorité aux circonstances qui les ont tenus constamment isolés. Leurs croyances religieuses les mettaient en butte aux persécutions des Arabes malékites, et ils furent abandonnés à leurs propres forces. La nécessité créa leur activité et leur ardeur au travail. Ils ont, ce semble, beaucoup de probité et apportent une grande répugnance au mensonge. Scrupuleux observateurs de leur loi religieuse, ils poussent le rigorisme assez loin pour considérer l'usage du tabac comme un péché. — Dans les villes, les rues, les places et les maisons sont assez proprement entretenues.

» Les M'zabites se gouvernent eux-mêmes; l'autorité française n'intervient dans leurs affaires que lorsqu'il s'agit de les protéger ou pour veiller au paiement exact d'un tribut qu'elle perçoit en raison même de la protection qu'elle accorde. — Chaque ville possède une assemblée de notables, une *djemâa*, qui discute les intérêts de la communauté, réprime les abus et inflige les peines, suivant un code particulier. Le meurtrier d'un musulman est passible d'une amende de 2600 fr., puis est banni du pays. Sur cette amende, la djemâa perçoit 200 fr.; le surplus revient à la famille du défunt : c'est la *diya*, le prix du sang. Si la personne tuée est une femme musulmane ou un juif, l'amende n'est plus que de 1300 fr.; si c'est une juive, de 700 fr. — La plus forte peine ensuite est une amende de 200 fr., et un bannissement pour quatre ans; elle s'applique soit à un homme qui violerait une jeune fille, soit à celui qui adresserait la parole dans la rue à une femme mariée, d'une haute position. — Celui qui vole, peu importe la valeur de l'objet, est exclu du pays pour deux ans et doit payer 50 fr. à la djemâa.

» Le costume des hommes est, à peu de choses près, celui des Arabes. La coiffure des femmes seules est tout-à-fait différente : jeunes filles et matrones divisent leur chevelure en trois : un chignon par derrière, et une grosse touffe de chaque côté du visage. Leur costume d'intérieur est le même que celui des femmes arabes, mais plus décolleté et beaucoup moins long. Dehors, elles sont enveloppées dans une grande pièce d'étoffes, depuis la tête jusqu'aux pieds.

» Les Beni-M'zab sont commerçants par excellence et beaucoup d'entr'eux viennent s'établir soit dans les villes de l'intérieur, soit dans les villes du littoral. Guelma est peuplée de M'zabites qui font le trafic des grains ; à Alger, à Médéah et à Oran, on en compte un certain nombre. Ils sont polis jusqu'à l'affabilité, confiants dans la parole d'autrui et esclaves de leur parole. C'est en cela, surtout, qu'ils se distinguent des arabes et des juifs. — Ceux qui résident dans les ksours ont les mêmes qualités ; mais ils se montrent jaloux à l'extrême de leur indépendance. La crainte d'être, un jour ou l'autre, annexés à la France, les a rendus soupçonneux : tout européen leur est suspect, et c'est à la longue seulement que cette défiance instinctive s'affaiblira. »

BENI-MÉRED (dép. d'Alger, arr. et com. de Blidah), village à 7 kil. de Blidah ; popul. européenne 602. — Eglise, école de garçons. — Riches cultures en céréales, vignes et oliviers. — Les eaux d'alimentation et d'irrigation affectées au village sont prises dans l'Oued-beni-Aza. Un canal de dérivation, construit en maçonnerie, conduit les eaux sur divers points et un château répartiteur attribue aux localités desservies par l'Oued-beni-Aza un quantum déterminé des eaux.

Beni-Mered fut, dans le principe, une colonie militaire et dut sa création au maréchal Bugeaud (1843). — Sur la place, une colonne monumentale rappelle un des plus glorieux souvenirs de l'histoire d'Afrique : vingt-deux hommes, commandés par le sergent Blandon, furent attaqués par plus de 300 arabes et, plutôt que de se rendre, se firent tuer jusqu'au dernier.

BENI-SNASSEN. — Tribus marocaines de race kabyle, dont les tentes sont dressées sur les montagnes du Riff et qui furent rudement châtiées par l'armée française (octobre 1859), dans les circonstances suivantes :

L'Empereur du Maroc, Abder-Rhamann, venait de mourir et sa succession était à peine ouverte que ses héritiers se disputaient l'empire. Les populations qui avoisinent notre frontière, jalouses de suivre l'exemple donné par les Rifains qui assiégeaient les Espagnols dans leur forteresse de Ceuta, et sollicités peut-être par un des prétendants, voulurent « faire parler la poudre. » — Quelques tribus, excitées par un prétendu chérif, prenant le nom traditionnel de Muhammed-ben-Abdallah, violèrent notre territoire, surprirent des convoyeurs civils et des soldats isolés, puis attaquèrent un gros de chasseurs et de spahis qui opéraient une reconnaissance.

Bientôt le mouvement gagna de proche en proche : les douars arabes soumis à notre autorité furent impitoyablement saccagés par les partisans du chérif qui, peu après, vinrent au nombre de sept mille assaillir nos avant-postes. Défaites à Tionly, (11 sept.), les bandes marocaines durent repasser la frontière, abandonnant dans la fuite leurs morts et leurs bagages ; mais elles pouvaient reparaître plus nombreuses et recommencer la lutte : afin d'assurer l'avenir, une expédition fut résolue, et le ministre de la guerre ordonna la formation d'un corps expéditionnaire sous les ordres du général de Martimprey, alors commandant supérieur des forces de terre et de mer.

Ce corps comprenait deux divisions d'infanterie, commandées par les généraux Walsin-Esterhazy et Yusuf, et une division de cavalerie aux ordres du général Desvaux. — Toutes les troupes furent promptement réunies sur l'Oued-Kiss, en face des Beni-Snassen. Mais, instruit par l'expérience des guerres précédentes, le général de Martimprey ne voulut commencer les opérations qu'après s'être créé une base solide par la construction de deux grandes redoutes, où il réunit, en quantités suffisantes, des approvisionnements de guerre et de bouche, pour satisfaire, pendant au moins vingt jours, aux besoins de la colonne.

Tandis que s'élevaient ces redoutes et que se formaient ces approvisionnements, deux colonnes légères se mettaient en mouvement, l'une sous les ordres du général Durrieu, l'autre, sous les ordres du commandant de Colomb. Elles avaient pour mission de faire une diversion à l'attaque principale contre les Beni-Snassen et d'empêcher les Mahïas, les Angades et autres tribus nomades du Sahara marocain d'inquiéter nos tribus du sud et de se réunir aux contingents kabyles. — Bien que la chaleur fût accablante et que le choléra fît d'épouvantables ravages, nos troupes étaient pleines d'ardeur et demandaient à combattre : quand le moment d'agir fut venu, le général lança la brigade Deligny (1re division) contre les Beni-Snassen qui s'étaient groupés sur le col d'Aïn-Taforalt, point stratégique de la montagne, dont la possession devait désorganiser la résistance. Pour arriver au col, la brigade avait à franchir une distance de 6 kil. et à s'élever d'une hauteur de 800 mètres environ dans un terrain boisé, rocheux, particulièrement tourmenté, et où les Kabyles avaient, de longue main, multiplié les obstacles. — La brigade Archinard (division Yusuf) forma une seconde attaque, à droite de la première, à travers des difficultés analogues et sous le feu de villages fortifiés qu'occupaient leurs habitants en armes.

Au commandement du général en chef, l'action fut entamée des deux côtés avec un égal entrain et poussée avec une extrême vigueur jusqu'aux objectifs assignés aux colonnes. Après une lutte opiniâtre, qui avait duré trois heures, la montagne était gravie : le général Deligny établissait sa brigade sur le plateau d'Aïn-Taforalt et le général Yusuf, maître du village de Tagma, poussait un bataillon à l'entrée d'un col secondaire, donnant accès sur le plateau principal. — Aux approches de la nuit, toute résistance avait cessé : l'armée tenait la clef du pays.

Les Beni-Snassen s'avouèrent vaincus : leur chef vint, en personne, trouver le général de Martimprey et implorer l'aman ; comme gage de sa soumission, il accepta et garantit même, toutes les conditions que le général jugea nécessaires d'imposer à sa tribu et à celles qui avaient pris part au mouvement.

Les Angades et les Mahïas, également coupables devaient être également châtiés : sur l'ordre du général en chef, le général Durrieu, exécutant une habile manœuvre, atteignit ces deux tribus alors qu'elles cherchaient à gagner le Sahara, et fit sur elles un immense butin (5 novembre).

Ainsi se termina cette expédition, une des plus pénibles et des plus glorieuses de l'armée d'Afrique. Elle fut courte, mais décisive. Nos troupes y firent ample moisson de gloire et le premier aide-de-camp du général de Martimprey, M. Mircher, chef d'escadron d'état-major, eut l'honneur de remettre à l'Empereur les bannières enlevées aux Mahïas et aux Angades, ainsi que les armes de prix et une riche djébira enlevées aux chefs marocains dans la journée du 5 novembre et à l'attaque du col de Taforalt.

BENI-YAKLEF (div, d'Oran), à 10 kil. de Mascara, sur la route de Tiaret. — Grand et magnifique jardin, qui porte le nom d'une famille ancienne. Les arbres de toute espèce, figuiers, amandiers, abricotiers, vignes, grenadiers et citronniers, peuplent cette oasis. Le figuier de Barbarie lui sert d'enceinte et le garnit en partie. — Les eaux y coulent en abondance.

BÉRARD (dép. d'Alger, arr. de Blidah, com. et section de Mouzaïaville), village maritime à 10 kil. ouest de Castiglione et 16 kil. est de Tipaza ; pop. europ. 30. — Habité par des pêcheurs.

BERBESSA (dép. d'Alger, com. et ann. de Koléah), hameau à 12 kil. de Koléah, sur les bords du Masafran ; pop. europ. 82.

BÉROUAGUÏA (divis. d'Alger,

subdiv. de Médéah), maison de commandement. — Eaux thermales, à 22 kil. de Médéah.

Un centre de population est en voie de formation sur ce point.

Bir-Djaïch (dép. d'Alger, distr. d'Aumale, ann. de Guelt-Zerga), hameau à 7 kil. d'Aumale, nouvellement créé.

Birkadem (dép. d'Alger), ch.-l. de commune, à 10 kil. est d'Alger, sur la route d'Alger à Blidah; pop. europ. 591. — Eglise, maison commune, écoles. — Birkadem s'est créé spontanément; il a acquis une certaine importance qu'il doit à sa proximité d'Alger, ainsi qu'à la beauté de son site et à la fertilité de ses terres. Les habitations, groupées autour de l'église, ne sont pas très nombreuses; mais au dehors du village on trouve, éparpillées dans la campagne, une centaine de fermes qui présentent l'aspect le plus riant. — Le territoire, couvert d'arbres fruitiers et de vignes, produit en abondance des céréales et du tabac. Le marché d'Alger lui doit, en outre, une partie de ses approvisionnements légumineux.

Bir-Rabalou (dép. d'Alger, distr. d'Aumale), village à 19 kil. d'Aumale, dans la plaine des Azib et sur la route d'Alger; population europ. 81. — Le village est bien assis; son territoire est fertile; il possède de l'eau et de vastes prairies, mais tous les établissements publics y sont encore à créer.

Birmandreïs (dép. d'Alger, com. et ann. de Birkadem), village à 7 kil. d'Alger, sur la route d'Alger à Blidah; population europ. 591. — Eglise; moulins; usines pour l'effilochage des plantes textiles; sol fertile, que traverse l'Oued-Knis; produits semblables à ceux de Birkadem. — Birmandreïs est un des plus riants villages qui soient aux environs d'Alger.

Birtouta (dép. d'Alger, com. et arr. de Boufarik), hameau à 27 kil. d'Alger, sur la route d'Alger à Blidah; pop. europ. 335 hab.

Biskara (div. de Constantine, subdiv. de Batna), ville et ch.-l. de cercle, capitale des oasis du Zab, est située sur le versant méridional de l'Aourès et à l'entrée du Désert, à 126 kil. de Batna et à 236 kil. sud-est de Constantine; pop. europ. 860 hab.

Le fort Saint-Germain domine la ville; il contient les citernes et tous les établissements militaires : casernes, hôpital, magasins des subsistances, cercle pour les officiers. —Biskara est appelée à devenir un centre important : on y fabrique des burnous, des haïcks, des tapis renommés, des poteries et de la chaux. — Le marché, qui se tient tous les jours en hiver, est très fréquenté : les principaux objets d'échange sont les dattes, le blé, la laine et les bestiaux. Les gens du Souf et de Touggourt y apportent leurs produits.

Un *jardin d'essai* a été établi à un kilomètre du fort, dans l'oasis des Beni-Morra; de jeunes arabes, pris dans les tribus avoisinantes, y sont admis comme élèves jardiniers : on leur apprend les soins à donner aux arbres de toute sorte et notamment aux oliviers, qui abondent dans le pays; on les initie, en outre, aux détails de la culture du tabac, de l'indigo, du riz, de la patate, des plantes textiles et oléagineuses, du pavot à opium et du coton.

La température est excessivement élevée; le thermomètre marque souvent, du 15 juin au 15 octobre, jusqu'à 45 degrés centigrades.

Biskara fut prise et occupée (4 mars 1844) par une colonne française aux ordres du duc d'Aumale.

BIZOT (dép. et arr. de Constantine), hameau à 15 kil. de Constantine, sur la route de Philippeville; pop. europ. 67. — Position bonne et salubre; eaux abondantes, sol fertile; culture des céréales. — Est de création récente.

BLED-TOUARIA (dép. d'Oran, ann. d'Aboukir), hameau à 19 kil. de Mostaganem et à 5 kil. d'Aboukir; population europ. 309. — Eglise, presbytère, écoles de garçons et de filles, lavoirs et abreuvoirs. — Vignes et céréales. — Pas d'eau courante, mais puits publics qui fournissent aux besoins des hommes et des bestiaux.

BLIDAH (dép. d'Alger, ch.-l. d'arrond.), à 48 kil. d'Alger, au pied de l'Atlas; pop. europ. 5550, ind. 2531. — Sous-préfecture, mairie, tribunal de 1re instance, justice de paix, église, écoles de garçons et de filles tenues par les congréganistes, institutions laïques, école protestante, casernes d'infanterie et de cavalerie, haras, dépôt d'étalons. — Rues larges et bien aérées, théâtre, jolies promenades, hôtels nombreux et confortables, bureau télégraphique, direction des postes. — Foire du 15 au 20 août de chaque année; marché arabe tous les vendredis; deux marchés journaliers.

Les européens de la ville sont généralement commerçants, et il en est de même des indigènes, pour la plupart israélites. Dans la banlieue, spécialement occupée par les espagnols, l'habitant s'adonne aux cultures maraîchères. Il apporte ses produits non-seulement à Blidah et dans les villages où les grands travaux et les difficultés des irrigations entravent le jardinage, mais il les exporte encore dans les villes voisines, notamment à Médéah..

L'arboriculture prend dans la banlieue de très grands développements; on plante chaque année une quantité considérable d'arbres fruitiers, mais l'oranger est l'objet de soins plus particuliers et constitue une industrie spéciale : l'exportation des oranges. — Les orangeries s'étendent, actuellement, sur une superficie de 110 h. 58 a. 98 c.; elles comportent 19,784 pieds d'orangers en plein rapport; 12,436 nouvellement plantés; 4,119 citronniers, 2,026 limoniers, 265 cédratiers et 2,148 orangers-chinois. On peut, en outre, évaluer à plus de 35,000 les jeunes plants qui se trouvent à l'état de pourettes dans les divers jardins.

Les vignes comprises dans les jardins de la ville et sur les premières collines de l'Atlas couvrent une superficie de 32 hectares environ; elles donnent des raisins qui sont vendus sur les marchés, pour être généralement consommés en grappes. Cependant, on fait un peu de vin. — La ville est abondamment pourvue de fontaines, abreuvoirs, bornes-fontaines et de lavoirs; mais le système d'aménagement des eaux d'alimentation laisse à désirer : les eaux d'irrigation ne sont point encore aménagées; on y travaille. — Il existe sur le canal de dérivation de l'Oued-el-Kébir cinq moulins à farine très importants : ils constituent l'industrie la plus active et la plus riche de la localité.

Le chemin de fer qui doit relier Alger et Blidah est presque achevé.

Blidah fut, sous la domination romaine, une station militaire; plus tard, elle fut occupée par les Turcs. Un tremblement de terre la détruisit de fond en comble (1825), mais elle fut bientôt après rebâtie. — Durant la première période de la guerre d'occupation, les blidiotes combattirent plusieurs fois contre l'armée française; ils attaquèrent (26 juillet 1830) le corps expéditionnaire que commandait M. de Bourmont; soutinrent contre les troupes du maréchal Clauzel (19 novembre suivant) un rude combat, ensuite duquel tous leurs jardins furent dévastés; entrèrent, plus tard, dans les coalitions ourdies par les lieutenants d'Abd-el-Kader et furent cruellement châtiés, en 1832, par le duc de Rovigo, et, en 1837, par le comte de Damrémont. — Le traité de la Tafna mit fin à ces guerres continuelles : Blidah fut cédée à la France, et le maréchal Valée en prit définitivement possession (3 mai 1838).

BOGHAR (div. d'Alger, subdiv. de Médéah et ch.-l. de cercle), ville à 80 kil. de Médéah, sur la route de Laghouat; pop. 370 hab. — Poste essentiellement militaire; casernes, église, écoles de garçons et de filles, salle d'asile, pépinière, direction des postes — Sources abondantes, jardins bien cultivés, sapins, thuyas et genévriers d'une magnifique venue, mais campagne peu propre à la culture des céréales. — Marché arabe tous les lundis. — Boghar fut une colonie romaine (*Castellum mauritanum*). — Abd-el-Kader, incessamment poursuivi par les troupes françaises, en fit une de ses places d'armes; détruite en partie par le général Baraguay-d'Hilliers (mai 1841), elle fut occupée définitivement par le maréchal Bugeaud, qui la considérait comme point stratégique important.

BOGHARI (ann. de Boghar), village arabe. — Marché tous les samedis.

BONABACHOU (div. d'Alger, cercle de Dellys), village arabe.

BÔNE (dép. de Constantine, ch.-l. d'arr.), ville et port militaire à 156 kil. de Constantine et à 84 kil. est de Philippeville. Sous-préfecture et chef-lieu de subdivision militaire; populat. europ. 8867, ind. 5425. — Une des plus jolies villes de l'Algérie; sous-préfecture, mairie, hôtel de la subdivision, deux églises, temple protestant, synagogue, mosquées, dont l'une fort élégante; tribunal de 1re instance et justice de paix; collège communal, écoles de frères pour les garçons, école française israélite, école protestante mixte, école maure-française, deux salles d'asile, école et ouvroir pour les filles; trésor et postes; télégraphe; redoutes, casernes, fort de la Kasbah; hôpital civil, hôpital militaire; pépinière; chambre de commerce; bureau de bienfaisance et caisse d'épargne; marché aux grains et aux légumes, poissonnerie et marché arabe; place et promenades complantées d'arbres; joli théâtre; environs délicieux.

La petite plaine de Bône, autrefois insalubre, est aujourd'hui complètement assainie; elle est en partie couverte de jardins bien cultivés et de maisons de plaisance. — Dans la banlieue, le sol, fertile et suffisamment irrigué par les eaux de la Boudjima et du Ruisseau-d'Or, produit en abondance les céréales, la vigne et le tabac; les arbres fruitiers y sont nombreux. — Peu d'industrie; exportation de céréales, huile, cuirs, laine, cire, miel, bestiaux et minerais.

Comme ville maritime, Bône n'a qu'une importance très secondaire. Le golfe, compris entre le cap de Garde et le cap Rosa, a 21 milles d'ouverture sur 7 milles de profondeur, et fait face au nord 5° est. Il est bordé à l'ouest par une haute falaise qui se rattache par des pentes abruptes à la montagne de l'Edough; au sud, par des plages et des dunes à travers lesquelles débouchent la Seybouse et la Mafrag; à l'est, par une côte basse et rocailleuse. La rive ouest, qui court du cap de Garde à la ville et dont les découpures profondes présentent successivement les anses du fort Génois, des Caroubiers et du Cassarin, est la seule qui offre quelques ressources à la navigation.

Bône a été bâtie près des ruines de l'ancienne Hippône ; et reçut le nom d'*Annâba* (ville des jujubiers). Les rois de Tunis s'en emparèrent et y firent construire la kasba (1300). Les Gênois, qui faisaient la pêche du corail et que les corsaires inquiétaient fort, obtinrent, à force d'argent, l'autorisation de bâtir près du cap de Garde, le fort qui porte leur nom. Les Catalans leur succédèrent (1439), puis les Barcelonais (1446). Plus tard, les Turcs dépossédèrent les Tunisiens. — Après la prise d'Alger, le général Damrémont vint débarquer à Bône (2 août 1830); mais après avoir livré quelques combats aux tribus qui refusaient de reconnaître l'autorité de la France, il dut, par ordre du maréchal de Bourmont, évacuer la ville. L'année suivante (13 septembre 1831), le commandant Houder et 125 zouaves prirent possession de la Casbah, sur la demande même des habitants; les Turcs obtinrent tout aussitôt leur expulsion, et M. Houder fut lâchement assassiné. A quelque temps de là (5 mars 1832), Ben-Aïssa, lieutenant d'Ahmed, bey de Constantine, pénétra dans la ville et la ruina de fond en comble. Les habitants invoquèrent de nouveau la protection de la France : les capitaines Yusuf et d'Armandy, que suivaient 120 marins de la *Béarnaise*, escaladèrent durant la nuit les hautes murailles de la forteresse et s'en emparèrent presque sans coup férir (26 mars 1832). — Le maréchal Soult, citant ce trait inouï d'audace, disait à la Chambre des Députés : « C'est le plus beau » fait d'armes de notre siècle. » — Depuis cette époque, Bône est restée en notre possession.

BORDJ-ALY-BEY (départ. de Constantine, arr. de La Calle), caravansérail sur la ligne de communication de La Calle à Bône.

BORDJ-BOU-ARRERIDJ (div. de Constantine, subdiv. de Sétif, ch.-l. de cercle), à 64 kil. de Sétif, dans la plaine de la Medjana, sur la ligne de communication de Sétif à Aumale. Village et poste militaire; population europ. 217. La population est positivement industrieuse ; elle se compose principalement de maçons, charpentiers et menuisiers, et ne compte que peu de familles d'agriculteurs. — Jolis jardins bien cultivés, légumes, pommes de terre, maïs et tabac. — Marché arabe tous les jeudis, et particulièrement fréquenté par les kabyles qui y apportent leurs produits et s'y approvisionnent en blé et en orge.

BORDJ-MAMRA (div. de Constantine, cercle de Biskara), à 84 kil. de Constantine, presqu'à la limite du territoire; caravansérail. — L'administration y projette la création d'un village.

Bordj-Sebaou (dép. d'Alger, distr. de Dellys), ancien fort, sur la route de Azib-Zamoun à Tizi-Ouzou, et qui commande la vallée du Sebaou. — Il est aujourd'hui abandonné.

Boufarik (dép. d'Alger, ch.-l. de commune), ville à 34 kil. d'Alger et à 14 kil. de Blidah, sur la route qui relie ces deux villes; pop. europ. 900, ind. 37. — Mairie, justice de paix, église, direction des postes, maison d'apprentissage pour les orphelins, école de garçons, école de filles et asile, plantations publiques bien entretenues, jardins magnifiques. Cultures principales : céréales, tabac, vignes, oliviers, mûriers et orangers. — Sol d'une fertilité rare; eaux abondantes : un canal de dérivation amène une partie des eaux de l'Harrach sur divers points de la commune, et un autre, les eaux de l'Oued-bou-Chemala jusqu'à Boufarik même. — Marché arabe très important tous les lundis; il est abondamment fourni de bestiaux de boucherie et de bêtes de travail. Boufarik fut occupé en 1832 par le général d'Erlon, qui y établit un camp retranché; c'était, à cette époque, « un humide bocage, entouré de marais aux exhalaisons malsaines. » Les premiers colons qui s'y établirent furent tous enlevés par les fièvres, et si persistante fut l'insalubrité que la ville passa longtemps pour un foyer d'infection. De nouveaux colons vinrent, cependant, qui achevèrent l'œuvre de leurs devanciers; les terres furent profondément fouillées, le sol se couvrit de nombreuses plantations, des routes furent ouvertes, l'eau circula partout, et la commune de Boufarik est aujoud'hui l'une des plus salubres et des plus fertiles de l'Algérie.

Bougie (dép. de Constantine, arr. de Sétif, ch.-l. de com.); ville et port maritime, à 229 kil. nord-ouest de Constantine, pop. europ. 2,189 hab., ind. 1,134. — Mairie, justice de paix, église, écoles de garçons et de filles, casernes et magasins, cercle militaire, hôpital. — La ville est bâtie en amphithéâtre, sur le revers méridional du Gouraya, qui se dresse à 671 m. au-dessus du niveau de la mer; elle est protégée des attaques de l'intérieur par plusieurs forts. — La colonisation est resserrée autour de la ville qui n'a point encore d'annexe; les céréales, les prairies naturelles, le tabac et les arbres fruitiers donnent de bons résultats; quelques essais de vigne ont parfaitement réussi. La baie, comprise entre le cap Carbon et le cap Cavallo, offre la forme régulière d'une moitié d'ellipse; elle fait face au nord, et a 23 milles d'ouverture sur 8 milles de profondeur. La rade, située dans la région occidentale de la baie, est parfaitement abritée de toutes les aires de vent ; elle n'est tourmentée que par la houle du nord-est, qui n'est jamais ni assez vive ni assez forte pour compromettre un navire mouillé sur de bonnes amarres. Le mouillage des vaisseaux est dans la région nord-ouest de la rade, par des profondeurs d'eau depuis 12 jusqu'à 20 mètres, sur un fond de vase, d'une excellente tenue, recouvrant un banc d'argile. Il est assez sûr pour que des bâtiments de guerre puissent y stationner sans danger pendant l'hiver, assez vaste pour contenir une flotte.

Située à l'entrée de la vallée de la Soummam, qui relie les vastes plaines de l'intérieur à la côte, à travers le massif montagneux de la grande Kabylie, Bougie a, ou pour dire mieux, doit avoir un jour une importance considérable. L'emplacement qu'elle occupe lui assure des avantages particuliers ; et, en effet, sous le rapport nautique, il offre un grand port de refuge naturel, admirablement disposé pour être amélioré par l'art ; il surveille les passages entre les Baléares, la Sardaigne, la Sicile et l'Afrique ; il se trouve plus rapproché qu'Alger et Mers-el-Kébir de Toulon et de la Corse. Sous le rapport commercial, il est placé au cœur de la grande Kabylie, au débouché à la mer des vastes et riches bassins d'Aumale et de Sétif, sur la grande voie naturelle entre l'Europe et l'intérieur de l'Afrique. Sous le rapport militaire, il offre tous les éléments naturels d'une place imprenable et d'un port de guerre de premier ordre. — Ce sont toutes ces considérations qui faisaient dire au savant et regrettable M. Lieussou : « La haute importance nautique et militaire de Bougie, son isolement de nos autres possessions d'Algérie, les facilités que présente la baie pour un débarquement de troupes, désigneraient cette place aux premières attaques. Dans le cas d'une guerre maritime, la prise de ce port par les Anglais, serait aussi funeste à notre marine et à l'Algérie que l'occupation de Mahon ; une fois maître de la place, l'ennemi, accueilli par les Kabyles, adossé à des montagnes inaccessibles, s'y fortifierait à loisir sous la protection de ses vaisseaux ; sa flotte, désormais appuyée sur Malte, Bougie, Gibraltar, commanderait sur la côte d'Algérie, et empêcherait le ravitaillement de l'armée d'occupation. » — Mais nous n'avons point à craindre une pareille mésaventure ; Bougie comme autrefois Alger, pourrait s'appeler « *la bien gardée.* »

Bougie a été, à toutes les époques, l'une des principales cités maritimes de l'Algérie. Les Romains y fondèrent une grande ville, *Saldæ* ; les Berbères y fixèrent le siège de leur empire ; les Espagnols s'y établirent beaucoup plus fortement qu'à Alger ; et s'ils furent chassés après 45 ans d'occupation, c'est que, privés de secours, ils ne purent résister aux attaques incessantes de Salah-Raïs et de ses 40,000 mille Turcs. — Bougie fut attaquée et prise (29 septembre 1833), par le général Trézel : dans cette expédition, qu'il avait préparée de longue main, le capitaine de Lamoricière déploya aux yeux de ses compagnons, une audace peu commune.

Bou-Hamra (dép. de Constantine, arr. de Bône). — Gîte de minerai de fer d'une grande richesse, concédé en 1845 à la compagnie Talabot, qui l'exploite. — Caravansérail sur la route de Jemmapes à Bône.

Bouhira (dép. de Constantine, arr. de Sétif) ; ham. situé à 13 kil. de Sétif, et à 3 kil. d'Aïn-Arnat ; pop. 109 hab. — Vient d'être érigé en commune, ayant pour annexe Aïn Arnat — Mairie, écoles, fontaine, lavoir couvert et abreuvoir. — Jardins bien entretenus et prairies d'un bon rapport. — Fondation de la Compagnie genévoise.

Bouïnan (dép. d'Alger, com. de Boufarik, sect. de Soumah) ; ham. sur l'Oued-Riat ; population europ. 102 hab. — Centre nouvellement créé (1857). — Terres fertiles, air salubre ; prendra un développement rapide. — Cultures : céréales, vignes et tabac.

Bou-Kanéfis (div. d'Oran, subdivision de Sidi-bel-Abbès) ; ham. relié à Sidi-bel-Abbès par deux routes qui suivent, l'une la rive droite, l'autre, la rive gauche de l'Oued-Mékerra ; pop. européenne 69 hab. — Le sol est presque tout boisé de lentisques et de palmiers-nains ; mais les bords de la Mekerra sont d'une grande fertilité. — Un fort, qui renferme un pénitencier indigène, domine le territoire.

Bou-Medfa (dép. d'Alger, arr. de Milianah, ann. de Vesoul-Benian) ; ham. à 33 kil. de Milianah et à 38 kil. de Blidah ; pop. europ. 247 hab. — Mairie, église, école mixte. — Cultures : céréales et vignes.

Bourkika (dép. d'Alger, arr. de Blidah, ann. de Marengo) ; village à 32 kil de Blidah et à 6 kil. de Marengo, presque à l'embranchement des routes de Blidah à Milianah et Cherchell ; pop. europ. 173 hab., ind. 15. — Vignes et céréales.

Bou-Roumi (dép. d'Alger, arr. de Blidah, ann. de Mouzaïaville), ham. à 17 kil. ouest de Blidah, sur la route de Blidah à Milianah et Cherchell ; population europ. 117 hab. — Céréales, tabac, oliviers et vignes ; jardins bien cultivés et irrigués par les eaux du Bou-Roumi, à l'aide d'aqueducs maçonnés et couverts. — Sol fertile ; air salubre.

BOUSAADA (divis. de Constantine, subdiv. de Sétif); ch.-l. de cercle, à 96 kil. de Sétif, sur un plateau central, dans le bassin du Hodna, entre Biskara et Laghouat. Bousaada est une oasis habitée par 3,981 indigènes, répandus dans 662 maisons qui sont bâties en amphithéâtre sur les pentes de l'Argoub; tous vivent du produit de leurs jardins, situés au pied du village arabe, et traversés par l'Oued-bou-Saada. Ces jardins, au nombre de 530, sont complantés d'abricotiers, de pommiers, de pêchers et de vignes; ils renferment, en outre, 8,000 palmiers dont les produits ne sont pas très estimés. — Pépinière à l'extrêmité nord de l'oasis.

Un fort, qui commande la ville, est occupé par une garnison française; entre le fort et la ville arabe, sont venus se grouper une soixantaine d'Européens (hommes, femmes et enfants) qui habitent soit des maisons qu'ils ont bâties, soit des maisons arabes. Ce sont des débitants et des ouvriers venus à la suite de nos colonnes et qui vivent de la présence de nos troupes. — Il se tient chaque jour, aux abords de la ville, un marché assez considérable; les transactions portent principalement sur les bestiaux, les grains, les huiles, les dattes, le beurre, les étoffes de laine fabriquées dans le pays, les plumes et œufs d'autruche.

BOU-SELAM (div. de Constantine, subdiv. de Sétif); à 20 kil. de Sétif. — Usines, fermes et eaux minérales.

BOU-SFER (dép. d'Oran, ann. de la comm. d'Oran), à 17 kil. d'Oran. — Ce centre se compose de deux villages presque contigus, l'un occupé par des colons européens (249 hab.), l'autre occupé par des indigènes (304 hab.): colons et indigènes se livrent à la culture exclusive des céréales; quelques jardins et plantations d'arbres fruitiers. Les eaux de la montagne sont reçues dans un bassin. — Réservoir, fontaine, abreuvoir et lavoir publics. — Industrie spéciale: coupe de l'alfa qui se vend à Oran chez les fabricants d'ouvrages de sparterie.

BOU-TLÉLIS (dép. d'Oran, ann. de Misserghin), ham. à 15 kil. de Misserghin, pop. 579 hab. — Mairie, chapelle, écoles de garçons et de filles, lavoir et abreuvoir publics. — Céréales, tabac, belles plantations de mûriers, d'oliviers et d'arbres à fruits; pas d'eau courante; une noria et quatre puits publics pourvoient aux besoins des hommes et des animaux. Les colons ont creusé des puits pour leur usage particulier. La nappe d'eau, en dehors du village, a une profondeur de 4 à 10 mètres.

BOU-YALA (division d'Alger, subdivision de Dellys, cercle de Tizi-Ouzou). — Village kabyle, population 425a hab.

Bouzaréah (dép. et sect. d'Alger), ham. à 6 kil. d'Alger; sur le revers supérieur et les flancs de la montagne dont il porte le nom; popul. 480 hab. — Chapelle, puits et abreuvoir, école mixte. — Céréales, vignes, belles plantations d'arbres. — L'Observatoire d'Alger doit y être prochainement établi sur le point le plus culminant de la montagne.

Bouzaréah est un des sites les plus pittoresques des environs d'Alger ; on dirait un immense jardin qui s'étend de la montagne à la mer ; du sommet du village, on embrasse un immense horizon, fort recherché des promeneurs.

Bréa (dép. d'Oran, ann. de la com. de Tlemcen), ham. à 4 kil. de Tlemcen; pop. européenne 206 hab. — Eglise et écoles. — Céréales, oliviers et vignes, plantations nombreuses, parfaitement entretenues ; sources abondantes provenant des hauteurs du Mansourah.

Bugeaud (dép. de Constantine, arr. de Bône), village récemment érigé en commune, sur la montagne de l'Edough, au lieu dit Aïn-Barouaya, à 12 kil. de Bône; pop. 175 hab. — Eglise, abreuvoir et lavoir couvert. — Cultures fort limitées : celle de la pomme de terre prédomine. — La fabrication du charbon est la principale ressource des habitants.

Au point de vue agricole, le village de Bugeaud offre un intérêt secondaire. L'administration a voulu plus spécialement agglomérer sur le plateau de l'Edough un certain nombre de familles de bûcherons, devant trouver des ressources dans l'exploitation de la forêt ; mais elle a fixé ces familles à la localité, en donnant à chacune d'elles une petite concession et une maison bâtie aux frais de l'Etat.

C

Castiglione (dép. d'Alger, arr. de Blidah, sect. de Koléah), village à 9 kil de Koléah, sur un plateau en face de la mer; pop. europ. 398. — Ecole de garçons et école de filles. — Chapelle, fontaine, lavoir et abreuvoir. — Sol d'une extrême fertilité ; céréales, coton, tabac, vignes et oliviers. — Centre agricole des plus prospères.

Chaïba (dép. d'Alger, arr. de Blidah, ann. de Tefeschoun), ham.; pop. europ. 66. — Fontaine et lavoir publics. — Terres excellentes; céréales, tabac et oliviers.

CHATTERBACH (dép. d'Alger, arr. de Blidah, distr. de Marengo ; ham. non encore peuplé.

CHEBLI (dép. d'Alger, arr. de Blidah, village à 8 kil. de Boufarik et qui vient d'être érigé en chef-lieu de commune, popul. européenne 214 hab.— Chapelle, école mixte ; fontaine et abreuvoir.— Les eaux d'alimentation sont fournies par un puits, celles destinées aux irrigations proviennent de l'Harrach. — Céréales, tabac très estimé, oliviers ; belles plantations de mûriers et de platanes.

CHÉRAGAS (dép. et arr. d'Alger, ch.-l. de commune), village à 14 kil. d'Alger, à l'entrée de la plaine de Staouéli, sur la route d'Alger à Koléah ; population européenne 491 hab.— Mairie, église, écoles de garçons et de filles, jardin public ; eau abondante, fontaine, lavoir et abreuvoir publics. — Terres fertiles : blé, orge, maïs, tabac, coton, plantes odoriférantes ; plantations d'orangers. — Deux distilleries pour les essences ; moulin à farine et moulin à huile ; fabrication en grand de crin végétal. — Très joli et très riche village.

CHERCHELL (dép. d'Alger, arr. de Blidah, ch.-l. de district), ville maritime, à 72 kil. ouest d'Alger et à 68 kil. nord-ouest de Blidah ; pop. europ. 1,032 hab., ind, 1,575. Elle se compose, en grande partie, de gens retirés de fonctions publiques, de rentiers, de petits commerçants et industriels. — Commissariat civil, justice de paix, église, temple protestant, école de garçons et école de filles ; musée riche en antiquités ; caserne, magasins de subsistances et autres ; cercle militaire, hôpital, station d'étalons ; promenades et places complantées d'arbres. — Eaux abondantes, campagnes fertiles : céréales, vignes.

Cherchell est le marché maritime d'une partie de la Mitidja et de la vallée du haut Chéliff, et l'entrepôt de Milianah et de Teniet-el-Had. Le port, construit derrière l'îlot Joinville, offre un bassin de 2 hectares de superficie et de 3 m. 50 c. de hauteur d'eau, entouré de vastes quais et pouvant contenir quarante navires de 50 à 200 tonneaux. Il est parfaitement sûr, mais son entrée est impraticable par un gros temps.

Sous l'occupation romaine, Cherchell, l'ancienne *Julia Cæsarea*, fut une ville très importante ; des fouilles récentes ont mis à jour une multitude d'objets qui témoignent de sa grandeur passée. Détruite par les barbares, relevée par Théodose, puis ruinée par les Vandales, elle reprit quelque importance sous les Grecs byzantins. Au moyen-âge, les négociants italiens allaient y acheter des cuirs, des fruits secs, de la cire et du blé. En 1492, après la chute de Grenade, elle fut repeuplée par des Maures andalous qui introduisirent dans le pays la culture du mûrier, et s'y livrèrent à l'éducation des vers à soie, ainsi qu'à la fabrication du fer et de l'acier; mais les Turcs d'Alger, jaloux de leur prospérité, entravèrent leur commerce et appauvrirent la colonie.

Cherchell fut occupée par l'armée française, le 13 mars 1840, sur l'ordre du maréchal Valée.

CHEROB (dép. d'Alger, com. de la Rassauta, sect. d'Aïn-Taya), ham. à 96 kil. d'Alger.

CHIFFA (LA) (dép. d'Alger, arr. de Blidah, sect. de Mouzaïaville), village à 9 kil. de Blidah, sur la route de Milianah; pop. eur. 204 hab. — Chapelle, lavoir et abreuvoir publics. — Terres excellentes; céréales de qualité supérieure, vignes, tabac, belles et nombreuses plantations.

CHRISTEL (dép. d'Oran, com. de St-Cloud, ann. de Ste-Léonie) village maritime, à 8 kil. de St-Cloud, population europ. 155 hab., — Cultures maraîchères, arbres fruitiers. — Carrières de plâtre d'une exploitation facile.

CHRISTINE (*Sidi-Ali*, dép. d'Oran, com. de Fleurus, ham. à 17 kil. d'Oran, pop. europ. indéterminée. — Puits nombreux, eau bonne. — Terres excellentes.

COLLO (division de Constantine, subd. de Philippeville, ch.-l. de cercle), village maritime, à 40 kil. E. de Philippeville, au pied même d'une grande montagne. — Cette ville que nous n'avons pas encore occupée, est habitée par des Maures qui vivent de cabotage et possèdent une douzaine de petits bateaux. Les établissements français se bornent, à un poste de douane, à une direction du port et de la santé.

Les grands navires jettent l'ancre dans la baie de Collo, par 25 mètres d'eau sur un fond de sable vassard. Cette rade foraine, d'où l'on peut appareiller par tous les vents, est praticable pendant la plus grande partie de l'année. Un grand nombre de navires y viennent en relâche forcée et y séjournent parfois assez longtemps. L'anse qui sert de port à la ville est abritée de tous les vents dangereux, elle présente une petite plage, commode pour le halage des bateaux et toujours abordable. Les petits navires peuvent s'y amarrer sur la rive nord; ils y sont en sûreté et y trouvent d'assez grandes facilités pour le débarquement des marchandises. Ce petit port a autour de lui un territoire fertile et bien cultivé; il communique à l'intérieur du pays par la vallée de l'Oued-Guebli. — L'administration projette de créer sur ce point un centre de population agricole. Les études sont presque achevées.

Au temps des Romains, Collo *(Minervia Chulla)* était renommée comme ville manufacturière. Les Latins en tiraient une grande partie des cuirs nécessaires à leurs besoins, et les environs de la ville, peuplés de chênes-verts, fournissaient d'excellents bois de construction. Cet état de prospérité dura longtemps; au moyen-âge, les habitants trafiquaient avec les chrétiens et faisaient d'assez grandes affaires avec les Pisans et les Génois. De 1604 à 1685. la compagnie d'Afrique eut un comptoir à Collo pour le commerce intérieur et la pêche du corail : il tirait annuellement de la contrée « quatre cents quintaux métriques de cire, des céréales, du miel, de l'huile, du corail, du suif, un peu de coton et environ cent cinquante mille cuirs non tannés. »

Les relations des habitants avec les commerçants français cessèrent après la prise d'Alger, et la ville resta paisiblement au pouvoir des Kabyles, jusqu'au jour où elle fut prise par le général Baraguay d'Hilliers (4 avril 1843).

Condé-Smendou (dép. et arr. de Constantine), village à 28 k. de Constantine, sur la route de Philippeville; c'est un point de station des voitures de roulage et des diligences entre ces deux villes; population européenne 186 hab.— Terres fertiles, climat salubre, céréales, vignes.

Prendra de l'extension. — Marché arabe tous les lundis.

Constantine (ch.-l. du dép. et de la division militaire de ce nom à 482 kil. d'Alger et à 83 kil. de Philippeville), pop. europ. 6200, ind. 28,800.

Constantine, capitale de la province de l'est, est assise sur un plateau entouré de trois côtés par un ravin profond, creusé entre deux murailles de roc vif qui forment une escarpe et une contre-escarpe entièrement à pic. Le *Rummel* s'engouffre dans ce ravin et le parcourt; sur les côtés nord-est et sud-est, cette table de rochers calcaires s'incline diagonalement par une pente très prononcée vers l'est et communique, par un pont en pierres, avec le plateau de Mansourah qui domine la ville; au sud-ouest, elle joint le plateau de Coudiat-Ati.

La ville se divise en deux parties nettement tranchées : d'un côté, les habitations françaises, des rues larges et propres, des cafés élégants, de riches magasins et des places spacieuses; de l'autre, de sombres maisons où pullullent les arabes et les juifs, des rues étroites et sales, et de misérables boutiques.

Les établissements les plus remarquables sont : le palais du général commandant la division, l'hôtel de la préfecture, l'église, le musée, les principales mosquées arabes et les casernes. — Tous les services administratifs y ont leurs bureaux. — Justice de paix, conseil de guerre, tribunal du cadi, collége, écoles primaires, écoles indigènes, salle d'asile, église et presbytère, oratoire, temple protestant, nombreuses mosquées, succursale de la banque d'Algérie, trésor, postes, service télégraphique, chambre consultative d'agriculture, bureau de bienfaisance, société de secours mutuels, hôpital civil et dispensaire, casernes d'infanterie et de cavalerie, musée, théâtre. — Vaste et belle pépinière aux environs de la ville. — Il se tient, chaque jour et sur les différentes places, des marchés très importants en grains, haricots, peaux, laine, orfévrerie. Depuis peu, la ville possède une belle et vaste halle couverte dont la charpente est en fonte.

Constantine fut fondée par les Grecs sous le nom de *Cyrtha*, devint, plus tard, la capitale de la Numidie, tomba au pouvoir des Romains, fut détruite par un des lieutenants de Maxence (304 après J.-C.), puis réédifiée par Constantin qui lui donna son nom. — Sous la domination arabe, elle releva tantôt des rois de Tunis, tantôt des gouverneurs de Bougie. — Prise par Kaïr-ed-Din, frère et successeur d'Aroudj (1520), elle fit, depuis cette époque, partie intégrante de la Régence d'Alger. — Attaquée par l'armée française (1836), elle se défendit vaillamment, puis se rendit l'année suivante, après un nouveau siége héroïquement soutenu.

Ces deux épisodes de notre histoire d'Afrique méritent d'être racontés.

La première expédition fut dirigée par le maréchal Clauzel, homme d'un rare mérite, mais qui eut le tort grave, en cette circonstance, de trop compter sur lui-même et de ne point tenir assez compte des difficultés qu'il avait à surmonter.

Partie de Bône (13 novembre 1836), l'armée arriva le 21 sous les murs de Constantine, sans avoir presque tiré un coup de fusil, mais déjà à moitié vaincue par les privations et la fatigue.

Les hommes avaient souffert du froid et de la faim : « La maladie et le découragement surtout appauvrissaient les esprits, s'ils n'éclaircissaient pas encore les rangs. » La nuit du 20 fut terrible entre toutes : « On n'avait pas trouvé un fétu de bois pour préparer les aliments ou pour réchauffer les membres mouillés et engourdis. Pas un feu, pas une lueur ne brilla pendant ce sinistre bivouac. Le terrain n'était que fange ou aspérités de rochers ; la bise soufflait avec colère ; une pluie glacée ne cessa de tomber à torrents, mêlée de nuages épais de neige tombant à gros flocons, ou d'ouragans de grêle... Le lendemain, plusieurs cadavres marquaient la place où les troupes avaient couché... »

Le maréchal ne fut point

troublé : on lui avait affirmé que les habitants se rendraient sans combat, et il attendait patiemment la députation qui devait lui apporter les clefs de la ville, lorsque le feu d'une batterie, soudainement démasquée, vint détruire ses illusions.

La 1re et la 2e brigades, sous le commandement du général de Rigny, reçurent l'ordre de se porter sur Coudiat-Ati, d'occuper les enclos et de s'emparer des approches: inquiétée dans sa marche par les tirailleurs arabes, la tête de la colonne fut un instant repoussée ; mais bientôt, soutenue par le 17e léger, elle culbuta l'ennemi, qui s'enfuit en désordre. Le reste de l'armée s'établit à Mansourah. Le convoi, escorté par le 62e de ligne, fut forcé de s'arrêter en deçà, dans un site tellement fangeux, que les soldats l'appelèrent dans leur style imagé, « *le Camp de la boue.* » Le lendemain, 22, on fit de nombreux efforts pour dégager les prolonges, et on ne put y parvenir.

Le 23, aux approches de la nuit, les troupes furent massées en silence, prêtes à donner l'assaut. Malheureusement, la lune brillait d'un vif éclat, et l'ennemi, mis en défiance par les tentatives de la veille, faisait bonne garde. Les sapeurs du génie se coulèrent sur le pont à travers une grêle de balles. Beaucoup furent atteints, et les attirails qu'ils portaient roulèrent avec eux dans le Rummel ; le peu qui s'échappa parvint à se loger et se mit au travail. Le général Trézel, croyant la porte enfoncée, accourut aussitôt à la tête du 59e et du 63e de ligne ; mais la porte résistait toujours, et la colonne, entassée sur le pont, fut littéralement hachée par la mitraille : — la position n'était pas tenable, et c'eût été folie de s'engager plus avant. Le maréchal fit sonner la retraite. Au même moment, la colonne Duvivier partait de Coudiat-Ati et cherchait à pénétrer dans la place par la porte d'El-Djabia ; mais, faute de moyens mécaniques indispensables pour briser les portes, l'attaque échoua complètement. Clauzel s'avoua vaincu ! L'armée dut battre en retraite. Elle était à peine en marche, que les assiégés, sortis en foule en poussant des cris sauvages, se jetèrent sur les flancs de la colonne. Nos tirailleurs les tinrent en respect ; mais la défense était molle, et d'une minute à l'autre nous pouvions être enveloppés.

C'est alors que le commandant Changarnier, ne prenant conseil que de lui-même, exécuta ce mouvement audacieux qui a fait sa fortune militaire. Son bataillon (2e léger), ainsi que nous l'avons dit, formait l'arrière-garde : Changarnier ralentit sa marche et laisse augmenter la distance qui le séparait du convoi. Bientôt il s'arrête, forme sa troupe en carré, l'enlève au cri de *Vive le roi !* puis commande le feu. — Les Arabes étaient à vingt pas : à la première décharge, les trois faces du carré furent couvertes d'hommes et de chevaux ; ce qui ne tomba pas s'enfuit à toute bride, et le bataillon rejoignit la colonne.

L'armée poursuivit sa marche, réglant son allure sur le pas des plus faibles ; ce qu'elle eut à souffrir, un témoin l'a raconté : « Du monument de Constantin commença (24 novembre) le triste spectacle que nous eûmes constamment sous les yeux : des soldats fatigués déjà, avaient de la peine à se traîner, quoique le temps fût beau ; aussi, derrière nous s'offrit le spectacle le plus horrible ; des malheureux, tombant pour ne plus se relever, étaient égorgés devant nous ; les chasseurs d'Afrique n'étaient plus qu'un régiment d'infanterie ; officiers et soldats donnaient leurs chevaux pour les blessés et les malades ; souvent même ils chargeaient pour enlever à nos féroces ennemis des victimes qui, laissées sur la route, allaient devenir leurs martyrs. » Enfin, les troupes arrivèrent à Bône (1er décembre 1836). — Il était temps ; officiers et soldats étaient à bout de forces !...

Le maréchal confessa franchement son imprévoyance, et s'accusa d'avoir cru trop aux promesses dont on l'avait bercé. Mais s'il se montra sévère pour lui-même, il fut juste pour ses compagnons d'armes. Au moment de partir pour Alger, il se fit un devoir de complimenter les troupes du courage et de la résignation qu'elles avaient montrés, et se plut à constater que tous avaient supporté avec une admirable constance les souffrances les plus cruelles de la guerre : et c'était vrai.

Peu de jours après, le corps expéditionnaire fut dissous et le comte Clauzel se rendit à Paris. On le destitua.

Cependant, la France ne pouvait rester sous un pareil échec, et le général Damrémont, nouvellement nommé gouverneur, reçut l'ordre de s'emparer de Constantine.

Le corps expéditionnaire montait à dix mille hommes, divisés en quatre brigades, commandées, la première, par le duc de Nemours, la seconde par le général Trézel, la troisième par le général Rulhières, la quatrième par le colonel Combes. — L'artillerie avait à sa tête le général Valée ; le génie, le général Rohault de Fleury. L'armée emportait dix-huit jours de vivres.

Elle se mit en marche le 1er octobre 1837, et, cinq jours après, elle était devant Constantine.

Après avoir disposé l'attaque et formé les colonnes, le général en chef envoya faire aux assiégés les sommations d'usage. Ce fut un soldat du bataillon turc qui porta la dépêche. Il se hissa à une corde jetée du rempart, et fut introduit dans la place. Le lendemain, il revint avec cette réponse verbale :

« Il y a dans Constantine beaucoup de munitions de guerre et de bouche. Si les Français en manquent, nous leur en enverrons. Nous ne savons pas ce que c'est qu'une brèche ou une capitulation. Nous défendrons à outrance notre ville et nos maisons. On ne sera maître de Constantine qu'après avoir égorgé jusqu'au dernier de ses défenseurs. »

— « Ce sont des gens de cœur, dit M. Damrémont. Eh bien ! l'affaire n'en sera que plus glorieuse pour nous. »

Et il se rendit avec sa suite sur le plateau de Coudiat-Aty pour examiner la brèche. Là, il mit pied à terre, fit quelques pas en avant et s'arrêta sur un point très découvert ; le général Rulhières, craignant un malheur, le supplia de s'éloigner un peu :

— « Laissez ! répondit Damrémont ; je.... »

Il n'acheva pas ; un boulet parti de la place le renversa sans vie...

Le lieutenant général comte Valée prit le commandement des troupes. Il fit canonner la ville et ordonna l'assaut pour le lendemain.

Les troupes furent réparties en trois colonnes : la première sous les ordres du lieutenant colonel Lamoricière, la seconde et la troisième sous ceux des colonels Combes et Corbin.

A sept heures précises, par un soleil radieux, le duc de Nemours donne le signal : — la première colonne s'ébranle, gagne la brèche au pas de course, au milieu d'une ardente fusillade, et le capitaine Gardarens plante sur les remparts le drapeau tricolore. Mais à mesure que la colonne descend dans la ville, elle se heurte contre de nouveaux obstacles : chaque maison a été transformée en place forte, il faut briser les portes ; on se bat corps à corps, et les assaillants sont décimés par un feu de mousqueterie tiré de mille embrasures. — Mais nos soldats ont juré de vaincre ; ils s'excitent les uns les autres, chargent avec furie, et font un épouvantable massacre. Tout à coup une maison s'écroule, qui écrase ou étouffe sous ses débris une centaine d'hommes. A peine ce danger passé, un autre survient : un magasin à poudre prend feu, et l'explosion sème dans nos rangs le désordre et l'effroi.

Cependant les troupes arrivaient dans la ville par détachements de deux compagnies, à mesure que la première colonne gagnait du terrain ; on évitait ainsi le désordre et l'encombrement qui nous avaient été si funestes en 1836. Bientôt la place fut presque complètement envahie, grâce à un mouvement décisif du colonel Combes, qui fit habilement tourner une barricade. Mais le vaillant soldat paya de sa vie le succès qu'il venait d'obtenir. Atteint de deux blessures mortelles, il attendit sans faiblir que l'ennemi fût repoussé. Alors se passa une scène digne des temps héroïques : invincible à la douleur, le colonel Combes s'avança vers le duc de Nemours, pour lui rendre compte de la situation. Son pas était assuré, son visage calme ; à le voir, nul ne se fût douté qu'il portait la mort dans la poitrine. Il s'exprima noblement, avec simplicité, sans parler de lui autrement que par cette allusion mélancolique et sublime : — « Ceux qui ne sont pas blessés mortellement jouiront de ce succès. »

Pendant l'assaut, une partie des habitants tenta de fuir par un des côtés du ravin, à l'aide de cordages qui descendaient le long des rochers ; mais les cordes, incessamment tendues, se brisèrent sous le poids des fugitifs : une grappe d'hommes, de femmes, d'enfants et de vieillards roula dans l'abîme et périt dans une affreuse et lamentable agonie.

La ville était prise, le général Rulhières en fut nommé commandant supérieur : comme il arrivait, il reçut une lettre dans laquelle les autorités et les personnages influents de Constantine faisaient leur soumission et imploraient la clémence des vainqueurs. — Le général fit immédiatement cesser le feu et se dirigea vers la Kasbah, dont les derniers défenseurs furent promptement expulsés. Deux heures après, le drapeau de la France flottait sur tous les édifices, et le duc de Nemours prenait possession de la maison du bey (13 octobre).

Le général Valée s'occupa tout aussitôt de régulariser les services administratifs, de manière à pourvoir aux besoins du pays. Après quoi, il donna le signal du départ et revint à Bône, où l'attendaient la dignité de maréchal et le titre de gouverneur.

CRESCIA (dép. d'Alger, com. de Douéra), village à 22 kil. d'Alger et à 3 kil. de Douéra, sur la route de Douéra à Birkadem ; pop. europ. 248 hab. — Sol fertile, eaux abondantes, climat salubre, céréales de qualité supérieure ; bétail nombreux.

D

DALMATIE (dép. d'Alger, arr. et ann. de Blidah), village à 4 kil. de Blidah ; population europ. 270 hab. — Eglise et presbytère, école de garçons, orphelinat libre pour les jeunes filles. — Territoire fertile, arrosé par les eaux qui viennent de l'Atlas; céréales, tabac, oliviers, vignes et mûriers.—L'administration a ménagé plusieurs chutes d'eau sur le canal de dérivation de l'Oued-beni-Aza : quatre de ces chutes sont utilisées pour des moulins à farine en pleine exploitation. L'un de ces moulins possède un appareil pour la fabrication de l'huile.

DAMESME (dép. d'Oran, ann. d'Arzeu), village à 8 kil. d'Arzeu et à 3 kil. de la plage ; populat. europ. 122 hab.— École mixte. — Terres fertiles, mais légères ; céréales, plantations bien entretenues ; puits, lavoir et abreuvoir publics. Les colons élèvent des bestiaux.

DAMIETTE (dép. d'Alger, arr. et ann. de Médéah), village à 3 kil. de Médéah et à 4 kil. de la route d'Alger à Laghouat; population europ. 329 hab. — Église, presbytère, école pour les deux sexes et salle d'asile. — Peu de céréales, culture presque exclusive de la vigne qui donne d'excellents produits; belles plantations d'arbres fruitiers et d'essences forestières. — La conduite d'eau d'Aïn-Deheb alimente les fontaines, lavoir et abreuvoir. — Climat salubre.

DAMRÉMONT (dép. de Constantine, arr. et ann. de Philippeville), village à 5 kil. de Philippeville, sur la rive gauche du Saf-Saf; population europ. 96 hab.— Bonnes terres; céréales, tabac et coton ; nombreux bétail.

DAYA (div. d'Oran et subd. de Sidi-bel-Abbès).— Poste mil., à 71 kil. de Sidi-bel-Abbès. — Les terres sont de mauvaise qualité, et des gelées tardives compromettent souvent les récoltes. — On trouve aux environs de vastes forêts, peuplées de pins d'Alep et de chênes-verts ; mais ces bois ne peuvent être utilisés que pour le chauffage. — Quelques cantiniers, attirés par la présence des troupes, sont les seuls habitants civils de ce poste.

DELLYS (dép. d'Alger, ch.-l. de district), ville maritime, à 96 kil. ouest d'Alger, mi-partie arabe, mi-partie française ; pop. europ. 968 hab., ind. 1,427; ch.-l. de subd. mil., com. civ. justice de paix; direct de port.; église, presbytère, école prim., caserne, hôpital et magasins, direction des postes et télégraphe, cercle militaire, bureau arabe, belle mosquée affectée au culte musulman. La ville française est des plus coquettes ; rues larges, tirées au cordeau, jolie place complantée d'arbres ; la ville arabe a un aspect tout autre.— Climat très salubre.

La pointe de Dellys, s'avançant comme un môle dans la direction du nord-est, ferme l'anse au nord-est ; elle est longue, étroite, élevée ; elle est prolongée de 200 mètres par une ligne de gros rochers, et d'environ 600 mètres par un banc de roches sur lequel il n'y a que 3 mètres d'eau, Le mouillage n'est pas très sûr. On s'occupe de l'améliorer. — Dellys est le marché maritime de la région ouest de la grande Kabylie; elle est placée au débouché des vallées de l'Isser et du Sebaou, qui pénètrent profondément dans le pays ; mais elle est séparée des plaines d'Aumale et des plateaux de l'intérieur par plusieurs chaînes de hautes montagnes. Sa valeur, comme point de transit est à peu près nulle; sa sphère d'action n'embrasse qu'un territoire riche, mais peu étendu, et son port ne sera jamais qu'un marché de caboteurs, succursale de celui d'Alger.

Les cultures qui réussissent le mieux sur le territoire du district, sont celles des céréales, de la vigne, du bechena (variété de sorgho) et de l'olivier.

Dellys fut habitée par les Romains, sous le nom de *Rusucurrum*. On découvre journellement, aux environs, des objets d'art assez curieux, des médailles et des pierres chargées d'inscriptions qui témoignent de son importance. — Elle fut occupée par l'armée française en 1844, et devint le point de départ et la base de nos opérations dans la Kabylie occidentale.

DELY-IBRAHIM (dép. d'Alger, ch.-l. de com.); village à 11 kil. d'Alger; population européenne 215 hab. — Mairie, église et presbytère, temple protestant, école mixte. — Eaux abondantes ; sol très propre à la culture des céréales, du tabac, à la production des fourrages et à l'élève du bétail; la vigne y réussit parfaitement et produit un vin estimé.

DJAMA (division de Constantine, subdiv. de Batna, cercle de Biskara), village arabe, à 60 kil. de Touggourt, sur la route de Biskara à Touggourt. — Céréales et dattiers; puits artésien.

DJEBEL-AOURÈS. Pâté montagneux, au sud-est de Constantine, à l'extrémité du Tell: il a près de 600 kilomètres de tour, et se divise en deux parties: l'une, celle du nord-ouest, comprend le Djebel-bou-Taleb et le Bel-Lezma ; l'autre, celle du sud-est, comprend un ensemble de longues vallées et de montagnes au-dessus desquelles s'élève le Chellia, qui a 2,300 mètres d'élévation.

Le Djebel-Aourès (l'*Aourasius* des anciens) fut, sous les Romains et les Vandales, le théâtre de luttes ardentes; ses habitants, naturellement braves, protégés d'ailleurs par leurs hautes montagnes, échappèrent à toute domination, et ne payèrent jamais aux maîtres de la Régence que d'infimes impôts. — Il appartenait à l'armée française de réduire ces fiers Kabyles Le général Baraguay-d'Hilliers (1843), les ducs d'Aumale et de Montpensier (1844), le général Bedeau

(1845), le colonel Carbuccia (1849), le colonel Canrobert, aujourd'hui maréchal de France, visitèrent successivement cette partie du territoire algérien, et, par des victoires répétées, dont M. Ch. Boucher s'est fait dans la *Revue des deux mondes*, l'élégant historien (1857), ils contraignirent toutes ces populations à reconnaître notre autorité. — Le colonel Canrobert fit mieux que de vaincre, il sut se faire aimer de ces rudes montagnards : son nom exerçait sur leur esprit un tel prestige, que, de nos jours même, les vieux Aourésiens, lorsqu'ils veulent préciser cette époque (1849), disent encore : « *am Kamroubert* (c'était l'année de Canrobert). »

DJELFA (division d'Alger, subdiv. de Médéah, cerc. de Laghouat), pop. europ. 431 hab., ind. 206. — Maison de commandement ; terres fertiles ; puits particuliers ; bois à portée des colons. — Deviendra, par sa position même, un centre important.

DJEMILAH (division de Constantine, subdiv. de Sétif), à 40 kil. nord-est de Sétif ; village arabe. C'est le *Cuiculum* des anciens. Elle fut visitée le 20 octobre 1839 par la colonne qui, sous les ordres du duc d'Orléans, traversa les Portes-de-Fer. — De magnifiques monuments romains existent encore à Djemilah, dont l'antique splendeur est attestée par un arc de triomphe encore debout, un théâtre, deux temples et plusieurs tombeaux. — Cuiculum est restée une sorte d'Herculanum non encore explorée, qui peut offrir une mine inépuisable de découvertes à la science et aux arts.

DJIDJELLI (dép. de Constantine, arr. de Philippeville, ch.-l. de district), ville maritime, à 128 kil de Constantine ; pop. europ. 814, ind. 1052. — Commissariat civil, justice de paix, église, école primaire, pépinière ; caserne, cercle et bibliothèque militaire ; hôpital et magasins ; direction des postes. — Marché arabe tous les jours.

La ville, que protége un fossé d'enceinte, est établie sur une presqu'île rocailleuse, entre deux criques bordées par des plages de sable. La crique de l'ouest, très petite, est sans intérêt pour la navigation ; la crique de l'est, qui forme le port, est vaste et profonde ; elle est abritée des vents d'ouest par la ville et protégée contre la mer du nord par une ligne de récifs de 900 mètres de longueur. On y mouille par 10 à 15 mètres d'eau, dans le nord-ouest du phare. Ce mouillage n'offre aucune sécurité et n'est guère praticable qu'en été. On s'occupe aujourd'hui à transformer cette crique en port fermé.

Djidjelli fut long temps un simple port milit., étroitement bloqué par les Kabyles. La soumission du pays et les routes stratégiques ouvertes par l'armée, à la suite de l'expédition des Babors (octobre 1839), en ont fait un marché maritime de quelque importance. L'eau y abonde et le déssèchement des marais voisins l'assainira. Séparé de Sétif par de hautes chaînes de montagnes, il ne pourra être relié aux plaines de l'intérieur que par la voie lointaine de Mila : partant, dit M. Lieussou, il n'a point d'avenir comme port de transit ; comme port d'exportation, il dessert un marché agricole riche, mais peu étendu vers l'ouest. La proximité du port de Bougie lui enlève toute importance militaire et paraît devoir restreindre son commerce aux ressources de son propre territoire et au transit de Mila et de la vallée de l'Oued-el-Kébir.

Djidjelli fut fondée par les Carthaginois, sous le nom d'*Igigellis* ; plus tard, elle fut élevée au rang de colonie romaine, et devint une ville épiscopale aux époques chrétiennes de l'Algérie. Au XVIᵉ siècle, elle avait des relations commerciales très suivies avec Marseille, Gênes, Livourne et Venise ; en 1514, elle se donna à Barberousse, qui fit de son port le repaire de ses pirates et le dépôt de leurs déprédations. En 1664, sur l'ordre de Louis XIV, qui voulait fonder un établissement militaire sur les côtes de Barbarie, le duc de Beaufort fut chargé de s'en emparer. L'armée de terre, placée sous les ordres du comte de Gadagne, était forte de 5,200 hommes de troupes régulières, y compris un bataillon de Malte, avec 120 chevaliers. Il y avait, en outre, 200 volontaires, et, au moment du débarquement, l'armée fut renforcée de 20 compagnies des vaisseaux, formant un total de 800 hommes. La flotte se composait de 15 vaisseaux ou frégates, 19 galères et vingt autres petits bâtiments. — L'armée débarqua (22 juillet 1664), occupa la ville et construisit un fort, — le fort Duquesne, — pour se défendre contre les attaques incessantes des montagnards kabyles : bientôt après, les Turcs arrivèrent d'Alger, avec une puissante artillerie. Le duc de Beaufort, en mésintelligence complète avec M. de Gadagne, partit pour Tunis, et la position de l'armée française devint très critique. Les Turcs ouvrirent le feu sur les postes extérieurs, démontèrent les batteries, ruinèrent les redoutes et tournèrent enfin leurs forces contre le camp lui-même. La position n'était plus tenable : M. de Gadagne, voyant ses troupes démoralisées, ordonna d'embarquer. Le mouvement s'opéra d'abord avec ordre ; mais bientôt la peur gagna les soldats et, selon l'expression même du général en chef, la retraite devint « aussi honteuse qu'une fuite. » Cette désastreuse affaire nous coûta 1400 hommes, 30 pièces de canon de fonte, 15 de fer et plus de 50 mortiers. — La victoire que les Turcs venaient d'obtenir, ne profita point aux habitants de

Djidjelli : ils ne subirent point, il est vrai, le joug des Chrétiens, mais ils perdirent tout ce qui faisait leur richesse, c'est-à-dire leur commerce avec l'Europe. La ville, dans ces conditions nouvelles, se dépeupla rapidement; en 1725, Peysonnel n'y trouva qu'une soixantaine de maisons.

Djidjelli fut occupée par l'armée française, le 13 mai 1839; le duc d'Orléans la visita la même année. « La ville, écrivait alors Ch. Nodier, n'est qu'un amas de masures kabyles et mauresques, grises et ternes comme le rocher sur lequel elles reposent, et avec lequel elles se confondent de loin ; les rues à peine tracées, les murs crévassés ou renversés et ce misérable assemblage de huttes, préparent tristement à l'aspect hâve et flétri, à la vue de la détresse déguenillée des malheureux habitants de Djidjelli, qui végètent dans la plus hideuse malpropreté. » — Grâces, cependant, à l'initiative de nos soldats, la ville changea rapidement d'aspect ; elle était même en pleine voie de prospérité, lorsqu'elle fut renversée de fond en comble par un tremblement de terre (22 avril 1856).

Elle fut promptement réédifiée ; sa prospérité dépend aujourd'hui de la construction du port. On y travaille activement.

DOUAOUDA (dép. d'Alger, com. et ann. de Koléah), village à 33 kil. d'Alger et à 4 kil. de Koléah; population européenne 268 hab.— Eglise, école mixte, fontaines nombreuses, abreuvoir et lavoir publics. — Terres excellentes ; céréales, coton, vignes, tabac, mûriers et oliviers.

DOUÉRA (dép. d'Alger, ch.-l. de com.), ville à 23 kil. d'Alger, sur la route d'Alger à Blidah; population europ. 1440 hab. — Mairie, justice de paix, église, temple protestant, école primaire pour les garçons, école communale pour les filles, salle d'asile, hôpital contenant 200 lits, hospice pour les vieillards et incurables. — Terres fertiles, eaux saines et abondantes, céréales, bétail, tabac, vignes. — Usine à vapeur à trois tournants pour les farines ; moulin à vent.

DRA-EL-MIZAN (divis. d'Alger, subdiv. et cerc. de Dellys), à 60 k. d'Alger et à 42 kil. de Dellys. Poste militaire à l'entrée de la Kabylie ; pop. europ. 256 hab., ind. 75. — Les habitants vivent de la présence des troupes. — Pas de cultures ; quelques plantations d'arbres fruitiers dans les jardins attenants aux maisons. — Moulin à manége pour le blé, moulin à huile ; distribution des postes.

DRARIAH (dép. d'Alger, com. et ann. de Dély-Ibrahim), village à 16 kil. sud d'Alger, près de l'Oued-Kerma ; pop. europ. 456 hab., ind. 428. — Eglise, presbytère, école mixte, fontaine et lavoir publics. — Terres excellentes; céréales, tabac, vignes qui donnent d'excellent vin; fourrages, élève du bétail. — Village des plus prospères. Nous comprenons dans sa population celle de Kaddous.

Dréan (dép. de Constantine, arr. de Bône), ham. à 24 kil. de Bône, sur l'ancienne route de Bône à Guelma. Ce fut dans le principe un camp militaire.

Duperré (dép. d'Alger, arr. de Milianah, ch.-l. de com.) village à 21 kil. de Milianah, sur la route de cette ville à Orléansville, dans la vallée du Chéliff; population europ. 192 hab. — Mairie, école mixte, rues droites et larges, habitations propres, jardins complantés d'arbres fruitiers. — Terres de bonne qualité; céréales. — A de l'avenir; sa formation en commune de plein exercice y contribuera.

Duvivier (divis. de Constantine, subdiv. de Bône), village à 34 kil. de Souk-Ahras, sur la route de Bône à cette dernière ville; récemment érigé en commune; population europ. 98 hab. — Point d'établissements publics. — Céréales, tabac, vignes. — Prendra de l'extension.

Duzerville (dép. de Constantine, arr. de Bône), village à 11 kil. de Bône, sur la route de Guelma; pop. europ. 200 hab. — Céréales; fermes environnantes bien entretenues. — Vient d'être érigé en commune ayant pour annexe El-Hadjar.

E

El-Achour (dép. d'Alger, commune et annexe de Dély-Ibrahim), village à 2 kil. de Dély-Ibrahim, a gauche de la route qui relie Alger à Douéra; population europ. 82 hab. — Eglise, presbytère, écoles. — Eaux abondantes, fontaines, lavoirs publics, terres excellentes, propres à la culture des céréales, du tabac et de la vigne; belles plantations d'arbres.

El-Afroun (dép. d'Alger, comm. et ann. de Mouzaïville), village à 19 kil. sud de Blidah, à l'extrêmité occidentale de la plaine de la Mitidja, sur la route de Blidah à Milianah et à Cherchell; pop. europ. 259, ind. 6. — Mairie, église, école de garçons et école de filles, salle d'asile, puits, fontaines, abreuvoirs et lavoirs publics. — Terres excellentes, céréales, tabac, belles plantations de mûriers et d'essences diverses.

El-Aria (dép. de Constantine), caravansérail, dans la vallée du Bou-Merzoug, sur la route de Constantine à Batna.

El-Arrouch (dép. de Constantine, arr. de Philippeville), village récemment érigé en comm., à 31 kil. de Philippeville, sur la route de cette ville à Constantine; popul. europ 622 hab., y compris celle d'El-Kantour. — Maison commune, église, écoles, hôpital caserne et brigade de gendarmerie, bureau de poste. — Eaux abondantes, fontaine, lavoir et abreuvoir publics. — Terres bonnes, culture des céréales, fourrages, belles plantations, beaucoup d'oliviers. — Elève du gros bétail et des races ovines et porcines. — Marché arabe tous les vendredis.

El-Arrrouch était, dans l'origine, une station militaire : le camp, attaqué, en 1842; par les arabes, fut vigoureusement défendu par le colonel Lebreton, du 22° de ligne. Ce fut une brillante affaire.

El-Atef (div. d'Alger, subd. de Médéah, cercl. de Laghouat), ville arabe de la confédération des Beni-M'zab; pop. 2000 h.; belles plantations au sud de la ville.

El-Biar (dép. d'Alger, com. et ann. d'Alger), village à 6 kil sud-ouest d'Alger, sur la route de Douéra et Chéragas. — Groupe de maisons, environnées de jardins; pop. europ. 307, hab. — Eglise, brigade de gendarmerie, école, pensionnat pour les orphelines, refuge pour les filles repenties. — El-Biar est un des villages les plus prospères de la colonie.

El-Braïka (div. d'Oran, subdiv. de Sidi-bel-Abbès), groupes de fermes établies dans la plaine du Thessala.— Terres assez bonnes ; point d'eau.

El-Hachachia (dép. de Constantine, arr de Sétif), village arabe. — Une belle source alimente ce village; plusieurs jardins ont été créés et quelques plantations ont été faites.

El-Hadjar (dép. de Constantine, arr. de Bône), village à 12 kil. de Bône, près de l'Oued-Boudjima, ann. de Duzerville; pop. europ. confondue dans celle de Duzerville. — Céréales, vignes, tabac, coton. — Riches carrières de marbre.

El-Hassi (dép. de Constantine, arr. de Sétif), hameau à 12 kil. nord de Sétif. — Attribué en toute propriété à la Compagnie génevoise, par décret impérial du 26 avril 1858. Non encore créé.

El-Kantours (dép. de Constantine, arr. de Philippeville), village, annexe de la commune d'El-Arrouch, à 48 kil. sud de Philippeville, sur la route de cette ville à Constantine. Les habitants s'occupent peu de cultures : la plupart d'entr'eux tiennent auberge.

EL-KEROUB (dép. et district de Constantine), hameau à 16 kil. de Constantine, sur la route de cette ville à Batna, sur une hauteur qui domine la vallée du Bou-Merzoug; popul. europ. 75 hab. — Église, presbytère et fontaine publique. — Terres, cultures. — Il s'y tient, tous les samedis, un marché considérable de bestiaux.

EL-OUED (div. de Constantine, subdiv. de Batna, cercle de Biskara), ville arabe ; 7000 habitants.

EL-OURICIA (dép. de Constantine, arr. de Sétif), hameau à 12 kil. nord-est de Sétif, près de la route de Bougie, fondé par la Compagnie genevoise ; pop. europ. 189 hab. — Temple protestant, maison commune ; écoles de garçons et de filles, salle d'asile, fontaine, lavoir et abreuvoir. — Terres labourables excellentes, prairies médiocres, eaux peu abondantes et de mauvaise qualité; sol humide et, par suite, peu salubre.

EMSILA (dép. d'Oran, comm. de Misserghin).

ER-RAHEL (dép. et arrond. d'Oran), hameau de 16 feux, sur la route d'Oran à Tlemcen, à 54 kil. d'Oran.
C'est à Er-Rahel que vient aboutir la route de ceinture de la M'leta. Cette situation exceptionnelle à la jonction de deux voies fréquentées lui assure une certaine prospérité. — Terres sablonneuses; la vigne y réussit.

ENCHIR-SAÏD (dép. de Constantine).

EULMA (dép. de Constantine, arr. de Sétif), caravansérail à 26 kil. de Sétif, sur la route de Constantine à Sétif.

ÉTOILE (L') (dép. d'Oran, comm. et ann. de Sidi-Chami), hameau à 4 kil. de Sidi-Chami ; — Bonnes terres; vignes et mûriers.

F

FARFAR (dép. de Constantine, subdiv. de Batna, cercle de Biskara), village arabe à 30 kil. de Biskara. — Riche en dattiers ; puits artésien.

FEDJ-EL-ARBA (divis. de Constantine), caravansérail à 76 kil. nord-est de Constantine, sur la route de Constantine à Djidjeli.

Fermatou (dép. de Constantine, com. et ann. de Sétif), ham. à 9 kil. de Sétif, sur les bords du Bou-Selam. — Les jardins sont des mieux entretenus, des plus productifs et forment la principale ressource des habitants.

Ferme (la) (dép. Alger, arr. de Milianah, distr. et comm. d'Orléansville), village à 600 m. d'Orléansville, sur la rive droite du Chéliff, qu'on traverse sur un pont américain; population europ. 230 hab. — Sol fertile; céréales, un peu de tabac sur la partie du territoire du village dite l'*Hippodrome*; puits à noria.

Filfila (dép. de Constantine, arr. de Philippeville, district et ann. de Jemmapes), groupe d'habitations spécialement affectées aux ouvriers qui travaillaient à l'extraction des marbres du Filfila. — L'exploitation est momentanément abandonnée, mais paraît devoir être reprise très prochainement.

Fleurus (dép. d'Oran, ch.-l. de com.), village à 20 kil. d'Oran, sur la route d'Oran à Mostaganem; population europ. 331 hab. — Mairie, église, presbytère, écoles pour les deux sexes et salle d'asile; puits, abreuvoir et lavoir publics; point d'eau courante. — Terres propres à la culture des céréales, blé, orge, seigle et avoine, plantes sarclées et légumineuses; puits particuliers; plantations publiques bien entretenues. — Deux carrières à plâtre en exploitation, un moulin à vent, tuilerie et briqueterie.

Fondouk (le) (dép. et arr. d'Alger, ch.-l. de com.), village à 30 k. est d'Alger, sur la rive gauche du Khamis; population europ. 644 hab. — Mairie, église et école; fontaine, abreuvoir et lavoir publics. — Sol fertile, abondamment irrigué par les eaux du Khamis, au moyen d'un canal de dérivation; céréales et tabac; belles plantations d'arbres.

Former (dép. de Constantine), village à 8 kil. de Constantine, dont il est une annexe, sur la route de Constantine à Bône, dans la vallée du Bou-Merzoug.

Fort-de-l'Eau (dép. d'Alger, com. et ann. de la Rassauta), village à 3 kil. de la Rassauta, pop. europ. 434 hab. — Chapelle, salle d'asile, fontaine, abreuvoir et lavoir. — Ce village est l'un des plus propres et des plus riches de l'arrondissement. Les Mahonnais qui le peuplent, se livrent en grand à la culture maraîchère et trouvent un fructueux écoulement de leurs produits sur le marché d'Alger.

Fort-des-Anglais (banlieue d'Alger). — Caserne sur la route d'Alger à Saint-Eugène.

Fort-Génois (dép. de Constantine, arr. de Bône), port maritime, à 4 kil. ouest de Bône. — Son nom lui vient d'un fort, aujourd'hui abandonné, que les commerçants gènois firent construire au XV° siècle, alors qu'ils se livraient, sur la côte d'Afrique, à la pêche du corail. — Le mouillage du Fort-Génois est couvert au nord-ouest et au nord par les montagnes du cap de Garde; il est défendu des rumbs au-dessous du sud-est, par la proximité du cap Rosa. De grands bâtiments mouillent en dedans de la pointe du port, par des profondeurs variables depuis 12 jusqu'à 30 mètres, sur un fond de vase mêlée de sable, d'une excellente tenue. Les petits navires mouillent plus près de terre, dans la région nord de l'anse. — Cette rade foraine, placée à l'entrée du golfe, est facile à prendre et à quitter par tous les temps; elle offre à la navigation côtière une très bonne relâche. Par sa position géographique, elle couvre la frontière de Tunis et surveille les abords du canal de Malte, l'un des trois nœuds stratégiques de la Méditerranée. Sous les rapports offensif et défensif, elle occupe, à l'est de l'Algérie, une position analogue à celle que Mers-el-Kébir occupe à l'ouest; mais les imperfections de son mouillage et la proximité de la rade de Bougie lui assignent un rôle plus modeste. — De puissantes batteries de côte la protègent contre toute attaque. — La montagne qui domine le fort recèle de belles carrières de marbre, actuellement exploitées par une compagnie concessionnaire.

Fort-Napoléon (divis. d'Alger, subdiv. de Dellys et ch.-l. de cercle), place de guerre construite par l'armée, sur le plateau central des Beni-Raten (grande Kabylie), et qui domine une partie du territoire; population européenne 141 hab. — La ville, protégée par une enceinte flanquée de dix-sept bastions, embrasse une superficie de 12 hectares. — Maison de commandement, pavillon d'officiers, bureau arabe, casernes d'infant. et de caval., magasins de subsistances et autres, ateliers du génie, poste télégraphique et bureau de postes, infirmerie où les civils sont admis. — Hôtel pour les voyageurs. Fontaines publiques; climat salubre.

Les tribus kabyles qui habitent ce pâté de montagnes se glorifiaient d'échapper à la domination de la France, et étaient devenues un foyer permanent d'insurrection. Déjà (1854), obéissant aux instigations d'un marabout, elles avaient pillé nos alliés, attaqué nos avant-postes et tenté d'incendier Dra-el-Mizan. Le maréchal Randon, alors gouverneur-général, attendait pour venger ces insultes, que la guerre d'Orient fût terminée. Il prépara de longue main l'expédition ; puis, quand l'heure eut sonné où il pouvait agir, il se mit en marche (mai 1857).

Le corps expéditionnaire, formé des troupes régulières et de quelques goums arabes, comprenait trois divisions et deux colonnes d'observation. soit près de 35,000 hommes. La première division était commandée par le général Renault, la seconde par le général Mac-Mahon, la troisième par le général Yusuf. Pour bien comprendre les difficultés que présentait l'expédition, il faut se rappeler que les villages kabyles sont édifiés, pour la plupart, au sommet des montagnes, protégés par des obstacles naturels et défendus par la population la plus belliqueuse de l'Algérie. Le maréchal Randon triompha, cependant, de tous ces obstacles. Les troupes, habilement dirigées et vaillamment conduites, escaladèrent, sous un feu continuel, des positions qui semblaient inabordables, poursuivirent l'ennemi dans ses derniers retranchements, prirent d'assaut chaque village et, après soixante jours de combat, forcèrent toutes les tribus à demander l'aman. — La Kabylie entière déposa les armes. Mais il fallait assurer notre domination ; des routes furent percées dans la montagne, qui rendirent les communications plus rapides et plus sûres et le Fort-Napoléon fut édifié.

FOUKA (dép. d'Alger, com. et ann. de Koléah), village à 4 kil. de Koléah, en face de la mer, popul. europ. 348, hab. — Chapelle, école mixte, fontaine, abreuvoir et lavoir publics. — Terres excellentes ; céréales, oliviers, tabac et vignes. — Moulin à farine et briqueterie.

FROUDA (dép. d'Oran, com. et ann. de Sidi-bel-Abbès), ham. à 80 kil. d'Oran et à 6 kil. de Sidi-bel-Abbès. — L'existence de ce village n'est encore que nominale. Les colons qui y ont été admis en qualité de concessionnaires, n'y résident pas: ils habitent Sidi-bel-Abbès et ne viennent à Frouda qu'à l'époque des semailles et à celle des moissons. — Terres fertiles ; un puits, creusé à 8 mètres, donne une eau excellente. — Climat malsain : les causes d'insalubrité sont attribuées à la stagnation des eaux de l'oued Sarna, et au piétinement des troupeaux indigènes dans ces eaux lentement renouvelées. Des études ont été prescrites pour remédier à cet état de choses.

G

Gardaïa (divis. d'Alger, subdiv. de Médcah, cercle de Laghouat), ville arabe, de la confédération des Beni-M'zab.

M. Duveyrier, intrépide et savant voyageur qui explore en ce moment le Sahara, a donné de cette ville la description suivante : « La population de Gardaïa peut être de 12 à 14 mille âmes : cette ville, fort bien bâtie en pierres calcaires, cimentées avec de la chaux, s'élève en amphithéâtre sur un mamelon qui divise en deux la vallée ; deux quartiers très vastes, principalement habités par les Arabes, s'étendent ensuite au niveau de l'oued. Gardaïa a sept portes, dont une dans le quartier des Juifs. Les maisons sont construites à un étage et surmontées d'une terrasse ; au milieu se trouve la cour, sur laquelle donne une galerie, et des arcades supportent la terrasse. Quelquefois ou ajoute encore une pièce sur le toit. L'aspect de ces maisons, d'une teinte grisâtre, au milieu desquelles ressortent quelques-unes, blanchies à la chaux, toutes ces arcades superposées, puis, à la partie la plus élevée de la ville, le minaret élancé, et, tout à côté, un autre plus petit, incliné comme la célèbre tour de Pise ; les murailles et leurs bastions, tout cela forme un ensemble pittoresque, ayant son cachet à part.

» Les plantations de dattiers de la ville sont éloignées de 2 kilomètres environ vers le haut de la vallée ; on les aperçoit comme une bande de fraîche verdure. Cependant, depuis la ville jusqu'à cette forêt de palmiers, il y a une ligne non interrompue de jardins sur la rive gauche de l'oued. — Gardaïa est la seule ville de l'Oued-M'zab qui ait une population juive ; elle peut monter à 200 ou 300 individus. C'est entre leurs mains que se trouvent presque toute l'industrie et la fabrication du pays, à l'exception de la fabrication d'objets de cuir et de celle des étoffes de laine qui, comme dans le reste du Sahara, est le travail des femmes dans les familles. Les plus riches commerçants israélites sont à la tête du commerce de l'or, des plumes d'autruche et des autres denrées du Touat. »

Gar-Rouban (divis. d'Oran, subdiv. de Tlemcen), cercle de Nemours ; village entièrement habité par les ouvriers qui travaillent aux mines de cuivre ; population europ. 772 hab. — Les mines consistent : en un atelier de préparations mécaniques pour broyer les minerais, deux ateliers de lavage et une fonderie.

Gastonville (dép. de Constantine, arr. de Philippeville), village récemment érigé en commune à 22 kilomètres de Philippeville et à 59 kil. de Constantine, sur la route qui relie ces deux villes ; popul. europ. 426 hab. — Eglise, mairie et écoles. — Eaux abondantes ; bonnes terres ; céréales, maïs, tabac et coton ; bétail nombreux ; beurre estimé ; belles plantations d'arbres fruitiers. Climat salubre.

Gastu (dép. de Contantine, arr. de Philippeville), village à 34 k. de Guelma et à 28 de Jemmapes, sur la route qui relie ces deux villes; pop. europ. non déterminée. — Maison commune, chapelle, école mixte et salle d'asile, habitations propres et bien construites, fontaine et lavoir. — Sol fertile ; céréales, tabac et coton, vignes, élève du bétail. — Prendra de l'importance lorsque les voies de communication seront achevées.

Géryville (divis. d'Oran et subdiv. de Mascara), poste militaire a 280 kil. de Saïda. — Ce n'est, à proprement parler, qu'un petit fort. — Marché arabe tous les lundis.

Goléa, oasis, à 400 kil. environ de Laghouat, sur la route que suivent les caravanes ; pop. de 12 à 1500 hab. — C'est la capitale des Chamba de l'est ; elle se compose de deux villes : la ville haute, bâtie sur le faîte d'un rocher et entourée de murailles assez hautes, et la ville basse, qui occupe l'espace compris entre la ville haute et le mamelon sur lequel on voit les ruines de l'ancienne Casbah. A l'entour des deux villes, sont disposées, sans ordre, un certain nombre de plantations de dattiers.

Goreith (dép. d'Alger, com. et ann. de Boufarik), hameau.

Gourara (Sahara oranais), groupe d'oasis où stationnent les caravanes ; il s'étend du nord-est au sud-est, sur une surface d'environ 700 lieues carrées, et est divisé en neuf districts, commandés chacun par un chef particulier. Le gouvernement français n'a ni influence ni action sur ces tribus.

« Le Gourara produit des dattes en abondance ; la principale culture est celle du palmier. On trouve cependant dans les vergers des figuiers, quelques grenadiers, de la vigne, des amandiers et un arbuste toujours vert, aux feuilles larges et épaisses, que les indigènes appellent *keranka*, et avec lequel ils font du charbon pour la fabrication de la poudre. Sous les palmiers, les Gourariens cultivent un peu de blé et d'orge, du maïs, du millet, des haricots, des petits pois, des fèves, des pois chiches, des navets, des carottes, des oignons, des aulx, des choux, des citrouilles, des gourdes, des melons, des pastèques, des concombres, des tomates, des piments et surtout le *fallelt-et-thiour* (piment des oiseaux), qui est tout au plus gros comme une cerise, très rouge et extrêmement fort. Ils cultivent aussi, mais en petite quantité, la garance, le coton, le henné et l'anis. Chaque propriétaire de jardin a toujours un carré de *faça* (espèce de trèfle qui pendant l'été atteint la hauteur d'un homme) qu'il coupe au fur et à mesure des besoins, et qui repousse toujours. C'est avec ce trèfle qu'il nourrit son cheval, s'il en a un, ses ânes et ses chèvres. Il le fait sécher pour l'hiver. — Les Gourariens sont, pour la plupart, sédentaires dans leurs ksours, contruits en pisé et entourés de murailles et de fossés. Les maisons sont couvertes de terrasses soutenues par des troncs de palmiers ; quelques-unes s'élèvent d'un étage.

» Le Gourara a été souvent menacé et envahi par les barbares des montagnes marocaines. La plus récente de ces invasions fut la plus terrible ; elle eut lieu vers 1835. Douze ou quinze mille marocains s'emparèrent de Timimoum, se rassasièrent de pillage, de viol et de meurtre et se retirèrent. Longtemps les ksours payèrent un impôt ; ils l'ont aboli depuis peu, et se sont coalisés pour repousser toute invasion. » (Voy. *Les oasis du Sahara* par le colonel de Colomb, 1860.)

GUELAAT-BOU-SBA (dép. de Constantine, arr. et ann. de Guelma), village à 10 kil. de Guelma, sur la route de Bône, population europ. 239 hab. — Église et presbytère ; conduite d'eau qui alimente une fontaine avec abreuvoir et lavoir. — Céréales, tabac et vignes; plantations d'arbres fruitiers.

GUELMA (dép. de Constantine, ch.-l. d'arr.), ville à 66 kil. sud-ouest de Bône, à 100 kil. de Constantine, sur la rive droite de la Seybouse, dont elle est distante de 2 kil.; pop. europ. 1656, ind. 2039. — Sous-préfecture, justice de paix, jolie église et presbytère, mairie, écoles, asile, oratoire protestant ; casernes d'infanterie et de cavalerie, bureau arabe, hôpital, bureau de poste, pépinière, rues tirées au cordeau, parfaitement aérées, places et promenades publiques, eaux abondantes, belles plantations d'arbres. Climat salubre. — Deux marchés très fréquentés, l'un quotidien, affecté à la vente des céréales, l'autre à la vente des bestiaux et de tous les produits indigènes.

Guelma fut fondée par les Romains sous le nom de *Calama*.

GUELT-ES-SLET (divis. d'Alger), caravansérail sur la route de Boghar à Laghouat.

GUELT-ZERGA (dép. d'Alger, district et annexe d'Aumale). Centre créé par décret du 18 février 1859.

GUERARA (div. d'Alger, subdiv. de Médéah, cerc. de Laghouat), ville arabe à 500 kil. d'Alger; fait partie de la confédération des Beni-M'zab; pop. 4,000 hab.

GUERGOUR (dép. de Constantine, arr. de Sétif). Eaux minérales, à 40 kil. de Sétif.

GUIFCER (div. de Constantine, subdiv. de Sétif), caravansérail à 53 kil. de Bougie, sur la route de Bougie à Sétif.

GUYOTVILLE (dép. d'Alger, comm. et ann. de Chéragas), village à 15 kil. d'Alger, sur le bord de la mer, pop. europ. 115 habitants. — Fontaine, lavoir et abreuvoir publics. — Blé, avoine et vignes.

H

HADJAR-ZERGA (dép. d'Oran, arr. de Sidi-bel-Abbès), groupes de fermes situées dans la plaine du Thessala. — Terres médiocres; point d'eau.

HAMMA (LE) (dép. et comm. d'Alger), groupe d'établissements d'horticulture et de maisons de plaisance, à 6 kil. d'Alger. — C'est là que se trouve le *Jardin d'acclimatation,* Pépinière centrale du gouvernement, et la plus jolie promenade des environs d'Alger. — Cet établissement, qu'on désignait autrefois sous le nom de *Jardin d'Essai,* occupe une superficie de 58 hectares, dont 36 en plaine et 22 en montagne; il réunit ainsi les diverses conditions de sol et d'exposition qui conviennent à une création de ce genre. — Outre les pépinières qu'on y forme, on y essaie, sur une grande échelle et sous la surveillance d'un Directeur, l'introduction, l'acclimatation, la culture et l'exploitation de tous les végétaux utiles, répartis sur la surface du globe. — Le nombre des différentes espèces déjà introduites et cultivées dans ce jardin dépasse *six mille*; celles des espèces qui ont donné des résultats utiles sont multipliées et mises à la disposition des cultivateurs, qui les achètent à prix réduits.

Depuis sa création (1832), la Pépinière centrale a livré à la colonisation 1,300,000 arbres, un nombre à peu près égal de jeunes plants et des graines en quantités considérables. — On reçoit aujourd'hui dans cet établissement, pour les acclimater en Algérie et les y domestiquer, des animaux utiles ou susceptibles de le devenir.

HAMED-BEN-ALI (dép. de Constantine, district et ann. de Jemmapes), village à 4 kil. sud-ouest de Jemmapes, sur la route de Jemmapes à Saint-Charles ; popul. europ. 148 hab. — Bonnes terres, puits nombreux.— Outre sa population fixe, Ben-Ali a une population flottante de 100 ouvriers environ, employés à la mine de fer exploitée par M. Labaille.

HAMEDI (dép. d'Alger, comm. et ann. du Fondouk), hameau situé entre la Maison-Blanche et le Fondouk, sur la route d'Alger; pop. 25 hab.

HAMMAM-MESKOUTINE (dép de Constantine, distr. de Guelma), sources thermales, à 18 kil. de Guelma. — Le gouvernement y a fondé un petit établissement pour les malades et les blessés. Les eaux, qui ont une température de 95 degrés, sont souveraines contre les rhumatismes invétérés, les ulcères fistulaires et les affections cutanées. La proportion des malades guéris ou sensiblement soulagés est de 82 p. 100. — Quand l'Algérie sera mieux connue, Hammam-Meskoutine deviendra un centre important.

HÉLIOPOLIS (dép. de Constantine, comm. et ann. de Guelma), village à 5 kil. de Guelma, sur la route qui conduit à Bône; pop. europ. 332 habitants. — Eglise, écoles, fontaine, abreuvoir et lavoir publics. — Terres fertiles, abondamment irriguées, céréales, tabac, vignes, belles et nombreuses plantations d'arbres fruitiers, plusieurs moulins. — Héliopolis est, sans contredit, le plus beau centre de l'arrondissement.

HENNAYA (dép. d'Oran, com. et ann. de Tlemcen), village à 11 kil de Tlemcen; pop. europ. 264 habitants.— Eglise, presbytère, école et salle d'asile. — Sol fertile, eaux abondantes et d'excellente qualité, fontaine, lavoir et abreuvoir publics. — Céréales, tabac et oliviers. Belles plantations particulières. Bétail nombreux.

HILLIL (dép. d'Oran), village de 50 feux, arr. de Mostaganem, sur la route de Mostaganem à Relizane, dans la plaine de l'Hillil et à 45 kil. de Mostaganem; pop. europ. encore insignifiante.

La rivière de l'Hillil fournit trop peu d'eau pour que les terrains soient suffisamment irrigués et mis en rapport; l'eau est, en outre, insalubre et désagréable à boire, à cause de la grande quantité de tortues qui y vivent. — Cultures nulles ; les habitants vivent exclusivement du produit de leur commerce avec les voyageurs.

HIPPÔNE (dép. de Constantine, comm. de Bône), hameau à 2 kil. est de Bône, qui n'a d'importance que par les souvenirs qui s'y rattachent. — Fut fondée par les Carthaginois, sous le nom d'*Ubbo;* devint, plus tard, le siége d'un évêché qu'administrait St-Augustin (396) ; prise et en partie détruite par les Vandales (430) ; reprise par Bélisaire (534), et détruite de fond en comble par les Arabes en 667, il n'en reste plus que des ruines. On a élevé sur le tertre qui domine ces ruines un petit autel en marbre, surmonté de la statue de St-Augustin et environné d'une grille de fer. — On y célèbre chaque année, et en grande pompe, une messe commémorative.

HUSSEIN-DEY (dép. d'Alger, comm. et ann. de Kouba), village à 6 kil. est d'Alger ; pop. europ. 700 habitants. — Chapelle, presbytère, écoles et salle d'asile. — Vastes magasins pour le service des tabacs, usines nombreuses, terres de premier choix abondamment irriguées, cultures maraîchères, fruits abondants. — Lieu de plaisance et but de promenade.

HYDRA (dép. d'Alger, comm. et section d'El-Biar), ancienne résidence de la famille du Dey, sur un des mamelons du Sahel, à 6 kil. d'Alger ; maison mauresque admirablement construite, dallée de marbre et de mosaïques. — Eaux courantes, fontaines, bassins et réservoirs ; jardins couverts de fleurs et d'arbres fruitiers, orangers et limoniers ; terres excellentes, abondamment irriguées, propres à toute culture ; air salubre, tempéré par les brises de mer.

Le château d'Hydra, — habitation toute princière, — deviendra le centre d'une vaste exploitation.

I

ISLY. — Petite rivière, dans le Maroc, à quelques kilomètres de notre frontière. — C'est sur les bords de l'Isly que le maréchal Bugeaud, à la tête de 10,000 hommes, défit, en bataille rangée, l'armée marocaine, forte de 40.000 combattants, et que commandait en personne le fils de l'Empereur (14 août 1844).

La victoire d'Isly, qui suffirait pour illustrer le maréchal Bugeaud, marquera dans les fastes de l'armée d'Afrique comme le succès le plus éclatant et le plus décisif. Aussi bien, et pour nous servir des expressions mêmes du Maréchal, elle apprit à l'Europe étonnée que la victoire n'est pas toujours du côté des gros bataillons, et ruina de fond en comble la puissance d'Abd-el-Kader, qui était alors notre implacable ennemi.

Ce fut une grande et glorieuse journée, où chefs et soldats rivalisèrent d'ardeur : nous la raconterons en détail, mais il nous faut d'abord rappeler les causes qui avaient amené la guerre.

Poursuivi sans relâche par nos colonnes mobiles, abandonné des siens, Abd-el-Kader avait quitté la Régence et s'était réfugié dans les montagnes du Riff, au delà de nos frontières. C'était là qu'il comptait recruter de nouveaux soldats pour la guerre sainte. En face des montagnards, il se posa non point en prétendant que la fortune avait trahi, mais en serviteur d'Allah, c'est-à-dire en ennemi des chrétiens. Mis en contact avec les marabouts, il leur raconta toutes les phases de la guerre, montra l'armée française détruisant sur son passage les champs, les moissons, les troupeaux, prête à envahir leur territoire, — et il demandait quel crime avaient commis les enfants du Prophète pour que Dieu les laissât ainsi sans courage et sans forces.

Ces discours, pieusement écoutés et promptement répandus, excitèrent dans le Riff une violente agitation. Abd-el-Kader fut considéré comme un martyr : de tous les points on accourut pour le voir et l'entendre, et si grande devint sa popularité, que l'empereur du Maroc le créa khalifa de la province.

Le gouvernement français ne voulait point la guerre : il s'adressa à la cour de Fez et demanda l'exécution pure et simple des traités antérieurs. Abd-er-Rhaman, qui croyait pouvoir compter sur l'appui de l'Angleterre, répondit d'une manière évasive. On convint toutefois que, pour éviter tout sujet de querelle, on fixerait la délimitation des frontières. El-Gennanouï, kaïd d'Ouchda, fut chargé par l'empereur de régler le différend avec l'autorité française.

Mais on ne soulève point impunément les passions religieuses : les Marocains avaient fait cause commune avec Abd-el-Kader et il leur tardait de commencer la lutte. Sur ces entrefaites, le fils aîné d'Abd-er-Rhaman vint à Ouchda : sa présence enflamma le courage des musulmans qui, sans provocation aucune et sans déclaration de guerre, se ruèrent contre Lalla-Maghnia. Heureusement, Lamoricière était là : aux premiers coups de feu il marcha contre l'ennemi ;

bientôt après, les Marocains fuyaient en désordre.

Bugeaud était alors en Kabylie ; à la nouvelle du combat d'Ouchda, il partit en toute hâte pour la province d'Oran avec les bataillons disponibles, et prit le commandement des troupes (12 juin 1844). Son premier soin fut de demander à Gennanouï une conférence, afin de régler les points en litige. Celui-ci accepta, et la conférence fut fixée au 15 juin, sur les bords de la Moulouïa. Le général Bedeau fut chargé d'y représenter la France : il s'y rendit avec la cavalerie française et quatre bataillons d'infanterie. De son côté, Gennanouï s'était fait accompagner par six cents fantassins et trois mille cavaliers.

Les deux troupes étaient à peine en présence que les Marocains entourèrent nos bataillons, et, s'excitant les uns les autres, commencèrent le feu. Gennanouï suspendit un instant les pourparlers, afin de rétablir l'ordre, puis déclara qu'il ne pouvait contenir l'enthousiasme de ses soldats et qu'il fallait terminer au plus vite. Abd-er-Rhaman, ajoutait-il, désirait la paix, mais il voulait que les Français se retirassent derrière la Tafna, qui serait désormais notre limite.

Les deux chefs ne purent s'entendre : on se sépara ; mais au moment où la troupe française commençait sa retraite, elle fut attaquée.

Le général Bedeau avait reçu l'ordre formel de ne point accepter la bataille ; il méprisa l'insulte et se retira. Le Maréchal, prévenu de ce qui se passait, prit avec lui quatre bataillons et se porta rapidement au secours de la colonne, qui fit aussitôt volte-face, chargea les Marocains et ne s'arrêta qu'après les avoir dispersés.

La guerre une fois commencée, le maréchal Bugeaud agit avec sa vigueur habituelle.

Depuis plusieurs jours il préparait moralement et matériellement sa petite armée ; il réunit plusieurs fois les officiers pour les bien pénétrer de quelques principes dont il allait faire l'application, et il fit répéter la manœuvre qu'il avait adoptée pour combattre la cavalerie marocaine.

Le 13 août, au soir, l'armée simulant un grand fourrage, se porta à quatre lieues en avant, puis s'arrêta. A minuit, elle se remit en marche ; au petit jour elle arrivait à la rivière d'Isly, qu'elle devait traverser deux fois pour joindre l'ennemi.

Le passage du premier gué s'effectua sans trop de difficultés ; peu d'heures après, les troupes gagnaient un massif qui forme le coude très peu prononcé de la rivière, et voyaient devant elles tous les camps marocains, rangés sur la rive droite, au milieu de plusieurs milliers de combattants. — Sur une butte dominant les alentours, on distinguait les tentes du fils de l'Empereur, ses drapeaux et son parasol, signes du commandement.

Le maréchal réunit autour de lui les chefs de corps pour leur donner ses dernières instructions ; il leur désigne pour point de direction, la tente même du fils de l'empereur ; aussitôt après, l'armée descend vers le second gué.

Les Marocains essayent d'en défendre le passage, qui est résolument franchi, et la colonne atteint, sans grandes pertes, un plateau immédiatement inférieur à la butte occupée par le fils du sultan. Les pièces de campagne sont pointées sur cette butte : à l'instant même, des masses de cavaliers arabes débouchent à droite et à gauche des collines et enveloppent notre armée. Nos tirailleurs, placés en avant, se couchent à plat-ventre ; les carrés ouvrent leur feu, et les canons tirent à mitraille. Alors, toute cette cavalerie s'arrête, inquiète, et commence à tourbillonner. La colonne continue sa marche, et, après une assez faible résistance, elle enlève la butte où quelques minutes auparavant brillait le parasol de Mohammed.

Cette butte prise, le maréchal ordonne une conversion à droite et charge la cavalerie, qui n'avait point encore donné, de porter le coup décisif.

Le colonel Tartas divise sa troupe en quatre échelons, formés chacun de quatre à cinq cents cavaliers : le premier de ces échelons se compose en grande partie de spahis indigènes : Yusuf est à leur tête ; il se précipite, tête baissée, vers le camp marocain, traverse, comme une trombe, les masses compactes qui s'efforcent de l'arrêter et arrive aux tentes marocaines remplies de fantassins et de cavaliers qui lui disputent le terrain pied à pied. A peu de distance des spahis accourent trois escadrons de chasseurs, qui donnent à l'attaque une nouvelle impulsion : les canonniers marocains sont sabrés sur leurs pièces ; leur artillerie est prise, et le camp de Mohammed reste au pouvoir des Français. — Il était encombré de cadavres, de pièces d'artillerie et de drapeaux ; on y retrouva le parasol du fils de l'empereur, et sa tente dressée reçut les glorieux trophées que nous venions de conquérir.

Ainsi finit cette bataille mémorable qui devait consacrer la conquête définitive de l'Algérie.

J

JEMMAPES (dép. de Constantine, arr. de Philippeville, ch.-l. de district), ville située dans la vallée du Fendek, à 40 kil. sud-ouest de Philippeville et à 90 kil. nord de Constantine; pop. europ. 1,100 habitants. — Commissariat civil, justice de paix, église et presbytère; écoles de garçons et de filles, poste de gendarmerie; fontaines alimentées, au moyen d'une conduite, par les eaux d'une source (Sayafa). — Rues larges, bien aérées, hôtels pour les voyageurs, diligences publiques, moulins à manége, moulins à vent, marché couvert; marché arabe tous les lundis. — Terres excellentes, blé, orge, maïs et fèves, vignes aux environs, vastes forêts de chênes-liége, actuellement exploitées par une compagnie concessionnaire.

JOINVILLE (départ. d'Alger, comm. et ann. de Blidah), village à 3 kil. de Blidah; pop. europ. 390 habitants. — Fontaine et lavoir, boulevards plantés de frênes, d'ormes et de platanes d'une admirable venue. Sol fertile, céréales et cultures maraîchères, vignes, volailles, bétail assez nombreux, vacheries renommées.

K

KACHEROU (divis. d'Oran, subdiv. de Mascara), village arabe à 20 kil. de Mascara, lieu de pèlerinage pour les musulmans de l'ouest, qui viennent y visiter le tombeau de Mahi-ed-Din, père d'Abd-el-Kader.

KALFOUN (dép. de Constantine, comm. et ann. de Sétif), hameau à 5 kil. de Sétif; pop. europ. 69 habitants. — Fontaine, lavoir et abreuvoir. —Terres excellentes, céréales. — A de l'avenir.

KARÉZAS (dép. de Constantine, comm. de Bône), groupe de maisons. — Riches mines de fer dont la concession a été faite à des particuliers.

KARGUENTAH (dép. d'Oran), un des faubourgs d'Oran, dont il est séparé par un petit ravin; pop. europ. 6170 hab.—Eglise, halle aux grains, magasin de tabac : quartier de cavalerie, caserne d'artillerie ; écoles communales ; rues larges, droites, bien aérées ; jolies maisons.

KAROUBA (dép. d'Oran, comm. et ann. de Mostaganem), ham. à 4 kil. de Mostaganem ; pop. europ. 30 hab. — Céréales et vignes. — Puits publics ; point d'eau courante.

KEF-OUM-TEBOUL (dép. de Constantine, dist. et comm. de La Calle), à 13 kil. de La Calle. — Vaste établissement où l'on traite les minerais de plomb argentifère extraits des mines voisines. — Pop. europ. 192 hab.

KLÉBER (dép. d'Oran, comm. et ann. de St-Cloud), à 29 kil. d'Oran ; pop. europ. 235 hab. — Maison commune ; église, presbytère, école mixte ; fontaine et abreuvoir ; pas d'eau courante ; puits particuliers. — Céréales et cultures sarclées.

KOLÉAH (dép. et arr. d'Alger, ch-l. de comm.), sur un côteau du Sahel, en face de Blidah, et à 15 kil. d'Alger ; pop. europ. 1900 hab.; ind. 1735. — Mairie, justice de paix ; église ; écoles primaires pour les deux sexes, salle d'asile ; poste de gendarmerie. Maisons coquettes, avec cours et jardins complantés d'arbres ; eaux abondantes ; fontaines et bassins ; diligences ; bureau de poste ; hôtel pour les voyageurs ; au S.-O., sur un mamelon, camp et hôpital militaire, pavillon d'officiers, cercle et bibliothèque, magasin de subsistances et autres ; jardin spécial aux officiers et admirablement bien entretenu ; eaux abondantes. — Le territoire est des plus fertiles ; céréales et vignes ; oranges, limons, citrons et autres fruits. — Marché arabe tous les vendredis. — Moulins.

Koléah jouissait autrefois d'une certaine réputation ; c'était la résidence d'une famille puissante, celle des Embarek, dont le fondateur fut un marabout vénéré. Les Embarek étaient chefs des Hadjoutes; durant les premières années de l'occupation, ils nous firent une guerre implacable. Les Hadjoutes sont aujourd'hui cantonnés près de Blidah.

KOUBA (dép. et arrond. d'Alger. ch.-l. de comm.), à 9 kil. d'Alger, sur une hauteur du Sahel ; pop. europ. 400 hab. — Mairie, église, grand séminaire, orphelinat ; fontaines — Terrain sec et sablonneux ; céréales, tabac, vignes, mûriers et oliviers. — Moulin à farine sur l'Oued-Knis, qui passe au pied du côteau. — Briqueterie ; atelier de moulinage où 120 ouvriers peuvent être occupés à dévider et à mouliner la soie.

KOUMINE (div. de Constantine, subd. de Batna, cerc. de Biskara), ville arabe, dans le Souf ; pop. 3,000 hab. — Céréales et dattiers.

L

La Calle (dép. de Constantine, arr. de Bône, ch.-l. de district), ville et port maritime, à 80 kil. E. de Bône, et à 15 kil. environ, de la frontière de Tunis; pop. europ. 924; ind. 347. — Commissariat civil, ch.l. de cercle ; église, école; caserne, pavillon d'officiers ; hôpital ; puits. — Télégraphe et bureau de postes.

A la différence des autres mouillages de l'Algérie, qui n'offrent que des anses plus ou moins grandes, et qui regardent l'E. S.-E., le port de La Calle consiste dans un petit bassin oblong, dont l'entrée regarde l'O. N.-O. — Mouillage d'été impossible pour les grands navires. — Quai abrité et très belle plage de hâlage. — Lieu de refuge des corailleurs qui hâlent leurs bateaux à terre lors des gros temps du N.-O. — Excellente station pour des croiseurs, à proximité de la frontière, au débouché du canal de Malte. — Port de cabotage et de pêche, succursale de celui de Bône.

La principale industrie des habitants est la pêche du corail. Les abords de la ville sont cultivés en jardins maraîchers, et plantés d'arbres fruitiers et de vignes en rapport. Les cultures industrielles, tabac, garance et coton, ont été essayées sur une petite échelle, et avec succès. Aux environs, mines de fer de l'Oued-el-Arough, mines de plomb de Kef-oum-Teboul; forêt de chênes-liége en pleine exploitation.

La Calle est célèbre dans l'histoire du commerce français. Pendant deux siècles et demi, ce coin de terre fut l'objet de la politique constante de la France et le siége d'un grand mouvement commercial. Des négociants français s'y établirent sur la côte, à 48 kil. E. de Bône, et fondèrent un établissement connu sous le nom de Bastion de France ; plus tard (1626), Samson Napollon, fut envoyé à La Calle et y établit un comptoir qui subit des fortunes diverses : prospère, lorsque nous étions en paix avec les deys ou les pachas de Constantine; complétement ruiné, le jour où il plaisait aux Arabes de rompre avec les chrétiens. Le dernier pillage date de 1827. — La Calle fut occupée par l'armée française en 1836, et depuis elle a repris son ancien rôle. (Voy. *Le commerce et la navigation de l'Algérie avant la conquête française*, par M. E. de la Primaudaie, 1 vol. in-8, 1861.)

Laghouat (div. d'Alger, subdiv. de Médéah), ch.-l. de

cercle, à 376 kil. S. de Médéah, sur les bords du désert ; pop. europ. 198 hab., ind. (ville et banl.) 2282. — La ville est située au milieu d'une oasis, peuplée d'arbres fruitiers et principalement de palmiers-dattiers ; jardins admirablement entretenus. — La ville française est régulièrement bâtie : hôtel du commandant supérieur, pavillon des officiers, cercle militaire ; magasins ; église ; écoles pour les garçons et pour les filles ; jardin d'expérimentation ; bureau de postes ; auberge pour les voyageurs. — Laghouat est une des stations où s'arrêtent les caravanes ; il s'y fait un commerce d'échange assez considérable entre les gens du Tell et les gens du Sahara.

Laghouat fut occupée par l'armée française en décembre 1852. Un de nos anciens kalifas, Mohammed-ben-Abdallah, s'était détaché de notre cause sur l'ordre exprès qui lui en avait été donné par quelques fanatiques, venus de la Mecque. Créé ou reconnu par eux chérif d'Ouarghla, l'ambitieux marabout se présenta comme le successeur d'Abd-el-Kader, recruta quelques hommes, puis attaqua les tribus qui avoisinent Laghouat, et qui reconnaissaient l'autorité de la France. L'agitation gagna de proche en proche, jusqu'aux limites du Tell ; elle pouvait s'étendre encore : le gouverneur-général se hâta de l'étouffer. — Deux colonnes partirent, l'une de la province d'Alger, sous les ordres du général Yusuf, l'autre de la province d'Oran, sous les ordres du général Pelissier. Le chérif, placé entre les deux colonnes et désespérant de franchir le cercle où il était enfermé, se jeta dans Laghouat.

Le plateau de Sidi-Aïssa domine la ville. De ce point élevé, l'artillerie pouvait aisément foudroyer la place, dont la défense consistait en trois grandes tours, reliées entre elles par des courtines. Dès son arrivée (9 décembre 1852), le général Pelissier fit enlever cette position qu'on garnit de canons. Yusuf se porta à l'est, prêt à donner l'assaut au signal convenu, et la cavalerie enveloppa l'oasis pour couper la retraite aux fuyards. — A l'heure désignée, la batterie de Sidi-Aïssa commence le feu : les murailles tremblent, puis s'écroulent : la brèche est ouverte. Aussitôt deux colonnes d'attaque s'élancent au pas de course et pénètrent dans la ville. De son côté, la troupe du général Yusuf, escalade le mur d'enceinte et chasse devant elle la troupe ennemie. Les Arabes se jettent alors dans les maisons, et la lutte continue d'homme à homme, à l'arme blanche ; bientôt les rues sont inondées de sang et pavées de cadavres. La population, presqu'entière fut massacrée : quelques cavaliers, et parmi eux Ben-Abdallah, parvinrent seuls à s'échapper. — La résistance était vaincue, mais le péril pouvait renaître. L'occupation permanente de Laghouat fut décidée, et, sur l'ordre du Gouverneur, la ville fut transformée en forteresse. — Nous avions, disaient les indigènes, conquis dans le Sahara un second Alger.

A la suite de cette expédition, l'Empereur écrivit au général Pelissier une lettre ainsi conçue : « Mon cher général, c'est avec bonheur que j'ai appris le beau fait d'armes qui a été exécuté sous votre habile direction. Je n'en attendais pas moins d'un aussi bon général et d'une aussi bonne armée. » Chef et soldats méritaient un si bel éloge !

LALLA-MAGHRNIA (div. d'Oran, subdiv. de Tlemcen), poste militaire et village, sur la frontière du Maroc, à 8 kil. d'Ouchda, et à 45 kil. de Tlemcen ; pop. europ. 132 hab. — Casernes, pavillons d'officiers ; manutention et magasin de subsistances ; hôpital, ambulance ; pépinière ; bureau de postes. — Jolis jardins sur les bords de l'Oued-Fou. — Tous les dimanches, il se tient, en dehors de la redoute, un marché considérable, approvisionné de blé, d'orge, de laine, de chevaux et de produits de toute nature : très fréquenté par les indigènes et par les Marocains.

LAMBESSA (dép. de Constantine, distr. et ann. de Batna), ham. dans une plaine fertile, au pied des monts Aourès, et à 11 kil. S.-E. de Batna ; pop. europ. 400 hab. — Lambessa fut affecté, en 1848, aux transportés politiques. C'est aujourd'hui un pénitencier militaire ; vaste jardin complanté d'arbres fruitiers et de vignes ; pépinière ; bureau de postes.

Sous la domination romaine, Lambessa était une ville de la plus haute importance ; adossée à l'Aourès, elle gardait, de ce côté, l'entrée de la Numidie méridionale. C'est là que résidait la fameuse *légion d'Auguste* qui construisit la voie romaine de Carthage à Tipasa. — Notre compatriote Peyssonnel la visita au XVIII° siècle. M. Delamarre, membre de la commission scientifique de l'Algérie, l'explora en 1844, et en dessina les principaux monuments. Parmi les ruines immenses qui couvrent encore le sol, et qui n'ont pas moins de 12 kilomètres de circonférence, on remarque principalement : 1° un temple encore debout, mais ruiné, et qu'on suppose avoir été consacré à la Victoire, parce que, sur les bas-reliefs qui le décorent, on reconnaît encore une femme tenant de la main droite une couronne et de la gauche une palme ; 2° un temple, dédié à Esculape ; 3° un théâtre immense et qui, à lui seul, prouverait que Lambessa devait être habitée par une population considérable ; 4° des monuments divers dont il est difficile d'apprécier la destination, et un grand nombre d'inscriptions dont l'une, très belle et très bien conservée, est dédiée à Jupiter Tutélaire.

Lamblèche (dép. et arr. de Constantine), ham. à l'entrée de la vallée du Bou-Merzoug, à 12 kil. E. de Constantine; pop. europ. 11 hab. — Les premiers concessionnaires, israélites pour la plupart, ont vendu les lots qui leur avaient été donnés, et le village (1,148 hectares) appartient, presque en entier, à deux ou trois individus.

Lanasser (dép. de Constantine, comm. et ann. de Sétif), village à 8 kil. de Sétif, près de l'Oued-Lanasser; pop. europ. 66 hab. — Fontaine, lavoir et abreuvoir publics. — Sol fertile; céréales; jardins bien cultivés; belles plantations d'arbres fruitiers; eaux abondantes et d'excellente qualité. — A de l'avenir.

Lavarande (dép. d'Alger, arr. et ann. de Milianah), village à 14 kil. de Milianah; pop. europ. 109 hab.

Lodi (dép. d'Alger, comm. et ann. de Médéah), village à 5 kil. O. de Médéah, sur la route qui mène à Mouzaïa-les-Mines; pop. europ. 340 hab. — Maison commune, église, école de garçons et de filles, salle d'asile; conduite d'eau qui alimente une fontaine et un lavoir publics. — Sol pierreux; céréales, cultures maraîchères et vignes, de tout un peu; arbres fruitiers, et essences forestières; jardinets attenant aux maisons. — Un moulin à farine, à deux paires de meules, a été construit à l'extrémité N. du village; les frais de cet établissement ont été faits par les colons qui en sont propriétaires collectifs.

Lourmel (dép. d'Oran), village sur la route d'Oran à Tlemcen à 12 d'Oran; pop. europ. 144. hab. — Caserne de gendarmerie; église; fontaines, lavoir et abreuvoir. — Les conditions fertiles du sol, l'abondance et la bonne qualité des eaux, le bois qu'on trouve en abondance dans les environs, enfin l'air salubre du pays, feront bientôt de Lourmel un village des plus recherchés de la province.

M

Macta (la) (dép. d'Oran, arr. de Mostaganem), forêt, plaine et groupe de maisons, à 20 kil. de Mostaganem. — Rivière qui se jette dans la mer, entre Mostaganem et Arzew. — Localité tristement célèbre par la défaite qu'y subit le général Trézel (1835). — Le général, à la tête d'une colonne forte de plus de 2,500 hommes, marchait sur Mascara qu'il voulait prendre afin de châtier Abd-el-Kader qui menaçait nos alliés, les Douairs et les Smélas. Après avoir battu les Arabes dans la forêt de Muley-Ismaël (voy. ce mot), il vint camper sur les bords du Sig et fit sommer l'émir de reconnaître l'autorité de la France. — Mais Abd-el-Kader, bien qu'il eût subi des pertes énormes, ne se laissa point intimider : il connaissait la faiblesse numérique de ses adversaires et ce que leur avait coûté la victoire. Il rallia promptement ses troupes et vint se poster en face du camp français.

En présence de ces masses compactes, dont le nombre grossissait incessamment, le général craignit de s'être trop engagé : gêné dans sa marche par un convoi nombreux, il ne pouvait avancer qu'avec une extrême circonspection, au milieu d'un pays presque inconnu, et redoutait une surprise ; il résolut, en conséquence, de se retirer sur Arzew. — Lorsqu'il vit l'armée française effectuer son mouvement, l'émir ne douta plus de la victoire : il savait où nous attendre. Prompt à concevoir une manœuvre, plus prompt encore à l'exécuter, il part avec une nuée de cavaliers portant des fantassins en croupe, et occupe les hauteurs qui avoisinent la Macta. — Trézel était brave : en face d'un ennemi cinq ou six fois supérieur en nombre, il n'hésite point une minute : à sa voix, deux compagnies s'élancent vers les collines qu'elles tentent de gravir ; mais les Arabes tiennent ferme et forcent nos tirailleurs à rester dans la vallée. La colonne, poursuivant sa route, s'engage dans les gorges ; bientôt elle est attaquée sur tous les points. Les chasseurs qui marchent derrière le convoi, fléchissent vers les marais de droite, et laissent un espace découvert entre les dernières voitures et le 66ᵉ de ligne. Les Arabes se précipitent dans cette trouée, se ruent sur les blessés, les arrachent des prolonges, puis les mutilent ou les égorgent. L'arrière-garde se voyant coupée, faiblit à son tour ; l'épouvante la gagne et elle se débande. Quelques hommes, cependant, reprennent courage : ils se rallient sur un mamelon et continuent la lutte en chantant la *Marseillaise*... Aussitôt la scène change : le courage renaît ; la voix du chef domine la fusillade, l'ordre succède au désordre. Des tirailleurs se forment en arrière-garde, l'artillerie soutient la retraite et quelques charges vigoureuses de cavalerie éloignent l'ennemi qui, surchargé de butin, ralentit ses attaques. — Le soir même, la colonne gagnait Arzew (28 juin 1835).

MADJIBA (dép. et arr de Constantine), ham. à 27 kil de Constantine à droite de la route projetée entre Constantine et Guelma. Désigné pour ch.-l. de l'une des cinq circonscriptions territoriales constituées dans la vallée du Bou-Merzoug. — Les terrains n'ont été livrés aux colons qu'au mois d'octobre 1860.

MAHELMA (dép. d'Alger, com. et ann. de Douéra), village à 19 kil. d'Alger, à 8 kil. de Douéra, pop. europ. 250 hab. — Maison commune, chapelle, école mixte et salle d'asile, fontaine et lavoir. — Sol fertile : céréales, vignes. — Les habitants, agriculteurs par excellence, se livrent également à l'élève du bétail et font du crin végétal.

MAHOUAN (dép. de Constantine, arrondissement de Sétif), ham. à 16 kil. de Sétif et à 2 kil. de la route de Bougie, sur un monticule d'où il domine une large vallée; pop. europ. 135 habitants. — Fondé par la Compagnie génevoise. — Chapelle, écoles de garçons et de filles, salle d'asile. — Sol fertile, eaux excellentes, salubrité parfaite, jardins en plein rapport, céréales, belles plantations.

MAISON-BLANCHE (dép. d'Alger, comm. et sect. de la Rassauta), village à 16 kil. d'Alger: pop. europ. 155 hab.

MAISON-CARRÉE (dép. d'Alger, com. et sect. de la Rassauta) village à 12 kil. d'Alger, sur la rive droite de l'Harrach, pop. europ. 254 habitants. — Territoire fertile, rendu prospère par sa proximité d'Alger. — Au centre du monticule qui le domine, est un vaste établissement crénelé où étaient autrefois casernés les janissaires, et qui sert aujourd'hui de prison pour les Arabes des deux sexes.

MANGIN (dép. d'Oran, com. et ann. de Valmy), village à 15 kil. d'Oran et à 7 kil. de Valmy ; pop. europ. 182 hab. — Mairie, chapelle et école primaire, fontaine, abreuvoir et lavoir publics; point d'eau courante, puits particuliers. — Céréales et vignes, oliviers, mûriers et arbres à fruits.

MANSOURAH (dép. d'Oran, com. et ann. de Tlemcen), village à 3 kil. de Tlemcen; pop. europ. 176 hab. — Fontaine, lavoir et abreuvoir. — Sol fertile abondamment irrigué : jardins et vergers parfaitement entretenus ; céréales, oliviers d'un bon produit ; élève du bétail.

MANSOURAH (dép. d'Alger, dist. d'Aumale). Eaux minérales, maison isolée sur la route d'Aumale à Bordj-bou-Aréridj.

Marengo (dép. d'Alger, arr. de Blidah), ch.-l. et distr. de com., à 38 kil. O. de Blidah, et à 28 kil. de Cherchell, sur la route qui relie ces deux villes; pop. europ. 775, ind. 23. — Maison commune, chapelle, écoles de garçons et de filles, bur. de postes, hôpital. — Fontaine, lavoir, abreuvoir publics, alimentés par les eaux de l'O.-Meurad, qu'amène un canal de dérivation. — Terres fertiles. céréales, vignes, arbres fruitiers. — Moulin à deux tournants; marché arabe important tous les mercredis.

Mascara (dép. d'Oran), ch.-l. d'arr. et de subdivis., à 96 kil. sud-est d'Oran; pop. europ. 3,232, ind. 5,426. — La ville, que protége un rempart crénelé, est assise sur la rive gauche de l'Oued-Toudman, qu'on traverse sur trois ponts en maçonnerie. — Sous-préfecture, hôtel de la subdivision, justice de paix, église et presbytère, écoles et salle d'asile; casernes d'infanterie et de cavalerie, bureau arabe, magasins, hôpital militaire admirablement situé; télégraphe et bureau de postes; pépinière du gouvernement, station d'étalons dont le dépôt est à Mostaganem; rues droites, bien aérées; fontaines nombreuses. — Fabrique de burnous, justement estimée. Il s'y tient, trois fois par semaine, un grand marché où les Arabes viennent de trente lieues à la ronde, vendre leurs différents produits : haïcks, tapis, laines et bestiaux. — Territoire fertile : céréales et vignes qui donnent d'excellents vins. — Autour de la ville se trouvent de belles fermes, dont quelques-unes ont été créées par nos régiments; les jardins arabes, plantés en partie de figuiers, sont cultivés avec soin par les indigènes, qui se nourrissent essentiellement de pains de figues.

Mascara a été bâtie par les Turcs, sur l'emplacement d'une colonie romaine; elle devint, aux premiers temps de l'occupation française, la résidence favorite d'Abd-el-Kader, qui naquit dans une tribu voisine. Après la rupture du traité Desmichels, le maréchal Clauzel reprit la campagne, et marcha sur Mascara à la tête d'une colonne dont la première division était commandée par le duc d'Orléans. Après un combat opiniâtre, les Arabes furent dispersés, et l'armée française entra dans Mascara (6 décembre 1835). On avait cru, dans le principe, que cette ville offrirait d'immenses ressources : au dire des enthousiastes, la capitale de l'Emir « était la plus riche cité de la Régence, » et les imaginations d'aller leur train. Il fallut renoncer à ces espérances si doucement caressées. Ecoutons M. Berbrugger, l'un des historiographes de l'armée d'Afrique :

« ... La nuit qui commençait à se former, la pluie qui

tombait abondamment, la boue des rues sales et étroites qu'il fallut d'abord traverser, contribuaient encore à rendre plus poignant le triste spectacle qui se manifestait graduellement aux regards : une ville à peu près déserte, et le petit nombre de figures humaines qu'on y apercevait, ressemblant plutôt à des spectres qu'à des hommes ; des femmes pâles, échevelées, à peine couvertes de quelques haillons, portant encore la trace de la brutalité des Arabes. Ces malheureux nous saluaient avec autant de joie que leur souffrance leur permettait d'en éprouver, et paraissaient nous regarder comme leurs libérateurs. Là, nous apprîmes, en effet, que les soldats d'Abd-el-Kader, en revenant du combat de l'Habra, avaient passé par Mascara, avaient obligé la population maure d'évacuer, et avaient pillé tout le monde indistinctement ; mais les Juifs avaient eu plus particulièrement à souffrir ; une soixantaine avaient été tués, un grand nombre de femmes et d'enfants emmenés. Dans cette catastrophe, la famille d'Abd-el-Kader lui-même n'avait pas été épargnée, et sa femme avait eu ses pendants d'oreilles arrachés par les propres soldats de son mari. En un mot, dans cette ville infortunée, où le feu consumait un assez grand nombre de maisons, il ne restait plus que sept à huit cents juifs, tremblants et consternés. C'est au milieu de ce triste cortége, que le prince et le maréchal allèrent établir le quartier-général à l'extrêmité de la ville, dans la maison même de l'émir. » — Trois jours après, le maréchal ordonna la retraite et revint à Oran. Six ans plus tard, le maréchal Bugeaud se porta sur Mascara et s'en rendit maître (1841).

MATIFOUX (dép. et arr. d'Alger, com. et ann. de Rouïba), ham. à 27 kil. d'Alger ; pop. europ. 85 hab.

MAZAGRAN (dép. d'Oran, com. et ann. de Mostaganem), village à 5 kil. ouest de Mostaganem ; pop. europ. 478, ind. 585. — Mairie, église, presbytère, école mixte ; sources nombreuses et abondantes, fontaine, lavoir et abreuvoir, conduites d'eau pour l'irrigation des jardins. — Sol fertile : céréales, vignes, cultures arborescentes et maraîchères ; plantations nombreuses et bien entretenues ; élève du bétail, plus particulièrement de l'espèce bovine. — Moulin à vent faisant farine.

Mazagran fut habitée par les Romains, puis par les Arabes, puis par les Espagnols. En 1833, un poste français y fut placé ; en 1840, la garnison fut attaquée dans les circonstances suivantes que nous aimons à rappeler : Cent vingt-trois hommes du 1ᵉʳ bataillon d'Afrique, aux ordres du capitaine Lelièvre, occupaient le fort : ils avaient pour toutes munitions un baril de poudre, une pièce de canon et 40,000 cartouches. Le 1ᵉʳ février 1840, le bey de Mascara vint avec 15,000 hommes environ prendre position devant le blokaus; le 2, il canonna les murailles; dès que la brèche fut ouverte, les Arabes s'élancèrent à l'assaut. Le combat dura dix heures : quand le jour disparut, le sol était jonché de morts, les chevaux piétinaient dans le sang, mais notre drapeau se déployait encore derrière la brèche.

Le lendemain, les Arabes revinrent à la charge, sans plus de succès. Les chasseurs, cependant, étaient épuisés de fatigue et presque à bout de munitions : le découragement gagnait les plus valides. — Dans ce moment suprême, le capitaine Lelièvre montra une incomparable énergie : « Mes amis, dit-il aux assiégés, nous avons encore un baril de poudre et 12,000 cartocuhes; nous nous défendrons jusqu'à ce qu'il ne nous en reste plus que douze ou quinze par hommes, puis, nous entrerons dans la poudrière et nous y mettrons le feu. » C'était tout simplement héroïque. Il ne fut pas besoin pourtant de recourir à cette résolution extrême; après une nouvelle attaque infructueuse, les Arabes partirent.

MAZOUNA (div. d'Oran, subdiv. de Mostaganem), ville arabe, à 45 kil. est de Relizane, pop. 3,400 hab.

MEBOUDJA (dép. de Constantine, arr. et com. de Bône), maison isolée ; mines de fer.

MECHOUNÈCHE (div. de Constantine, subd. de Batna), petite oasis à 24 kil. nord-est des Biskara. Elle est traversée par l'Oued-el-Abiad qui sort d'une gorge étroite et arrose une petite vallée remplie de palmiers, de jardins bien cultivés et de maisons en pierre. — Mohamed-Seghir, khalife d'Abd-el-Kader, s'était réfugié dans cette oasis qui passait pour imprenable. Le duc d'Aumale l'y poursuivit, et après un combat très vif où le duc de Montpensier fut blessé en chargeant à la tête des troupes (mars 1844), la position fut enlevée.

À cette brillante affaire, le capitaine Espinasse (depuis général et ministre de l'intérieur sous Napoléon III) fut atteint de quatre coups de feu; il allait être égorgé par les Arabes, lorsque les ducs d'Aumale et de Montpensier accoururent à son secours et l'arrachèrent à une mort certaine.

MÉDÉAH (dép. d'Alger) ch.-l. d'arr. et de subdiv. militaire, à 90 kil. d'Alger, et à 42 kil. de Blidah ; pop. europ. 1,760, ind. 5,360. — Sous-préfecture, résidence d'un général de brigade, justice de paix, église et presbytère, écoles pour les garçons et pour les filles, salle d'asile, école musulmane ; caserne d'infanterie, quartier de cavalerie, smala de spahis ; cercle militaire où les employés civils sont admis ; magasins de subsistances et autres; hôpital, télégraphe, bureau de postes, pépinière, station d'étalons dont le dépôt est à Blidah ; rues larges et propres; jolies habitations, place complantée d'arbres, fontaines. — Marché arabe tous les vendredis. — Air salubre, climat tempéré. — En somme, une des plus jolies villes de l'Algérie.

Le territoire est fertile ; il produit en abondance : les céréales et la vigne qui donne un vin délicieux ; des fruits justement estimés. — La route qui conduit de Blidah à Médéah a été faite par les zouaves, longe et contourne les gorges de la Chiffa, et rappelle d'une façon saisissante, la route difficile de la grande Chartreuse. C'est une des plus curieuses excursions qu'il soit donné de faire.

Médéah était sous les Romains, un poste militaire ; elle fut, sous les Turcs, la capitale d'une province, celle de Tittery. — Le dernier de ses Beys, Bou-Mezrog, nous offrit ses services, le lendemain même de la prise d'Alger ; peu de temps après, il trahit notre cause, et le général Clauzel dut se rendre à Médéah, à la tête d'un corps d'armée, pour imposer aux habitants un chef de son choix, Mustapha-ben-Omar. La substitution se fit sans coup férir, mais après quelques mois de séjour à Blidah, où on l'avait interné, Oulid-bou-Mezrog, fils du Bey déchu, obtint l'autorisation de rentrer dans sa famille. Or, il cachait sous une apparente simplicité, une grande ambition : il intéressa les tribus voisines à sa personne et à sa cause, et rallia promptement à lui les arabes les plus influents. L'autorité de Ben-Omar, sans racines dans le pays, fut ouvertement méconnue, et le général Berthezène, qui avait succédé au général Clauzel, marcha au secours du Bey dont la personne était sérieusement menacée. Il partit d'Alger le 25 juin 1834, à la tête de 4,500 hommes ; le 30, il entrait à Médéah, d'où Bou-Mezrog s'était précipitamment enfui.

Les citadins, pour la plupart gens d'ordre et paisibles, accueillirent avec joie l'armée française qui les débarassait d'un personnage incommode, et, dans le but de prévenir une nouvelle insurrection, ils engagèrent le général à organiser l'administration de la province et à laisser garnison dans la ville ; mais au lieu de se rendre à leur avis, M. de Berthezène se lança à la poursuite de Bou-Mezrog, et poussa jusqu'au plateau d'Aouarat, brûlant les moissons et abattant les arbres ; après quoi, il revint à Médéah, suivi de près par les arabes. — La ville, joyeuse la veille, était dans la consternation. Les habitants se demandaient avec effroi, dans quel but on ruinait ainsi la province ; ils redoutaient, surtout, de passer aux yeux de leurs compatriotes pour des hommes sans courage et sans foi, et s'attendaient à subir de terribles représailles. Ben-Omar se fit leur interprète: il supplia le général de laisser dans la ville un ou deux bataillons, afin de protéger ses partisans, contre les vengeances de Bou-Mezrog ; mais le général, qui se sentait lui-même fortement compromis et songeait au retour, répondit à ces supplications par un refus catégorique : il avait, disait-il, besoin de tous ses hommes pour opérer sa retraite et tenir tête à l'ennemi. Le Cheikh n'insista point, il déclara seulement qu'il lui était impossible de rester à Médéah, après le départ de nos troupes et demanda pour ses amis et pour lui, l'autorisation de suivre l'armée française; M. de Berthezène y consentit et ordonna la retraite (2 juillet). Bou-Mezrog alla l'attendre au col du Ténia (voy. ce mot).

Médéah, un instant abandonnée à elle-même, reconnut plus tard l'autorité du Bey de Constantine, puis celle d'Abd-el-Kader : puis enfin, celle de la France ; elle fut prise par le duc d'Aumale (1840) et, peu de temps après, placée sous le commandement du duc d'Aumale, alors général de brigade.

MEDJEZ-AMAR (dép. de Constantine, comm. et ann. de Guelma), ham. à 14 kil. de Guelma, sur la route de Constantine; popul. europ. 9 hab. — L'armée française, lors de la première expédition de Constantine, y établit son camp. Plus tard, (1849) l'abbé Landmann y créa un orphelinat, auquel étaient affectés 500 hectares de bonnes terres. L'abbé Plasson succéda à l'abbé Landmann; depuis l'orphelinat a été supprimé, et l'établissement vendu à un particulier qui en a fait une ferme. — Le territoire est couvert d'oliviers, greffés pour la plupart.

MEDJEZ-SFA (dép. de Constantine, arrond. de Bône, distr. de Souk-Ahras), village sur la route de Bône à Souk-Ahras, à 170 kil. de la première de ces villes et à 30 kil. de la seconde. Ce centre se compose 1° du village de Medjez-Sfa ; 2° du hameau annexe d'Aïn-Tahamine; pop. europ. 60 habitants. — Les habitants actuels sont presque tous ouvriers d'art.

MEFESSOUR (dép. d'Oran, comm. et annexe de St-Cloud), pop. europ. 238 habitants. — Maison commune, chapelle et école mixte ; puits, lavoir et abreuvoir publics ; point d'eau courante ; puits particuliers.— Blé, orge, plantes sarclées et légumes divers; un peu de bétail ; — quelques arbres fruitiers. — Moulin à vent et charbonnerie.

Mekera-Guadera (div. d'Oran), caravansérail sur la route de Tlemcen à Lalla Maghnia.

Mekera-Ketab (div. d'Oran), caravansérail sur la route de Tlemcen à Sidi-bel-Abbès.

Melah (dép. de Constantine, arr. de La Calle), forêt de chênes-liège, à 12 kil. de La Calle ; concédée et exploitée.

Melika (div. d'Alger, subdiv. de Médéah, cerc. de Laghouat), ville arabe de la confédération des Beni-M'zab; pop. 900 hab. Elle est bâtie sur le plateau, au nord de l'Oued-M'zab. Elle n'a qu'un seul puits dont l'eau n'est pas très bonne.

Menah (div. de Constantine, subd. de Batna), petite oasis, à 40 kil. sud de Batna, dans le Djebel-Aourès; visitée et prise, en 1845, par le général Bedeau. — « C'est à Menah, sorte de Capoue du pays kabyle, que se pratique le divorce à la *guerbah*. Quand une femme ne veut plus de son mari, elle va à la fontaine, rendez-vous de toutes les indigènes amoureuses, avec sa peau de bouc, sa *guerbah*; au lieu de la remplir d'eau, elle la gonfle de vent, puis elle revient, accompagnée de l'amant dont elle a fait choix, vers le maître qu'elle veut quitter, jette contre le mur l'outre vide, et prononce la malédiction : *Imül-Bouïk!* « Que Dieu maudisse ton père ! » c'est une formule de congé définitif. Le mari ne peut pas en appeler, et il n'a rien à réclamer de celle qui l'abandonne, que la dot qu'il a payée. » (Ch. Bocher, *Revue des deux mondes,* juin 1857.)

Mers-el-Kébir (dép., comm. et ann. d'Oran), village et port maritime, à 8 kil. ouest d'Oran, pop. europ. 1,471 habitants — Maison commune, église, écoles, entrepôt réel, service de santé, bureau de Douanes ; — Caserne dans le fort. — Bornes-fontaines, abreuvoirs et lavoirs alimentés par les eaux de la source de Ras-el-Aïn, qu'une conduite amène d'Oran et verse dans un vaste réservoir. Bureau de postes. — Terres environnantes peu propres à la culture, un peu de céréales et un peu de légumes, sur la montagne. — Les habitants, pour la plupart, se livrent à la pêche ou font le cabotage.

L'anse de Mers-el-Kébir est située dans la région occidentale de la baie d'Oran, sur une côte rocheuse et escarpée où la place manque pour des établissements importants. La rade offre à une flotte de 15 vaisseaux, 10 vapeurs et 100 bâtiments de transport, une station assez bonne, même en hiver. — M. Lieussou en donne la description suivante : « Rade sûre pour 15 vaisseaux, à l'entrée du canal qui sépare l'Afrique de l'Espagne. — Mouillage actuel des navires à destination d'Oran. — Quais de débarquement abrités. — Défense continentale suffisante ; défense maritime incomplète. — Commandement militaire des côtes de la province d'Oran. — Base d'opérations pour la flotte en regard de Gibraltar. — Aujourd'hui, port de refuge ; dans l'avenir, grand port d'abri et d'agression, arsenal de ravitaillement et de réparations : second port militaire de l'Algérie. »

Mers-el-Kébir fut occupée par les Romains. Les Espagnols y débarquèrent lorsqu'ils vinrent faire la conquête d'Oran ; elle est possession française depuis le 13 décembre 1830.

MESKIANA (divis. de Constantine), caravansérail sur la route de Constantine à Tebessa.

MESLOUG (dép. de Constantine, arr. et ann. de Sétif), ham. à 10 kil. de Sétif ; pop. europ. 30 habitants. — A été presque abandonné ; commence à se repeupler. — Situé sur le chemin qui conduit à la forêt du Bou-Thaleb, entouré de fermes et d'usines échelonnées le long du Bou-Sellam, ce centre acquerra une importance réelle dans un avenir prochain.

MESSAOUD (dép. de Constantine, arr. et ann. de la commune de Bouhira), hameau à 14 kil. sud-ouest de Sétif, et à 4 kil. d'Aïn-Arnat, sur une hauteur d'où la vue embrasse une immense étendue de terrains ; pop. europ. 40 habitants.

— Fondé par la Compagnie genevoise.—Sol fertile ; eaux fraîches et légères, mais peu abondantes. — Ce centre s'est transformé en un groupe de fermes qui représentent une culture annuelle de 600 hectares. L'élève du bétail s'y fait sur une assez grande échelle.

METLILI, oasis, à 200 kil. environ de Laghouat, sur la route que suivent les caravanes ; pop. 1,600 hab. — La ville est bâtie en amphithéâtre, sur un petit mamelon, et commandée au sud et à l'est par les berges rocheuses de la vallée que parcourt l'Oued-Metlili. On y compte 144 maisons mal bâties en pisé, dominées par un minaret élevé.— Ces maisons sont habitées, en grande partie, par les métayers des riches familles des Chaambas dont ils gardent les approvisionnements. Le gros de la tribu campe, durant l'hiver, sous les palmiers de l'oasis et passe les autres saisons à la suite des troupeaux dans les vallées voisines. — Les palmiers sont dans le lit de l'Oued, dont ils suivent les sinuosités sur une longueur d'environ 100 kil. Il y en a près de trente-mille qui produisent la *Deyiet-en-noura*, la datte la plus estimée du Sahara. Le sable est cultivé sous les dattiers et on y récolte des navets, beaucoup de carottes, des piments, et un peu d'orge. L'eau pour les irrigations est tirée de puits qui, dans les premiers jardins, en amont de l'Oued, ont près de vingt mètres de profondeur, et cinq ou six seulement aux derniers jardins en aval. (Voy. *Notice sur les oasis du Sahara,* par L. de Colino. 1860.)

MILAH (div. de Constantine, subd. et cercle de Constantine), village à 38 kil de Constantine, sur la rive gauche du Rumel, dont elle est distante de 10 kil. pop. europ. non déterminée.— Maison de commandement, bur. arabe et bureau de poste. — Fontaine, jardins et treilles; arbres fruitiers, raisins et oranges renommés; peu d'agriculture, bétail nombreux. — Marché arabe, les lundis et mardis. Les échanges de denrées du pays : laines, céréales, oranges et citrons, sont la base unique des transactions.

MILIANAH (dép. d'Alger), ch.-l. d'arr. et de subd. militaire, sur la route d'Alger à Orléanville, à 118 kil. d'Alger et à 70 kil. de Blidah; pop. europ. 1,470, ind. 1,317. — Sous-Préfecture, résidence d'un général de brigade; justice de paix. — Eglise et presbytère, écoles de garçons et de filles, écoles arabe et israelite. — Caserne d'infanterie et de cavalerie; magasins de subsistances et autres; cercle militaire. — Télégraphe et bureau de poste; pépinière et station d'étalons. — Marché arabe tous les vendredis. — La ville est bâtie sur un rocher, à 900 mètres, environ, au-dessus du niveau de la mer; les rues sont larges et propres, les habitations commodes; les boulevards et la rue principale, complantés d'arbres de haute venue. Les eaux abondent et transforment les abords de la ville en jardins délicieux.

La campagne est des plus fertiles. Céréales, vignes, plantes sarclées et légumineuses; fruits de toute sorte et de qualité supérieure. — La montagne du Zakkar, qui domine la place, est riche en marbre blanc et en cuivre qu'on exploite.

Milianah fut une colonie romaine; plus tard, elle appartint aux rois de Tlemcen, puis aux Turcs; l'empereur du Maroc en revendiqua la possession en 1830, et y envoya un de ses officiers qui dut promptement en déguerpir. Abd-el-Kader y installa son frère en qualité de Bey (1837); mais son règne fut éphémère; une colonne française s'en empara peu de temps après (1840) et s'y maintint, malgré les attaques multipliées de l'Émir.

MILLÉSIMO (dép. de Constantine, arr. et ann. de Guelma), village à 4 kil. de Guelma, route de Souk-Ahras, sur la rive droite de la Seybouse, pop. europ. 372. — Ecole et salle d'asile; fontaines, lavoir et abreuvoir alimentés par une conduite d'eau. — Terres excellentes; céréales, tabac, plantations très bien entretenues.

MISSERGHIN (dép. d'Oran),

ch.-l. de commune, à 15 kil. d'Oran, sur la route de Tlemcen; pop europ. 1,027, ind. 136. — Mairie, église, presbytère, école et salle d'asile. — Brigade de gendarmerie. — Orphelinat pour les garçons et pépinière y attenant ; orphelinat pour les filles. — Fontaines, abreuvoirs et lavoirs, alimentés par quatre sources échelonnées dans le grand ravin qui descend des montagnes voisines; ces sources, qui fournissent ensemble environ 2,000 mètres cubes d'eau par jour, sont réunies dans des conduits en terre et en poterie, font tourner cinq moulins, alimentent les fontaines et servent à l'irrigation d'une grande partie des jardins de la localité.

Misserghin est un des plus jolis villages du département ; les rues y sont larges, droites, bien aérées ; les maisons propres et bien bâties ; plusieurs habitations de plaisance. — Le territoire est fertile : céréales, tabac, arbres fruitiers et vignes. — Bétail nombreux ; élève de l'espèce bovine et de l'espèce ovine, race mérinos. — Plantations particulières, vigoureuses et très productives. — A quelques kil. du village se trouve le lac Salé.

MITIDJA (dép. d'Alger). On comprend sous le nom de Mitidja, la plaine qui s'étend du cap Matifou au pied du mont Chenoua et que bornent, au sud, l'Atlas, au nord, les massifs du Sahel. Elle se déroule sur une longueur de 90 kilomètres et sur une largeur moyenne de 22 kilomètres, ce qui lui donne une superficie de 2,000 kilomètres carrés, soit 200,000 hectares. Elle est traversée par l'Harrach, la Chiffa, le Hamis et par de nombreux cours d'eau d'une moindre importance.

« Travaillez, dit notre Fabuliste, c'est le fonds qui manque le moins ; » et le fabuliste a bien raison : la Mitidja, qui fut, durant les premières années de l'occupation française, le théâtre de luttes acharnées, est, à l'heure présente, le territoire le plus fertile de l'Algérie. Les colons, ces hardis pionniers dont nous ne saurions trop exalter l'énergie, ont su, par d'héroïques efforts, transformer cette plaine, naguère inculte et pestiférée, en une véritable oasis : céréales, vignes, tabacs, plantes potagères, arbres fruitiers, etc., etc., tout y vient à souhait.

M'LETA (dép. et arr. d'Oran), village établi dans la plaine de M'leta, près de la source d'Aïn-Beïda ; pop. europ. 10 hab. — Les terres sont en grande partie de mauvaise qualité ; les défrichements sont difficiles ; le roc se trouve souvent à la surface, et l'eau est d'un goût saumâtre.

MONDOVI (dép. de Constantine, arr. et ann. de Bône), village à 24 kil. de Bône, sur la rive gauche de la Seybouse), pop. europ. 519 hab. — Maison commune, église, école et salle d'asile. — Sol fertile; céréales et tabacs. — Fontaines, puits publics et particuliers. — Élève et engraissement du bétail. — Aux environs, plusieurs fermes importantes.

Montenotte (dép. d'Alger, comm. et ann. de Ténès), village à 8 kil. de Ténès, sur la route d'Orléansville à Ténès; ayant pour ann. *Les Mines*, groupe de maisons habitées par les ouvriers qui travaillaient aux mines de cuivre, dernièrement exploitées; pop. europ. 435 hab. — Sol fertile, irrigué par les eaux de l'Oued-Allala; céréales, vignes et tabac; belles plantations d'arbres fruitiers; nombreux plants d'oliviers greffés et en plein rapport. — A de l'avenir.

Montpensier (dép. d'Alger, com. et ann. de Blidah), village à 2 kil. de Blidah; pop. europ. 237 hab. — Sol fertile, propre à toutes les cultures; céréales, vignes, tabac: belles plantations; fontaine, abreuvoir et lavoir alimentés par les eaux de l'Oued-el-Kébir qu'amène au village un canal de dérivation. — Vacheries nombreuses.

Mostaganem (dép. d'Oran), ch.-l. d'arrondissement et de subdivision militaire, à 1 kil. de la mer., et à 76 kil. d'Oran; pop. europ. 4,827, ind. 3,499. — Sous-préfecture, résidence d'un général de brigade, tribunal de 1re instance, justice de paix, église, oratoire protestant, mosquée et synagogue; école communale, écoles primaires, pensionnats de jeunes filles; cercle civil, société de secours mutuels et bureau de bienfaisance; casernes d'infanterie et de cavalerie, magasins, vaste hôpital, cercle et bibliothèque militaire; télégraphe et bureau de poste. — Rues droites, larges et aérées; jolies places, belles promenades, jardin public; fontaines nombreuses, voitures publiques. — Halle aux grains, halle aux poissons, hôtels confortables, caravansérail pour les arabes, marché quotidien, très fréquenté des arabes; faubourg populeux.

La ville, établie sur un plateau, à 1,100 mètres du rivage, est traversée par le ruisseau d'Aïn-Sefra. La direction du port et quelques magasins sont les seuls établissements placés au bord de la mer; ils sont protégés contre une agression par les mauvaises qualités du mouillage et les difficultés du débarquement.

Le rivage, formé par des falaises rocheuses dont le piédestal, çà et là revêtu de sable, n'offre aucune crique, aucune anfractuosité prononcée; il est battu par tous les vents du large et se trouve placé à l'exposition des vents du nord-ouest. Les débarquements sont généralement impossibles en hiver: des études ont été faites qui permettront de changer cet état de choses.

Mouzaïa (Col de) (dép d'Alger), passage difficile, sur une des crêtes de l'Atlas, à l'ouest de Médéah ;— fut le théâtre d'un rude combat (mai 1840). Une de nos colonnes, aux ordres du duc d'Orléans, était partie de Boufarik pour s'emparer de Médéah. Comme elle arrivait au Col, elle y trouva l'Emir qui l'attendait, prêt à livrer bataille. Des retranchements armés de batteries couronnaient la montagne, et sur le point le plus élevé une redoute formidable avait été construite. — Six mille arabes des plus aguerris défendaient le passage. Le duc d'Orléans distribua ses forces en trois colonnes : la première devait se diriger sur le piton de gauche et s'emparer des retranchements ; la deuxième, gravir par la droite, jusqu'au Col, et prendre les arabes à revers ; la troisième, aborder le Col de front. A trois heures du matin (12 mai), le canon donne le signal de l'attaque ; la première colonne s'ébranle et gravit la montagne au pas de charge ; mais les arabes tiennent bon et disputent le terrain pied-à-pied ; on se presse, on se poursuit, on se bat corps-à-corps ; l'artillerie de la redoute tire à toute volée et creuse nos rangs, mais les vides se comblent, et après d'héroïques efforts, la colonne reste maîtresse d'un mamelon. Les deux autres colonnes se mettent aussitôt en mouvement, escaladent les hauteurs et trouvent sur tous les points une résistance désespérée. Les généraux Schramm, La Moricière, Changarnier rivalisent d'audace et enlèvent leurs troupes. La redoute seule tient encore ; on l'assaille avec un redoublement d'énergie, et les arabes sont contraints de l'abandonner. Le Col est occupé, le passage est franchi. — Cinq jours après, la colonne entrait à Médéah.

Mouzaïa-les-Mines (dép. d'Alger, arr. et an. de Médéah), à 14 kil. de Médéah, vaste établissement créé par une compagnie anonyme pour l'exploitation des mines de cuivre et de fer à elle concédées.— Des causes diverses ont paralysé les efforts des concessionnaires : la compagnie est en déconfiture, et les bâtiments d'exploitation, usines et fonderie, sont, aujourd'hui, complètement abandonnés. — On y reviendra : la mine est riche, et il est à croire que des capitalistes intelligents songeront un jour à en tirer parti.

Mouzaïa-Ville (dép. d'Alger, arr. de Blidah), ch.-l. de commune, à 60 kil. d'Alger, sur la route de Blidah à Cherchell. — pop. europ. 709 hab., ind. 26.— Maison commune, chapelle, école mixte, bureau de postes, fontaines, lavoir et abreuvoir.

Terres fertiles, irriguées par l'Oued-Haad et l'Oued-Chamli ; jardins et vergers, céréales et fruits ; belles plantations d'arbres. — Marché arabe tous les samedis.

M'silah (div. de Constantine, subdiv. de Sétif, cerc. de Bordj-bou-Aréridj), village à 138 kil. de Sétif, sur la rive gauche de l'Oued-Koob. — Jolis jardins, très productifs, fabriques de bournous, haïcks et autres produits indigènes. — Occupée par l'armée depuis 1841.

M'ta-el-Habous (dép. d'Alger, arr. de Blidah, ann. dépendant de la commune de Mouzaïa-Ville) principalement habité par des indigènes.

Mustapha-Inférieur (dép. et banlieue d'Alger), village sur le bord de la mer, à 2 kil. d'Alger dont il est, en quelque sorte, un faubourg. — Église, hôpital civ., orphelinat de filles. — Vastes casernes de cavalerie, spécialement affectées aux chasseurs d'Afrique ; parc aux fourrages ; champ de manœuvres, où se tiennent les courses. — Fontaines, lavoir public. — Établissement particulier (*hôtel de Tivoli*) à l'usage des personnes qui veulent prendre des bains de mer. — Usine importante pour la fabrication d'ouvrages en sparterie, de paillassons et de toitures en paille. — Terres fertiles, riches cultures, chanvre, garance, tabac et vignes. — Nopalerie.

N

Narah (div. de Constantine, subdiv. de Batna), ville arabe, à 42 kil. S. de Batna, dans le Djebel-Ameur. — Cette ville était devenue, après la prise de Zaatcha, un foyer d'insurrection : les partisans du chérif Bou-Zian s'y étaient retirés depuis leur défaite en annonçant leur intention de prendre, au premier jour, une éclatante revanche. Le colonel Canrobert, chef de la subdivision de Batna, partit avec 4,000 hommes (25 décembre 1849) et marcha sur la ville qui, assise sur un rocher et au fond d'une gorge profonde, passait pour inexpugnable. Après une marche pénible et une série d'ascensions plus périlleuses les unes que les autres, l'armée, divisée en trois colonnes, s'élança résolument à l'assaut (6 janvier 1850). L'attaque fut vive, la résistance acharnée. La lutte dura 3 heures. Peu à peu, cependant, le feu se ralentit, les Arabes se débandèrent et nos troupes pénétrèrent dans la ville qu'elles saccagèrent sans merci. Le soir, il n'en restait plus que des décombres. — La leçon fut salutaire : toutes les tribus voisines, qui supportaient difficilement l'autorité de la France, se tinrent pour averties et rentrèrent immédiatement dans l'ordre. (Voy. la *Revue des Deux Mondes*, juin 1859.)

NECHMEYA (dép. de Constantine, arr. de Bône), à 22 kil. de Guelma et à 47 kil. de Bône. pop. europ. 171 hab. — Chapelle, école, salle d'asile, poste d'infanterie; fontaine, lavoir et abreuvoir. — Terres d'une fertilité extrême: céréales de qualité supérieure; belles plantations.

NÉDROMAH (div. d'Oran, sub. de Tlemcen), ville arabe à 16 kil. de Nemours, exclusivement habitée par les Indigènes. — C'est l'*Hurbara* des anciens. Ceinte de hautes murailles. — Fabriques de tissus et de poteries estimées. Il s'y tient tous les jeudis un marché très fréquenté par les Arabes et par quelques Européens.

NÉGEROLLES (dép. d'Alger, dist. d'Aumale), groupe de maisons habitées par des Européens — Deviendra un centre agricole.

NÉGRIER (dép. d'Oran, com. et ann de Tlemcen), village à 5 kil. de Tlemcen, sur la route d'Oran à Tlemcen; pop. europ. 171 hab.— Ecole et salle d'asile; fontaines, lavoirs et abreuvoirs publics. — Sol fertile; céréales, lin; belles et nombreuses plantations d'arbres, beaux oliviers d'un riche produit. — Four banal, usines à huile et à farine.

NEMOURS (dép. d'Oran, arr. de Tlemcen, ch.-l. de district), ville et port maritime à 162 k. d'Oran et a 34 kil. des frontières du Maroc; population européenne 941 habitants, indigène 184. — Commissariat civil; justice de paix; église et presbytère; école et salle d'asile; casernes et ambulance; pépinières; bureau de postes. — Fontaine monumentale, lavoir et abreuvoir; puits à pompe. — Terres de bonne qualité; céréales, tabac, cultures maraîchères; jolis jardins; belles et nombreuses plantations d'arbres. — 1 Moulin à vent, 1 moulin à eau et 2 à manèges. — Marché quotidien où les gens du Maroc apportent leurs produits.

Port: petite anse très ouverte à l'exposition directe du nord; abri nul, mais bonne plage de débarquement; port de cabotage et de pêche, très fréquenté par les balancelles espagnoles qui y apportent de nombreux produits comestibles.

Nemours a été occupé par l'armée française le 1ᵉʳ septembre 1844.

Novi (dép. d'Alger, arr. de Blidah, ann. de Cherchell), village à 9 kil. de Cherchell; pop. europ. 180 hab. — Ancienne colonie agricole.

O

Oasis. — On désigne sous le nom d'oasis un groupe plus ou moins considérable de k'sours (pluriel de k'sar), c'est-à-dire, d'habitations construites dans le Sahara, au centre ou à proximité de vastes plantations de dattiers, sur un terrain propre à la culture et abondamment irrigué soit par les eaux des sources, soit par les eaux des puits qu'ont creusés les habitants. Ces oasis, à l'exception de celles de l'Oued-Souf, de l'Oued-R'ir (province de Constantine) et de l'Oued-M'zab sont éparpillées entre le Tell et le Désert, et séparées de la limite extrême de nos possessions par une haute et large barrière de sables que les Arabes appellent *El-Arg* (veine), barrière qui s'étend sur une largeur moyenne de trente lieues et une longueur de soixante.

Les caravanes qui vont de l'intérieur de l'Afrique au Maroc, à Tunis et à Tripoli, coupant ou tournant les dunes de sables, s'arrêtent dans les k'sours dont les routes sont jalonnées ; c'est ainsi qu'après avoir traversé le Désert, ou *jalat*, elles gagnent, suivant l'itinéraire qu'elles ont adopté :

A l'Est, R'at, puis R'damès, puis les oasis du Souf ;

A l'Ouest, le Tidikalt, le Tanat, puis le Guerara et les Beni-M'zab.

Peu de voyageurs se sont aventurés dans le Sahara ; cependant, grâce au travail opiniâtre de quelques hommes d'élite, au nombre desquels il faut placer MM. Carette, Daumas, Ausonne de Chancel, Colomb et Duveyrier, nous connaissons, d'une manière à peu près certaine, l'importance des oasis, les coutumes et les mœurs des populations qui les habitent. — Parmi les écrivains dont nous venons de citer les noms, les uns ont puisé leurs renseignements soit auprès des Tolbas, soit auprès des Touareg, « les pirates de la mer de sables ; » les autres sont allés, au péril de leur vie, étudier sur les lieux mêmes les hommes et les choses. Tous, avec une égale bonne foi, ont rapporté ce qu'ils ont entendu dire, ou décrit ce qu'ils ont vu. L'espace nous est trop strictement mesuré pour que nous puissions donner une analyse complète de leurs ouvrages ; nous emprunterons donc au récent travail du colonel Colomb les détails qui suivent :

Les populations des oasis vivent des produits de leurs jardins ou de leur commerce d'échanges. Elles sont divisées partout en deux castes bien distinctes : les Cheurfa, les Djouads (nobles), c'est-à-dire, les blancs ou fils de blancs avec des négresses, et les Haratis ou nègres affranchis et fils d'affranchis. — Aux Haratis le travail, aux Djouads la vie de loisir. Les uns sont propriétaires, les autres sont métayers. Les premiers achètent, vendent, font toutes les démarches et toutes les opérations du petit commerce d'échanges qui a lieu dans le k'sar ; les seconds leur fournissent l'argent ou les marchandises, et leur donnent une commission pour leurs bons offices.

« Voici, dit M. Colomb, comment sont réglés les droits de chacun : l'affranchi, *khammas* (métayer) a droit à un cinquième sur tous les produits du jardin qu'il cultive ; en outre, l'usage lui permet, quand il fait la cueillette des dattes, de laisser sur chaque palmier un régime qui lui appartient, qui est son revenu brut. — L'affranchi *dellel* (commis), qui loue ses services pour vendre ou échanger un produit quelconque, reçoit la marchandise des mains de celui qui l'emploie, se fait fixer d'avance le prix de chaque objet et retient en fin de compte *cinq pour cent environ du produit total.*

» Les affranchis jouent aussi le rôle de courtiers, quand viennent les caravanes du Nord. Les Arabes qui vont annuellement au Gourara ont tous leurs habitudes : chaque fraction a ses k'sours ; elle fréquente toujours les mêmes, et chaque individu y a son hartani, son *sahab* (ami), qui est son homme d'affaires, son entremetteur, qui achète et vend pour lui. — Pour prix de ses services, le hartani reçoit du vendeur, et suivant l'objet vendu, une rétribution fixée par l'usage.

» Dans l'intérieur des k'sours les boutiques sont tenues par des *dellel*, haratis, mais appartiennent toutes, ou presque toutes, aux Cheurfa ou aux Djouad. On y vend les produits des oasis et ceux du Nord et du Soudan, apportés par les caravanes. — Pendant que les nègres travaillent pour alimenter le k'sar par l'agriculture et le commerce, les Djouads, étendus sur le sable, à l'ombre des hauts palmiers, donnent leurs ordres en buvant du thé. »

L'agriculture des oasis produit : des dattes, des figues, des grenades, du raisin, des amandes, du blé, de l'orge, du maïs, du millet, du sorgho, des haricots, des petits pois, des fèves, des oignons, des aulx, des carottes, des navets, des choux, des melons, des pastèques, des concombres, des citrouilles, des courges, des piments, des aubergines, des tomates, du henné, du tabac, du coton, du trèfle et du keranka (arbuste avec lequel on fait du charbon pour la poudre). — Leur industrie produit : du savon, du charbon, de la poudre, des bijoux d'or et d'argent, des outils de fer et de bois, des selles, des bâts, des cartouchières, des ceintures de cuir, des chaussures, des tissus de coton, des tissus grossiers de laine ; des ustensiles de ménage tressés en palmier ; des nattes, des poteries grossières et des outres. — Les productions naturelles sont : le sel, le salpêtre, l'alun, la chaux et le plâtre, jusqu'à ce jour (1861).

Mais puisque nous parlons des oasis, qu'il nous soit permis de rappeler en peu de mots ce qu'a fait et ce que fait encore l'Administration dans l'intérêt des indigènes.—Dans plusieurs k'sours du Sahara, les puits étaient ensablés et les palmiers, seule richesse du pays, dépérissaient à vue d'œil. Les habitants, réduits à la misère, songeaient à abandonner leurs oasis, lorsque le général Desvaux conçut l'heureuse idée d'y faire construire des puits artésiens (1856). Le succès le plus complet couronna ses efforts : l'eau jaillit en abondance là où elle commençait à manquer, et vint rendre aux populations émerveillées la richesse et la vie.

Depuis cette époque, les forages ont été continués sans interruption, et voici ce qui a été fait par les soldats de l'armée d'Afrique : — « Il a été dépensé jusqu'à ce jour (1861) 297,825 fr. 05 c. fournis par les centimes additionnels à l'impôt arabe, et par les cotisations volontaires des indigènes. Cinquante fontaines artésiennes ont été forées dans l'Oued-R'ir, le Sahara oriental et le Hodna ; ellesdonnent 36,764 litres d'eau par minute, ou 56,935 mètres cubes par vingt-quatre heures. L'Oued-R'ir a été animé d'une vie nouvelle ; 30,994 palmiers, 1,027 arbres fruitiers, des légumes de toute espèce ont été plantés dans les 11,047 jardins nouveaux ; des oasis en ruine se sont relevées, et deux villages nouveaux ont été créés dans les solitudes du Sahara. » — Ainsi procède la France à l'égard des Arabes. Ceux-là seront bénis par les populations sahariennes, qui ont conçu et mené à bien cette généreuse entreprise !

ORAN, ville et port maritime, capitale de la province de l'ouest, chef-lieu du département et de la division militaire, au fond du golfe qui porte son nom, et à 410 kilom. d'Alger. — Pop. europ., *intra-muros*, 12,334 habitants, indigènes 4,213, dont la plus grande partie israélites.

Oran, qui depuis quelques années a pris une extension considérable, est assise au pied d'une haute montagne que dominent les forts Santa-Cruz et Saint-Grégoire. Elle s'élève, de la mer au plateau autour duquel elle s'épanouit, en suivant, de l'ouest à l'est, une ligne courbe fortement inclinée, et se trouve divisée par un ravin en deux parties à peu près égales qui communiquent de plein-pied au moyen d'un terrassement. — Le centre de la ville (quartier de la préfecture), se relie à la partie haute par le boulevard Oudinot, de construction toute récente, et qui aboutit par une rampe carossable à la place Napoléon. — La place est ceinte de murs et défendue par des forts puissamment armés. Le port offre un mouillage peu sûr ; mais il est depuis plusieurs années, l'objet de travaux importants qui le rendront abordable aux navires de commerce. Quant à présent, les vaisseaux n'ont d'autre abri que la rade de Mers-el-Kébir (voy. ce mot).

Les rues sont généralement larges, les places spacieuses, les maisons élégantes et bien aérées : la promenade de Létang, qu'ombragent des arbres de haute venue, est une des plus belles qui existent, même en Europe. — Hôtels nombreux et bien tenus. — La population européenne, composée plus particulièrement d'Espagnols, est active, laborieuse, pleine d'entrain. — On cite comme monuments principaux : le Château-Neuf, résidence du général de division ; l'Hôtel de la Préfecture ; la grande mosquée de la rue Philippe ; l'église catholique et les casernes. — De même qu'à Alger et à Constantine, tous les services administratifs ont à Oran leur personnel et leurs bureaux : tribunal civil, justice de paix, conseil de guerre, tribunal de cadi ; collège, écoles primaires, écoles indigènes ; églises, presbytères ; temple protestant ; synagogues ; mosquées ; succursale de la banque d'Algérie ; trésor et postes ; service télégraphique ; service des mines et des ponts-et-chaussées; chambre consultative d'agriculture ; bureau de bienfaisance ; société de secours mutuels ; casernes d'infanterie et de cavalerie ; hôpital civil et dispensaire ; cercles civils ; théâtre.

Oran, dont l'origine remonte à la plus haute antiquité, fut habitée par les Romains (*Unica colonia*), puis, successivement, par les Vandales, les Berbères, les Arabes et les Turcs. — Elle fut conquise (18 mars 1509) par les Espagnols, que le cardinal Ximénès conduisait en personne. — En 1708, elle retomba au pouvoir des Turcs. — En 1732, elle fut reprise par le comte de Mortemar, grand d'Espagne au service de Philippe V. — En 1790, un effroyable tremblement de terre, qui détruisit presque entièrement la ville et écrasa une partie de la garnison sous les ruines des casernes, décida les Espagnols à évacuer la place et à l'abandonner aux Turcs.

En 1830, après la prise d'Alger, le bey d'Oran fit prévenir le général de Bourmont qu'il était prêt à reconnaître l'autorité française et à abandonner la ville.

Quelques mois après, sur l'ordre du maréchal Clauzel, le général Damrémont vint occuper Oran (3 janvier 1831), et nos troupes s'y maintinrent malgré les attaques incessantes des tribus voisines, ralliées, pour la plupart, à la cause d'Abd-el-Kader. — Depuis la chute de l'émir, la province est tranquille, et Oran passe, à bon droit, pour une des villes les plus florissantes de l'Algérie.

ORLÉANVILLE (dép. d'Alger, arr. de Milianah), ch.-l. de district et de subdiv. militaire, à 210 kil. d'Alger et à 53 kil. de Ténès, sur la rive gauche du Chélif ; pop. europ. 803 hab. ; ind. 354. — Commissariat civil, résidence d'un général de brigade, justice de paix ; église et presbytère, écoles comm. de garçons et de filles, salle d'asile ; caserne d'infanterie et de cavalerie, magasins, vaste hôpital, caserne de gendarmerie ; cercle militaire, bureau arabe. —Rues larges ; jolies maisons ; théâtre ; cercle civil ; — pépinière près de la ville ; bureau de postes et télégraphe. — Marché arabe tous les dimanches ; plus de dix mille indigènes y viennent échanger leurs produits.

Le pays est entièrement dénudé ; le service des forêts a fait quelques essais de plantations (pins d'Alep et caroubiers) qui ont parfaitement réussi, et il est à souhaiter qu'il les multiplie, car le climat d'Orléanville est le plus chaud de l'Algérie. — Des eaux abondantes, prises dans le lit du Thizaout, à 3 kil. au S., arrivent en ville par deux conduites construites par le service du génie. Malheureusement, ces eaux ne sont pas potables. Elles servent à l'irrigation des plantes, intrà et extrà-muros, au nettoiement des ruisseaux, à l'arrosage des rues, et alimentent un lavoir public, un abreuvoir et quelques bornes-fontaines.— Point d'eau potable dans la ville : la population se sert généralement de l'eau du Chélif ; mais cette eau, la plupart du temps bourbeuse, a besoin d'être filtrée. Des espèces de puisards, creusés dans les grèves du Chélif, donnent une eau à peu près claire ; on la porte en ville, à dos d'âne et dans de petits tonneaux : partant, il faut l'acheter, et les familles pauvres en sont ainsi privées. Mais cet état de choses va prochainement changer : le génie militaire travaille en ce moment à amener en ville les eaux potables d'une source (Lalla-Aouda), dont la conduite aura près de cinq kilomètres.

Le sol serait fertile, s'il était irrigué. L'administration prépare de grands travaux dont l'exécution modifiera complément l'état actuel.

OUED-BERDA (dép. et dist. de Constantine), ham. à 17 kil. de Constantine.

OUED-BOUTAN (dép. d'Alger, comm. de Milianah), ham. à 5 kil. de Milianah, sect. d'Affreville. Ancien camp où il est question de transférer la maison centrale de l'Harrach.

OUED-CHOULY (div. d'Oran,

subd. de Tlemcen), ham. et forêt, à 30 kil. de Tlemcen.

OUED-CORSO (dép. d'Alger, comm. et ann. du Fondouk), ham. situé dans la plaine du Corso, sur la route de Dellys; pop. europ. 20 hab. — Caravansérail.

OUED-COULA (dép. de Constantine, comm. de Guelma), ham. où a été établie une colonie pénitentiaire.

OUED-DÉKRI (divis. de Constantine), village à 56 kil. de Constantine, sur les rives de l'Oued-Dékri. — Il se compose de 50 maisons bâties, en 1854, par une société; il avait été concédé, sur ce point, 2,000 hect., à la charge par les concessionnaires, d'y établir 50 familles. Aujourd'hui (1861), le village n'est habité que par le gérant seul; l'état des cultures et des plantations est absolument nul, et la plupart des maisons menacent ruine, faute d'entretien.

OUED-EL-HADJAR (départ. et comm. de Constantine), ham. à 14 kil. de Constantine; pop. europ. sans importance.

OUED-FODDA (divis. d'Alger), caravansérail sur la route de Milianah à Orléansville. — Il doit y être formé un centre agricole.

OUED-EL-ALEUG (dép. et arrond. d'Alger, commune de récente création), village à 10 kil. de Blidah; population européenne 400 habitants. — Mairie, chapelle, école et salle d'asile; fontaines, abreuvoir et lavoir publics. — Terres fertiles, céréales, tabac; belles plantations d'arbres. — Aux environs, fermes nombreuses; oliviers, mûriers et orangers d'un bon rapport.

OUED-EL-HAMMAM (div. d'Oran, subd. de Mascara), village sur la route d'Oran à Mascara, à 15 kil. de St-Denis-du-Sig et à 48 kil. de Mascara; pop. europ. 190 hab. — Caserne de gendarmerie, église, école primaire, relais de poste. — Terres fertiles, arrosées par la rivière dont les eaux, contenues par un barrage à 15 kilom. en amont du village, se jettent dans un canal de dérivation. — Nombreuses et belles plantations d'arbres; riches cultures en blé, orge et pommes de terre. La vigne réussit parfaitement. — Marché arabe tous les mercredis. — Sources d'eaux chaudes, employées avec succès contre les maladies scrofuleuses.

OUED-NOUKAL (dép. de Constantine, arrond. de Philippeville). Mines de plomb argentifères et de mercure.

OUED-RIOU (div. d'Oran, subdiv. de Mostaganem), caravansérail sur la route d'Orléansville à Mostaganem. — Marché arabe. — Il est question d'y créer un centre agricole.

OUED-SOUF (divis. de Constantine, subdiv de Batna), kaïdat comprenant sept villages arabes.

OUED-TOUTA (dép. de Constantine, comm. et ann. de Guelma), village à 5 kil. de Guelma, sur la route de Philippeville ; pop. europ. 87 hab. — Fontaine, abreuvoir et lavoir publics. — Terrain et cultures médiocres ; quelques plantations d'arbres.

OUED-ZÉNATI (dép. de Constantine), caravansérail sur la route de Constantine à Guelma.

OULED-KOSSÉIR (div. d'Alger, subdiv. et cerc. d'Orléansville), groupe de tribus sur le territoire militaire d'Orléansville ; remise de ce territoire sera faite prochainement à l'adm. civile. — Les indigènes ont construit des maisons ; chaque famille a son jardin. — Céréales, figuiers ; un peu de vignes.

OULED-ALI (div. d'Oran, subdiv. de Sidi-bel-Abbès), ham. situé sur la route de Sidi-bel-Abbès à Oran pop. europ. 25 ; ind. 18. — Relais de diligence. — Marché arabe.

OULED-FAYET (dép. d'Alger, comm. et ann. de Dély-Ibrahim ; pop. europ. 282 hab. — Maison commune, chapelle, école et salle d'asile ; fontaine, abreuvoir et lavoir. — Terres excellentes, parfaitement cultivées : céréales, tabac, belles plantations ; eaux abondantes. — En pleine prospérité.

OULED-MENDIL (dép. d'Alger, comm. et ann. de Douéra), ham. à 26 kil. d'Alger ; pop. europ. 6 hab. — Prendra de l'extension.

OULED-MIMOUN (div. d'Oran, subdiv. de Tlemcen), ham. à 40 kil. E. de Tlemcen, au milieu du magnifique pays qui lui donne son nom ; pop. europ. 98 hab., ind. 8. — Terres excellentes, en grande partie irrigables ; plantations bien soignées. — Un canal à ciel ouvert amène l'eau dans le village.

OULED-RAMOUN (dép. et arr. de Constantine), village à 26 kil. S. de Constantine, sur la route de Batna ; pop. europ. 75 hab. — Le territoire n'est point encore entièrement défriché.

OUM-THIOUR (div. de Constantine, subdiv. de Batna, cerc. de Biskara), oasis à 165 kil. de Biskara ; lieu de halte pour les voyageurs qui se rendent de cette dernière ville à Temacin. — Il y a été créé, par les soins du général Desvaux, une fontaine jaillissante qui débite 180 litres par minute, et que les Arabes appellent : *Fontaine du Commandant* — « Dans la prévision du succès, écrivait le général au Ministre, tout avait été préparé pour tirer parti, sans perdre une seule minute, de cette richesse nouvelle. Une fraction de la tribu des Selmia et son cheikh commencèrent, lorsque l'eau eut jailli, la construction d'un village, y plantèrent 1,200 dattiers, renonçant à la vie nomade pour se fixer au sol. Dans ce lieu aride, la vie avait succédé à la solitude et se présentait au voyageur étonné avec ses riantes images. Les jeunes filles puisaient l'eau à la fontaine ; les troupeaux et les grands dromadaires à pas lents étaient conduits à l'abreuvoir ; les chevaux attachés à la corde ; les lévriers, les faucons de chasse animaient le groupe de tentes aux raies noires et rouges ; enfin, le bruit et le mouvement remplaçaient le silence et la désolation. »

Ouréah (dép. d'Oran, comm. et ann. de Mostaganem), ham. à 6 kil. de Mostaganem, sur la route d'Oran, entre la mer et la colline ; pop. europ. 30 hab. — Fontaine et abreuvoir. — Cultures maraîchères et légumineuses, vignes.

P

Pelissier (dép. d'Oran, arrond. de Mostaganem), ch.-l. de commune, sur la route de Mostaganem à Ténès, à 80 kil. d'Oran, et à 4 kil. de Mostaganem ; pop. europ. 276 hab. ; ind. 1,667. — Mairie et école. — Puits et abreuvoir publics. — Céréales, tabac, légumes, vignes, belles plantations d'arbres fruitiers.

Cette localité avait reçu primitivement le nom de *Libérés*, en vue de son peuplement par des soldats de l'armée d'Afrique, qu'on devait y établir comme colo s, après leur libébération du service militaire. Cette pensée n'ayant pas été réalisée, et sur la demande des habitants qui se plaignaient que cette dénomination présentait un sens équivoque et désagréable pour eux, le décret d'institution de la commune y substitua le nom du général *Pelissier*, « nom illustre, dit le rapport de M. le maréchal Vaillant, dans les fastes militaires et civils de l'Algérie et particulièrement cher à la province d'Oran. »

Penthièvre (dép. de Constantine, arrond. et ann. de Bône), village à 32 kil. de Bône, sur la route de Bône à Guelma ; pop. europ. 196 hab. — Maison commune, église, salle d'asile. — Fontaine, lavoir et abreuvoir publics. — Céréales, fourrages ; élève du bétail, et surtout de la race ovine.

Perrégaux (divis. d'Oran, subdiv. et cerc. de Mascara),

village sur la rive droite de l'Habra, à 28 kil. de Mascara, sur la route de Mostaganem à Mascara; pop. europ. 75 hab. — Marché arabe tous les jeudis.

Petit (dép. de Constantine, comm. et ann. de Guelma), village à 7 kil. de Guelma, sur la route de Souq-Ahras; pop. europ. 260 hab., ind. 180. — Eglise et école mixte. — Fontaine et abreuvoir. — Jardins potagers, céréales, belles plantations d'arbres, bétail nombreux et estimé.

Philippeville (dép. de Constantine, ch.-l. d'arrond.), ville et port maritime, à 83 kil. de Constantine; pop. europ. 9,963 hab., ind. 605. — Sous-préfecture; résidence d'un commandant supérieur; tribunal de 1re instance, justice de paix, mairie, église catholique, oratoire protestant, mosquée, école communale pour les garçons, école des frères, école de filles dirigée par des sœurs, et pensionnat. — Caserne d'infant. et de caval.; cercle et bibliothèque militaires; magasins de subsistances et autres, vaste hôpital. — Télégraphe et bureau de postes. — Musée, théatre, pépinière; fontaines alimentées par les eaux qui sourdent de la montagne et se déversent dans de magnifiques citernes. — Rues droites et larges; jolies places, dont l'une est complantée d'arbres. — Hôtels nombreux. — Philippeville est le lieu de transit et d'entrepôt d'une grande partie du commerce avec l'est de l'Algérie, principalement avec Constantine.

La plage de débarquement est impraticable aux navires, qui sont forcés de mouiller à Stora (voy. ce mot). — Des travaux sont commencés qui doivent modifier cet état de choses.

Les environs de Philippeville sont productifs, pittoresques et très fréquentés des promeneurs.

La ville a été construite (1838) par le maréchal Valée, sur les ruines de l'ancienne Russicada.

Pointe-Pescade (dép. d'Alger, comm. et ann. d'Alger), village maritime à 6 kil d'Alger; pop. eur. 204 hab. — Plusieurs consuls et de riches particuliers y ont établi leur résidence d'été.

Pont-d'Aumale (dép. et com. de Constantine), ham. sur la route de Constantine à Alger, par Sétif.

Pont-de-l'Isser (div. d'Oran, subdiv. et cerc. de Tlemcen), sur la route de Tlemcen à Oran, à 24 kil. de Tlemcen; pop. europ. 23 hab., ind. 3. — Pays fiévreux, peu habité et peu habitable. — Caserne de gendarmerie. — La rivière de l'Isser coule à proximité du village; ses eaux sont limoneuses et de médiocre qualité.

Pont-de-l'Oued-Djer (dép. d'Alger, arrond. de Milianah, comm. et ann. de Vesoul-Bénian), ham. sur la route de Blidah à Milianah, à 25 kil. de cette dernière ville; pop. europ. 27 hab. — Nouvellement créé.

PONT-DU-CHÉLIFF (dép. d'Oran, arrond. de Mostaganem, comm. et ann. d'Aïn-Tédelès), village à 29 kil. de Mostaganem, et à 8 kil. d'Aïn-Tédelès; pop. europ. 173 hab. — Mairie, église et école mixte. — Puits à filtre. — Bonnes terres : céréales; tabac, garance, coriandre et fenouil. — Le Chéliff coule au pied du village et fournit l'eau nécessaire à l'abreuvage du bétail.

PONTÉBA (dép. d'Alger, com. et ann. d'Orléansville), sur la rive gauche du Chéliff, et sur la route de Milianah à Orléansville; pop. europ. 126 hab. — Église et école mixte. — Puits, abreuvoir et lavoir publics. — Céréales et vignes. Point d'arbres.

PORTES-DE-FER (dép. de Constantine), passage difficile, à quatre journées de marche d'Alger, dans la direction de Setif. — Les Romains n'osèrent jamais s'y aventurer : l'armée française le franchit en 1839 :

Deux divisions, l'une sous les ordres du duc d'Orléans, l'autre commandée par le général Galbois, partirent ensemble de Sétif, puis se séparèrent à l'entrée des montagnes. La seconde, rebroussant chemin, rentra dans la vallée de la Medjouad, où sa présence était nécessaire pour contenir quelques tribus; la première, guidée par des indigènes, marcha vers le passage. — La chaîne à travers laquelle ce passage est pratiqué, est formée par un immense soulèvement qui a relevé les couches de rochers, primitivement horizontales. — L'action des siècles a successivement corrodé les parties de terrains autrefois interposés entre les bancs de rochers, de telle sorte que ces derniers représentent aujourd'hui une suite de murailles verticales impossibles à franchir. Une seule issue a été ouverte par l'Oued-Biban et l'Oued-Bouketon, ruisseau salé, à travers les énormes remparts formés d'un calcaire noir; leurs faces verticales s'élèvent à plus de trente mètres de haut, et se réunissent, par des déchirements inaccessibles, à des murailles analogues qui couronnent le sommet de la chaîne. Le passage devient tout-à-fait impraticable pendant les grandes pluies; alors le courant, arrêté par le rétrécissement auquel on a donné le nom de *portes*, élève quelquefois son niveau jusqu'à 10 mètres au-dessus du sol; les eaux s'échappent ensuite avec violence et inondent entièrement la vallée qui les reçoit en aval.

Après avoir passé le défilé (29 octobre 1839), les troupes débouchèrent dans une campagne riante, puis arrivèrent à Beni-Mansour harassées de fatigue et de soif Il y avait cinquante-deux heures que les chevaux n'avaient pu boire. — Le lendemain, la colonne poursuivit sa route, faiblement attaquée par les Kabyles. Le 1er novembre, elle arrivait au Fondouk ; le 3, elle rentrait à Alger, où elle fut accueillie par la population avec un véritable enthousiasme. — Cette paisible expédition ralluma la guerre.

Q

QUATRE-CHEMINS (dép. d'Alger, comm. et ann. de Boufarik), ham. à 27 kil. d'Alger et 7 kil. de Boufarik, à l'embranchement de plusieurs routes. Il se compose de deux auberges et de quelques fermes; pop. europ. 60 hab. — Terres excellentes, propres à toute espèce de cultures, et dont la colonisation libre s'emparera prochainement.

R

RACHGOUN (div. d'Oran, subdiv. de Tlemcen), îlot volcanique à 2 kil. de l'embouchure de la Tafna, et à 120 kil. d'Oran. — Le sol est couvert d'une couche assez épaisse de terre végétale, où croissent des lentisques et des palmiers-nains : bancs inépuisables de pouzzolaune.
Occupé en 1836, sur l'ordre du général Bugeaud, qui en fit un poste militaire destiné à surveiller les abords de la Tafna.

RAS-EL-MA (dép. de Constantine comm. de Philippeville, sect. de St-Charles), groupe de fermes en pleine exploitation.

RAS-EL-MA (div. de Constantine, subdiv. et c. de Batna), ham. qui prendra de l'extension.

RASSAUTA (dép. et arr. d'Alger), ch.-l. de commune, à 18 kil. d'Alger, sur un coteau au pied duquel coule le Khamis. Le territoire, d'une extrême fertilité, comprend un certain nombre de fermes dont les habitants se livrent a la culture des céréales et à l'élève du bétail.

RAZ-BOU-MERZOUG (div. de

Constantine), ham. établi à l'entrée de la vallée du même nom.

REGHAÏA (dép. d'Alger, comm. et ann. de l'Alma), village à 30 kil. d'Alger, entre la Rassauta et l'Alma, sur la route d'Alger à Dellys; pop. europ. 98 hab. — Sol fertile, céréales, tabacs, vergers, orangeries, bois de haute futaie; fermes en pleine exploitation.

RELIZANE (div. d'Oran, subdiv. et cercle de Mostaganem), village sur la route d'Orléansville à Mostaganem; pop. europ. 926, ind. 19. — Relizane est situé à 65 kil. sud-est de Mostaganem, sur la pente occidentale d'une colline au pied de laquelle s'étend la plaine de la Mina, dont la superficie est de 15 à 20 kil. — Terres fertiles, abondamment irriguées par les eaux de la Mina, dont le cours a été intercepté, à 3 k. environ, en amont du village, par un magnifique barrage que le génie militaire a construit. Les colons s'y livrent principalement à la culture des plantes industrielles; le tabac et le coton prospèrent également. — Caserne, église, écoles primaires pour les garçons et les filles; deviendra une des colonies les plus productives de l'Algérie.

RIO-SALADO (dép. et arr. d'Oran, dist. d'Aïn-Temouchen), village sur la route d'Oran à Tlemcen, entre Aïn-Temouchen et Lourmel. — Nouvellement créé.

RIVET (dép. d'Alger, comm. et ann. de l'Arbâ), village entre l'Arbâ et le Fondouk; pop. europ. 150, ind. 20. — Maison commune, chapelle, école mixte; fontaines, abreuvoir et lavoir. — Bonnes terres, bien cultivées.

RIVOLI (dép. d'Oran, arr. de Mostaganem.), ch.-l. de commune, à 8 kil. de Mostaganem, sur la route de Mascara; pop. europ. 194, ind. 373. — Mairie, église, écoles et salle d'asile; fontaine et abreuvoir publics. — Bonnes terres, puits nombreux. — Céréales, belles plantations d'arbres. — Moulin à manége.

ROBERTVILLE (dép. de Constantine, arr. de Philippeville), village à 26 kil. de Philippeville, et à 65 kil. de Constantine; récemment érigé en commune; pop. europ. 467, ind. 7. — Eglise, presbytère, écoles pour les enfants des deux sexes. — Fontaine et abreuvoir, puits particuliers. — Céréales et tabac; plantations bien entretenues. — Elève du bétail: troupeaux remarquables par le nombre et la beauté des animaux. — Plusieurs briqueteries.

ROCHER (LE) (dép. d'Oran, comm. et sect. de Sidi-bel-Abbès), ham. à 5 kil. de Sidi-bel-Abbès, sur les bords de la Mekerra ; pop. europ. 44 hab. — Céréales et tabacs; jardins. — Puits particuliers. — Plantations naissantes. — Récemment créé.

Rouïba (dép. d'Alger, récemment érigé en comm., avec Aïn-Taïa pour annexe), village à 25 kil d'Alger, sur la route de Dellys ; pop. europ. 120 hab. — Céréales, bestiaux, pas d'eau courante, fontaine à pompe, puits particuliers, belles plantations d'arbres.

Rovigo (dép. d'Alger), village à 28 kil. d'Alger, près de l'endroit où l'Harrach débouche dans la plaine de la Mitidja ; récemment érigé en commune; pop. europ. 480, ind. 20. — Maison commune, église et salle d'asile ; lavoir public. — Céréales, bétail nombreux. — Non loin du village, au lieu dit Hammam-Mélouane, eaux thermales diurétiques et d'un heureux emploi contre les maladies cutanées et les douleurs rhumatismales.

S

Sacamody (départ. d'Alger, comm. de l'Arbâ), sur la route d'Alger à Aumale, hameau renommé pour ses vignobles qui donnent d'excellents vins.

Saf-Saf (dép. d'Oran, comm. et ann. de Tlemcen), village à 5 kil. de Tlemcen ; pop. europ. 82 habitants.—Fontaine, abreuvoir et lavoir, four banal. — Céréales, plantes fourragères, oliviers et mûriers. — Sol bien irrigué au moyen de canaux dérivés de l'oued Saf-Saf et des sources avoisinantes. — Moulin à 2 tournants.

Ce fut dans la vallée du Saf-Saf que le général Bugeaud rencontra pour la première fois Abd-el-Kader.

Le général retournait à Tlemcen, après avoir ravitaillé le corps de la Tafna; Abd-el-Kader qui, depuis deux jours, surveillait ses mouvements, lance ses cavaliers sur l'arrière-garde, attaque avec son infanterie nos têtes de colonne et cherche à nous envelopper. Mais Bugeaud voit le péril et prend aussitôt ses dispositions. Le 62e et le bataillon d'Afrique sont placés en arrière; le reste des troupes fait face à l'Emir : les deux lignes se joignent par une de leurs ailes, en présentant la forme d'un V très ouvert. Au signal donné, les chasseurs d'Afrique chargent l'infanterie arabe, la culbutent après une résistance assez vive, et la précipitent dans une espèce d'entonnoir formé par les sinuosités de la rivière ; à l'arrière-garde, le 62e soutient bravement le choc ; l'artillerie tire à mitraille et, après une lutte acharnée, les arabes se dispersent en laissant entre nos mains six cents fusils et six drapeaux (6 juillet 1836).

SAHEL (LE). — On comprend sous cette dénomination le pâté montagneux et fortement accidenté qui s'étend, à l'ouest d'Alger, de la rivière de l'Harrach au pied du mont Chenoua et que coupe le Mazafran ; il a pour limites naturelles : au sud, la Mitidja ; au nord, la Méditerranée. — La partie comprise entre l'Harrach et la ville de Koléah forme un immense réseau de crêtes, de vallées et de vallons plus ou moins boisés, appropriés aux grandes cultures et parsemés de villages salubres et prospères. Le massif qui domine Alger est particulièrement peuplé de maisons de plaisance qu'entourent de vastes jardins.

SAÏDA (dép. d'Oran, subdiv. de Mascara), poste militaire et village à 80 kil. de Mascara, près de l'oued Saïda ; popul. europ. 122, ind. 164. — Caserne, hôpital, magasins, bureau de poste. — Terres fertiles, abondamment irriguées ; la vigne y prospère. — Marché arabe tous les lundis : on y vend particulièrement de la laine, des chevaux et des moutons. En somme, village des plus prospères.

SAÏGRE (dép. d'Alger, com. et ann. de Koléah), hameau à 3 kil. de Koléah. — Créé, dans le principe, pour des cultivateurs du Bas-Valais ; a été presque abandonné, mais commence à se repeupler.

SAINT-ANDRÉ-DE-MASCARA (dép. d'Oran, comm. et ann. de Mascara), village à 2 kil. de Mascara ; popul. europ. 107, ind. 14. — Fontaine, lavoir et abreuvoir alimentés par des sources abondantes. — Jardins et verger ; céréales, vignes et cultures maraîchères ; plantations particulières assez nombreuses et en bon état.

SAINT-ANDRÉ-D'ORAN (dép. d'Oran, comm. et section de Mers-el-Kébir), bourg à 500 mètres de Mers-el-Kébir ; habité par des pêcheurs qui font le cabotage sur les côtes du département.

SAINT-ANTOINE (dép. de Constantine, comm. et ann. de Philippeville), village à 6 kil. de Philippeville, dans la vallée du Zéramna, pop. europ. 260, habitants. — Maison commune, chapelle, fontaine et abreuvoir ; sol extrêmement fertile ; céréales, tabac, coton, garance, sorgho ; plantations considérables en oliviers greffés et en arbres fruitiers ; prairies naturelles ; jardins et vergers magnifiques. — Deviendra un centre très important.

SAINT-AUGUSTIN (dép. de Constantine, comm. et banlieue de Bône), hameau dont la population est confondue, dans les statisques, avec celle de Bône.

Saint-Charles (dép. de Constantine, arr. de Philippeville), village à 17 kil. de Philippeville, dans la vallée du Saf-Saf, à l'embranchement des routes de Philippeville à Constantine, et de Philippeville à Jemmapes; population europ. 288 habitants — Bonnes terres; — cultures principales : orge, blé, tabac, coton et vignes. — La presque totalité des concessions est ensemencée. — A de l'avenir.

Saint-Cloud (dép. d'Oran, ch.-l. de comm. et de canton), village a 28 k. d'Oran et à 16 k. d'Arzeu, sur la route qui relie ces deux villes; pop. eur. 847 habitants. — Mairie, justice de paix, gendarmerie, bureau de postes; — église, presbytère, écoles de garçons et de filles, salle d'asile; — fontaines, lavoir et abreuvoir alimentés par des sources dont les eaux sont aménagées. — Céréales, cultures maraîchères, vignes, belles plantations d'essences diverses. — Elevage du bétail, plus particulièrement de l'espèce ovine. — Moulin à vent.

Saint-Denis-du-Sig (dép. d'Oran, ch.-l. de district), ville à 52 kil. d'Oran, sur la route de cette ville à Mascara et sur la rive droite du Sig; popul. europ. 2.796, ind 381. — Commissariat civil, justice de paix, mairie, poste de gendarmerie; église, presbytère, école mixte, hôpital. — Eaux abondantes, réunies d'abord dans deux réservoirs d'attente et versées ensuite dans un bassin de filtrage, elles s'écoulent dans une fontaine et dans un abreuvoir publics. — Rues larges et droites, bordées d'arbres; jolie place. — Télégraphe et bureau de postes. — Marché très important tous les dimanches. — Sol d'une fertilité exceptionnelle : céréales, colza, tabac, vignes; plantations vigoureuses et bien entretenues. — Un barrage, établi à 3 kil. sud de la ville, au point où le lit du Sig, avant de déboucher dans la plaine, se trouve resserré entre deux masses de rochers, oppose aux flots grossis par l'hiver une large muraille en pierres de taille de 9 mètres 20 cent. de hauteur sur 42 m. 76 cent. de largeur.

« C'est, dit M. Bérard, dans son *Indicateur*, le plus important ouvrage de ce genre qui ait été fait en Algérie. Les eaux, retenues et élevées, sont répandues à droite et à gauche par des canaux latéraux de 30 kil. de développement. Des aqueducs, ménagés dans l'épaisseur de la maçonnerie, et garnis de vannes, permettent de vider le bassin d'amont. » La distribution des eaux est réglée par un syndicat. — Aux environs de la ville, grandes et riches fermes. — Quatre moulins à farine et une usine importante pour l'égrainage des cotons : ces cinq établissements sont mûs par les eaux du Sig.

— 500 machines à égrainer sont installées chez les divers colons qui achètent les cotons bruts aux cultivateurs et les livrent égrainés à l'administration.

A trois kilomètres, sur la rive droite du Sig, est un vaste établissement connu sous le nom d'*Union agricole d'Afrique,* et qui a été longtemps dirigé par des officiers du génie.

Des idées phalanstériennes avaient présidé à sa formation; mais la bonne harmonie que semblait appeler son titre, n'a jamais pu s'établir d'une manière assez complète entre les membres dirigeants de l'association, pour assurer la prospérité de l'entreprise.

SAINT-EUGÈNE (dép. d'Alger, comm. et ann. d'Alger), village à 3 kil. du ch.-l., sur la route d'Alger à la Pointe-Pescade. — Maisons propres, pour la plupart convenablement aménagées; jardins complantés d'arbres; jolies villas sur le bord de la mer; nombreux restaurants. — Saint-Eugène est, chaque dimanche, le rendez-vous des citadins.

SAINT-FERDINAND (dép. d'Alger, comm. et ann. de Douéra), village à 23 kil. d'Alger et à 6 kil. de Douéra; pop. europ. 238 habitants. — Eglise, école mixte. — Eaux abondantes; — riches cultures; — bétail nombreux.

SAINT-HIPPOLYTE (dép. d'Oran, comm. et ann. de Mascara), village à 3 kil. de Mascara, sur un plateau qui domine la plaine d'Eghris; pop. europ. 178 habitants. — Ecole mixte, puits, lavoir et abreuvoir. — Belle place complantée de mûriers; jardins très productifs. — Blé tendre, vignes; un peu de bétail. — Des sources abondantes sourdent dans les environs du village et servent à l'irrigation de quelques propriétés.

SAINT-JULES (dép. d'Alger, comm. et ann. de Douéra), ham. à 30 kil. d'Alger, et à 4 kil. de Douéra; pop. europ. 15 hab.

SAINT-LEU (dép. d'Oran, comm. et ann. d'Arzeu), village à 9 kil. d'Arzeu, et à 4 kil. de la plage; pop. europ. 182 hab. — Maison commune, église, presbytère et école mixte. — Puits public sur la place, puits particuliers, lavoir et abreuvoir en dehors du village. — Céréales, cultures sarclées, plantes potagères et vignes. — Elevage du bétail, principalement de l'espèce porcine.

SAINT-LOUIS (dép. et arr. d'Oran, ch.-l. de com.), village à 24 kil. d'Oran; pop. europ. 327 hab. — Mairie, église, presbytère, école mixte et salle d'asile; poste de gendarmerie. — Puits public, avec noria, sur le sommet du village; 52 puits particuliers; l'eau en est saumâtre. — Céréales, pommes de terre, maïs et fèves.

SAINT-PAUL (dép. et arr. d'Alger, comm. et ann. de l'Alma), centre créé à quelques kil. de Saint-Pierre, mais non encore habité.

SAINT-PIERRE (dép. et arr. d'Alger, com. et ann. de l'Alma), ham. entre l'Alma et la Réghaïa ; pop. europ. 35 hab. — Bonnes terres, mais peu de culture ; pas de route.

SAINT-RÉMY (dép. d'Oran, comm. de Sidi-Chami), ham. et fermes.

SAINTE-AMÉLIE (dép. d'Alger, comm. et ann. de Douéra), village à 29 kil. d'Alger, et à 3 kil. de Douéra ; pop. europ. 246 hab. — Eglise et école mixte ; fontaine, abreuvoir et lavoir. — Belles plantations ; céréales, tabac ; moyens abondants d'irrigation. — Bétail nombreux et très recherché.

SAINTE-BARBE-DU-TLÉLAT (dép. d'Oran, ch.-l. de commune), village à 28 kil. d'Oran, sur la route de Saint-Denis-du-Sig, à l'extrêmité de la plaine de Tlélat ; pop. europ. 422 hab., ind. 10. — Mairie, église, presbytère et école. — Poste de gendarmerie, halle, fontaines, abreuvoir et lavoir alimentés par l'oued Tlélat, qui coule près du village et dont les eaux sont aménagées par des canaux et des tuyaux de fonte. — Céréales, prairies naturelles, tabac et vignes ; mûriers, oliviers, arbres à fruits d'une belle venue ; puits particuliers — Quelques élèves des espèces bovine et ovine. — Marché tous les lundis.

SAINTE-LÉONIE (dép. d'Oran, comm. et ann. de St-Cloud), village à 31 kil. d'Oran, et à 8 kil. de St-Cloud, sur la route d'Oran à Arzeu ; pop. europ. 223 hab.— Mairie, église, presbytère et école mixte ; fontaine et abreuvoir en dehors du village, dans un ravin. — Céréales, pommes de terre, fèves et légumes divers.

SAOULA (dép. d'Alger, comm. et annexe de Birkadem) ; sur la route de Douéra ; pop. europ. 184 hab. — Sol fertile, eaux abondantes. — Céréales, légumes, vignes. — Trois moulins à eau.

SEBDOU (div. d'Oran, subdiv. de Tlemcen), ch.-l. de cercle ; poste mil., à 37 kil. S. de Tlemcen, à 1,200 mètres d'altitude, tout près de la limite des Hauts-Plateaux ; pop. europ. 36 hab., ind. 8. — Sebdou est un point essentiellement stratégique. — Casernes, pavillons d'officiers ; hôpital-ambulance, magasin de subsistances et magasin à poudres ; pépinière. — Marché arabe tous les jeudis.

SÉNIA (LA) (dép. d'Oran, com. et sect. d'Oran), village à 8 kil. d'Oran, sur la route de

Mascara; pop. europ. 603 hab., ind. 632. — Mairie, chapelle, presbytère et école mixte; fontaine et abreuvoir. — Céréales, plantes potagères et maraîchères, vignes; deux belles avenues de mûriers bordant la route; arbres d'essences diverses sur les places et les boulevards du village. — Pas d'eau courante; puits nombreux fournissant a l'irrigation des différentes parties du territoire.

Séniour (dép. de Constantine, comm. de Guelma), maison isolée; eaux thermales.

Sétif (dép. de Constantine, ch.-l. d'arrondissement), ville à 130 kil. O. S. O. de Constantine; pop. europ. 2 163 hab., ind. 900. — Sous-préfecture, ch.-l. de subdiv. militaire, justice de paix. — Mairie, église, école communale pour les garçons, école pour les filles, salle d'asile. — Caserne d'infant. et de caval.; pavillon d'officiers; cercle et bibliothèque militaires; magasins de subsistances et autres; hôpital. — Télégraphe et bureau de postes. — Pépinière, station d'étalons. — Rues larges et bien percées; fontaines nombreuses, jolies places. — Marché arabe tous les dimanches. — Les environs de la ville sont parfaitement cultivés par les Arabes. — Peu d'arbres.

Sétif *(Sitifis Colonia)* était, du temps des Romains, la capitale de la Mauritanie sitifienne; elle fut détruite par les Vandales. — Le général Galbois la visita en juin 1835; puis l'occupa définitivement l'année suivante.

Sidi-Abd-el-Kader (dép. d'Alger, comm. de Vesoul-Bénian), ham. à 38 kil. de Blidah. — A été réuni à Bou-Medfa.

Sidi-Ali-ben-Yacoub (divis. d'Oran, subdiv. de Sidi-bel-Abbès), groupe de fermes dont les propriétaires exploitent de vastes concessions; pop. europ. 89 hab., ind. 36. — Ben-Yacoub est dans une zone très boisée de lentisques d'une belle venue et d'arbres d'essences diverses; il est situé sur un plateau que sillonnent de belles routes; les terres, généralement fertiles, sont arrosées par deux canaux allant du nord au sud, et qui répandent les eaux de deux sources abondantes. — Tabac, maïs, pommes de terre, plantes légumineuses. — Moulin. — A de l'avenir.

Sidi-Allah (dép. d'Alger), caravansérail sur la route d'Aumale à Alger.

Sidi-Amadouch (divis. d'Oran, subdiv. et cerc. de Sidi-bel-Abbès), hameau.

Sidi-bel-Abbès (dép. d'Oran, ch.-l. de district), ville à 82 kil. S. d'Oran, sur la route qui relie Tlemcen à Mascara; pop. europ. 4,014 hab., ind. 608. — Chef-lieu de subdivis. milit.;

commissariat civil, justice de paix. — Mairie, église, presbytère, écoles de garçons et de filles, salle d'asile. — Casernes d'infant. et de caval ; magasins de subsistances et autres ; cercle militaire, hôpital. — Télégraphe et bureau de postes; gendarmerie, pépinière, station d'étalons.— Rues propres, spacieuses, coupées à angles droits, ombragées par des arbres de haute venue ; jolies places complantées d'arbres; fontaines et puits publics, abreuvoir; puits dans presque chaque maison.

Sol fertile: céréales et tabac, belles plantations de mûriers, d'arbres fruitiers et autres. — Partie du territoire est irriguée par les eaux de la Mekerra.— Deux marchés quotidiens ; marché arabe très important le jeudi de chaque semaine. — Deux moulins à eau faisant farine ; un moulin à vent pour la fabrication du plâtre ; deux vanneries et trois briqueteries. — Sidi-bel-Abbès est une des plus jolies villes de l'Algérie.

SIDI-BEN-KHAÏR (dép. d'Oran, comm. et ann. de Ste-Barbe-du-Tlélat), hameau où se tient un marché arabe important.

SIDI-BRAHIM (dép. d'Oran, dist. et sect. de Sidi-bel-Abbès), village a 10 kil. de Sidi-bel-Abbès, sur la route d'Oran ; pop. europ. 192 hab. — Eglise, presbytère et école mixte. — Deux puits publics sont affectés aux besoins des hommes et des animaux ; l'un de ces puits, creusé à une profondeur de 20 mètres, sur la place du village, ne donne qu'une eau saumâtre; l'autre, creusé à une profondeur de 15 mètres, au bas du côteau sur lequel le village est assis, donne une eau abondante et excellente. Céréales et tabac; plantations peu nombreuses, mais bien entretenues ; jolis jardins.—Moulin à eau à quatre paires de meules.

SIDI-BRAHIM (dép. d'Oran, dist. de Nemours), marabout à jamais célèbre par la lutte que soutint la troupe du colonel Montagnac contre les réguliers d'Abd-el-Kader (25 sept. 1845).

Les Soukhalias, récemment soumis à la France, voulurent venger les Ouled-Rias que le colonel Pelissier avait exterminés ; pour ce faire, ils eurent recours à la plus abominable trahison. — Obéissant aux conseils de l'émir, ils écrivirent au commandant supérieur de Nemours qu'ils étaient menacés par les réguliers, et lui demandèrent un secours immédiat. Le colonel Montagnac partit avec 420 hommes, établit son camp sur les bords du ruisseau de Sidi-Brahim ; puis, avec trois compagnies du 8ᵉ chasseurs d'Orléans et 60 hussards, se porta à trois kilomètres plus loin, où il joignit un gros de cavaliers. Il croyait rencontrer des auxiliaires : il ne rencontra que des ennemis.

Abd-el-Kader, en effet, était là, guettant ses adversaires comme la panthère guette sa proie. Au signal qu'il donne, les Arabes enveloppent la colonne française et l'assaillent avec furie. Montagnac, pris à l'improviste, forme sa troupe en carré et l'exhorte à se défendre. Une balle l'atteint, il meurt. Les chasseurs se groupent autour de son cadavre et luttent avec l'énergie du désespoir. Mais on les enferme dans un cercle de feu, et leurs rangs s'éclaircissent.

A la fin de la journée, il ne restait que 83 hommes commandés par le capitaine de Giroux et par le lieutenant Chappedelaine. La troupe se replie sur le marabout de Sidi-Brahim où elle s'enferme. Abd-el-Kader ordonne aussitôt à l'un de ses prisonniers, — le capitaine Dutertre, — de se rendre auprès des combattants et de leur conseiller de mettre bas les armes. Dutertre s'avance jusqu'aux murailles, exhorte les chasseurs à combattre jusqu'à leur dernier souffle ; puis revient auprès de l'émir qui le fait décapiter, et ordonne l'assaut. Après trois attaques infructueuses, les Arabes changent le siége en blocus et se retirent, laissant 400 des leurs autour du marabout. — Deux jours se passent : les assiégés n'ont plus ni munitions, ni vivres ; ils se précipitent en avant, traversent la ligne du blocus et gagnent un ravin où ils comptent se reposer. Mais les Arabes accourent comme des bêtes fauves et les entourent ; il faut livrer un nouveau combat. Les chasseurs jettent leurs fusils, désormais inutiles, et, la baïonnette au poing, s'élancent en désespérés contre l'ennemi. Sur quarante qui restent, vingt-sept succombent ; treize seulement échappent au massacre et sont recueillis par la garnison de Nemours qui venait à leur secours.

Sidi-Chami (dép. et arr. d'Oran, ch.-l. de commune), village à 13 kil. d'Oran ; pop. europ. 538 hab. — Eglise, école, salle d'asile ; puits et abreuvoir publics. — Céréales, coton, garance, vignes et mûriers ; plantations d'essences diverses. — Point d'eau courante, mais un grand nombre de puits servant aux irrigations. — Bétail nombreux.

Sidi-Ferruch (dép. d'Alger, comm. et arrond. de Chéragas), village à 24 kil. d'Alger ; pop. europ. 85 hab. — Peu, ou pour mieux dire, point de colonisation. Les terres sont demeurées incultes faute d'habitants. Ce point de la côte est, du reste, purement stratégique : un poste-caserne, admirablement approprié aux besoins de la défense et armé de formidables batteries, le protège contre toute attaque du dehors.

C'est à Sidi-Ferruch que l'armée française débarqua lorsqu'elle vint, en 1830, faire la conquête d'Alger. — A l'extrêmité septentrionale de la presqu'île, sur le point culminant d'une colline, s'élevaient alors une tour carrée, désignée par les Espagnols sous le nom de *Torre chica* (petite tour), et le tombeau d'un marabout dont la mémoire est en grande vénération parmi les indigènes. On croyait cette position bien défendue ; mais les Arabes, dont les connaissances pratiques en fait de stratégie étaient à l'état rudimentaire, avaient mal conçu et mal organisé leur résistance. Au lieu d'établir sur le monticule un système de fortifications armées d'artillerie, ils s'étaient groupés dans le camp de la Yasma, à un kilomètre du littoral, derrière deux redoutes qui défendaient le chemin d'Algor. Cette faute grossière permit à la flotte de pénétrer sans encombre dans la rade de Sidi-Ferruch (13 juin 1830).

Le débarquement eut lieu le lendemain : il commença au lever du soleil, les brigades se suivant par numéros d'ordre. Dès qu'elles eurent abordé la plage, les troupes d'infanterie se formèrent en colonne et se portèrent en avant, tandis que la compagnie de mineurs allait prendre possession de la tour *Torre chica*, abandonnée la nuit précédente par la garnison turque.

Les Algériens commencèrent le feu, et leur artillerie, que servaient d'habiles pointeurs, causa tout d'abord quelque désordre. Il fallait la réduire : la première division (général Berthezène) se porta rapidement sur les redoutes et les enleva avec une impétuosité sans égale; les Turcs, culbutés sur tous les points, s'enfuirent vers le plateau de Staouéli, laissant au pouvoir des vainqueurs onze canons et deux mortiers. — Notre perte se bornait à 35 hommes tués ou blessés.

Tel fut ce premier engagement qui devait décider du sort de la Régence.

Une inscription, gravée sur une plaque de marbre qui surmonte la porte principale de la forteresse, rappelle l'expédition de 1830. — Elle est ainsi conçue :

ICI
LE 14 JUIN 1830
PAR L'ORDRE DU ROI CHARLES X
SOUS LE COMMANDEMENT DU GÉNÉRAL DE BOURMONT
L'ARMÉE FRANÇAISE
VINT ARBORER SES DRAPEAUX
RENDRE LA LIBERTÉ AUX MERS
DONNER L'ALGÉRIE A LA FRANCE

C'est le seul monument que notre orgueil national ait encore élevé à la mémoire des troupes qui s'emparèrent d'Alger.

SIDI-KHALED (divis. d'Oran, subdiv. de Sidi-bel-Abbès), sur un plateau dominant la plaine de la Mekerra; pop. europ. 136 hab. , ind. 9. — Les maisons, généralement, sont pauvres et mal bâties ; le sol, couvert de palmiers-nains, est d'une nature forte, d'un travail pénible, sujet, dès les premières chaleurs, à de profondes crevasses, et, par conséquent, très avide d'eau. Les récoltes sont très aléatoires et exposées à dessécher avant leur maturité. — Peu d'avenir.

SIDI-L'HASSEN (dép. d'Oran, distr. et sect. de Sidi-bel-Abbès), village à 6 kil. de Sidi-bel-Abbès, sur la route de Tlemcen; pop. europ. 515 hab. — Eglise, école mixte et salle d'asile. — Puits public au centre du village et muni d'une pompe hydraulique ; abreuvoir et lavoir. — Céréales, tabac, cultures maraîchères, plantations peu nombreuses, mais bien entretenues : l'eau employée aux irrigations est fournie par une prise sur la Mekerra. — Un moulin à eau à 2 paires de meules. Briqueterie.

SIDI-MEKHELOUF (divis d'Alger, cercle. de Laghouat),caravansérail.

SIDI-MOUSSA (dép. d'Alger, comm. et ann. de l'Arbâ), ham. à 22 kil. d'Alger, à la jonction des trois routes de Rovigo, de l'Arbah et de Boufarik; pop. europ. 50 hab. ind. 30.

SIDI-NASSAR (dép. de Constantine, distr. et ann. de Jemmapes), village à 4 kil. de Jemmapes, sur la route de Philippeville à Bône; pop. europ. 165 hab. — Céréales, prairies naturelles ; élevage de bétail sur une assez grande échelle.

SIDI-OKBA (divis. de Constantine, cercle de Biskara), ville sainte des arabes, à 26 kil. de Biskara, soumise à la France en 1844, par le duc d'Aumale. — Le prince fut accueilli avec bienveillance par les notables qui le conduisirent à la principale mosquée. Les tolbas l'y attendaient en chantant la prière pour le souverain, prière qui correspond, dans la religion musulmane, à notre *Domine salvum fac regem*. Après la prière, le prince entra dans la kobba où est inhumé Sidi-Okba, un des premiers conquérants du Maghreb, tué, en 682, dans une bataille que lui livrèrent les Berbères.

Les Romains y avaient fondé une colonie : les édifices qu'on y retrouve encore, prétoires, cirques, amphithéâtres, arcs de triomphe, thermes, etc., attestent une civilisation longue et florissante.

SIDI-RACHED (div. de Constantine.subdiv. de Batna, cercle de Biskara), ville arabe à 26 kil.

nord de Tougourt ; pop. 152 hab. — « L'oasis de Sidi-Rached était menacée d'une ruine prochaine, moitié de ses palmiers avait péri ; le flot de sable montait chaque jour. Les habitants avaient tenté de creuser un puits ; mais, à quarante mètres de profondeur, ils avaient rencontré un banc de gypse terreux très dur qu'ils n'avaient pu percer : les eaux parasites avaient envahi et noyé leurs travaux. Enfin l'instant était marqué où cette population allait devoir se disperser.

« C'est dans ces circonstances critiques qu'un atelier français arrive a Sidi-Rached. Une colonne de tubes est descendue dans le puits abandonné, le trépan perce la couche de gypse devant laquelle les indigènes avaient dû avouer leur impuissance ; et, après quatre jours de travail, une nappe jaillissante de 3,300 litres d'eau par minute s'élance comme un fleuve bienfaisant.

» Des scènes touchantes eurent lieu alors : aussitôt que les cris de nos soldats eurent annoncé que l'eau venait de jaillir, les indigènes accoururent en foule, se précipitèrent sur cette rivière bénie, arrachée aux mystérieuses profondeurs de la terre ; les mères y baignaient leurs enfants. Le vieux cheikh de Sidi-Rached, à la vue de cette onde qui rend la vie à sa famille, à l'oasis de ses pères, ne peut maintenir son émotion, et, tombant à genoux, les yeux remplis de larmes, il élève vers le ciel ses mains tremblantes, remerçiant Dieu et les Français. — En quatre jours, dit le général Desvaux dans son rapport au Ministre, nous avions eu le bonheur de rendre la vie à un groupe de population menacé dans ses plus chers intérêts. »

Sidi-Zaés (div. d'Oran), caravansérail sur la route de Lalla-Maghnia à Gar-Rouban.

Smala de Spahis (div. d'Alger, comm. d'Orléansville), maisons isolées, à 14 kil. d'Orléansville, sur les bords de l'Oued-Isly et sur la route d'Orléansville à Relizane.

Souk-Ahras (dép. de Constantine, arr. de Guelma), ch.-l. district, à 100 kil. de Bône, et à 76 kil. de Guelma, à la jonction des routes de Tunis à Constantine et de Tébessa à Bône ; pop. europ. 744 hab., ind. 509. — Commissariat civil ; chapelle, école mixte, salle d'asile ; casernes d'infanterie et de cavalerie ; magasins de subsistances et autres ; hôpital-ambulance ; fontaines et abreuvoir ; bureau de poste. — Marché arabe très important. — Terres fertiles ; vastes forêts. Souk-Ahras a été créé spontanément, en 1856, par les colons qui étaient venus se grouper autour de la garnison, placée là pour surveiller la frontière tunisienne ; elle a pris rapidement de l'extension, et deviendra, sans aucun doute, un de nos centres les plus actifs et les plus prospères. — C'est le *Thagaste* des Romains.

SOUMA (dép. d'Alger, arr. de Blidah, comm. et ann. de Boufarik), village à 7 kil. de Boufarik, et à 9 kil. de Blidah; pop. europ. 310 hab.— Eglise, école mixte ; fontaine lavoir et abreuvoir. — Sol fertile ; céréales, tabac, vigne, oliviers et mûriers ; beaux vergers ; vaste orangerie. — Les eaux d'irrigation, relativement abondantes, proviennent de l'Oued-bou-Chemala et sont amenées au moyen d'un canal d'irrigation ; il a été construit sur ce canal deux moulins à farine.

SOUMATA (dép. d'Alger, arr. de Blidah), ville arabe, à 24 kil. de Blidah, sur la rive gauche du Bou-Roumi. — Marché important.

SOURK-EL-MITOU (dép. d'Oran, comm. et ann. d'Aïn-Tédelès), village à 25 kil. de Mostaganem, et à 4 kil. de Tédelès ; pop. europ. 332 hab., ind. 62. — Eglise, école mixte : fontaines, lavoir et abreuvoir publics. — Bonnes terres ; céréales, tabac, garance : belles plantations d'arbres forestiers qui donnent d'excellents produits ; abricots et pêches renommés.

STAOUÉLI (dép. d'Alger, com. et ann. de Chéragas), ham. à 18 kil. d'Alger ; pop. europ. 80 hab.

Non loin de ce village est l'établissement des Trappistes.

Staouéli a été le théâtre de notre première bataille en Afrique (19 juin 1830).

Depuis son débarquement à Sidi-Ferruch, l'armée française était sans cesse harcelée par les indigènes qui, cachés derrière les broussailles, combattaient en guérillas, et préludaient ainsi à une lutte plus sérieuse. De part et d'autre, cependant, on était las de ces combats partiels ; les Arabes, concentrés sur le plateau de Staouéli, avaient reçu de nombreux renforts, et les beys, qui venaient d'arriver avec leurs contingents, pressaient Ibrahim-Agha, gendre d'Hussein et généralissime, d'engager l'action. Le 19 juin, cinquante mille arabes s'ébranlèrent au signal donné ; les tirailleurs ouvraient la marche ; derrière eux suivaient deux colonnes profondes, commandées, l'une par Ibrahim, l'autre par le Bey de Constantine. — La première marchait contre la division Berthezène, la seconde contre la division Loverdo. Les tirailleurs devaient s'étendre à droite et à gauche et tourner l'armée française.

La bataille commença : les Turcs assaillirent la première division avec une telle impétuosité qu'ils pénétrèrent dans le redan occupé par la grande garde, puis, se jetèrent sur une redoute que défendait un bataillon du 28°. Pris à l'improviste, ce bataillon céda, mais, rallié presque aussitôt par le général Clouet, il chargea vigoureusement l'ennemi et reprit ses positions. — A la droite et au centre, l'engagement fut vif, mais très court; ordre avait été donné aux généraux français, de ne commencer le feu qu'au moment même où les Arabes seraient à portée du fusil; cet ordre fut ponctuellement exécuté: quand les troupes algériennes se présentèrent, elles furent reçues par un feu roulant de mousqueterie qui joncha le terrain de blessés et de morts. A trois fois différentes, cavaliers et fantassins se ruèrent avec furie contre les lignes françaises; chaque fois ils durent se replier en désordre. — Comme ils allaient tenter une dernière attaque, le général en chef prit l'offensive: les tambours battirent la charge; les divisions Berthezène et Loverdo s'élancèrent en avant, tandis que deux brigades de la division d'Escars se formaient en réserve en avant de Sidi-Ferruch.

Dès ce moment la bataille était gagnée; les Arabes, poursuivis à la baïonnette, décimés par la mitraille, abandonnèrent successivement leurs redoutes et leurs batteries; moins d'une heure après, le camp de Staouéli était occupé par les Français. On y trouva treize pièces d'artillerie, deux mortiers à barbette, des magasins parfaitement approvisionnés, cent chameaux et 400 cents tentes dressées.

Stidia (la) (dép. d'Oran, arr. de Mostaganem, comm. et ann. de Rivoli), village à 17 kil. de Mostaganem, sur la route d'Oran à Mostaganem: pop. europ. 465 hab. — Mairie, église, presbytère et école mixte; eaux bonnes et abondantes; fontaine, lavoir et abreuvoir. — Bonnes terres; céréales; cultures maraîchères dans les jardins; plantations publiques nombreuses et bien entretenues.

Stora (dép. de Constantine, comm. et ann. de Philippeville), village à 4 kil. de Philippeville dont il est le port; pop. europ. 605 hab. — Eglise; fontaine, lavoir et abreuvoir. — Point d'agriculture; quelques jardins sur la montagne au pied de laquelle le village est assis. Les habitants se livrent au cabotage et à la pêche.

C'est à Stora que mouillent les navires. — L'anse est placée au fond d'un golfe d'où l'on ne peut pas sortir par les vents du large. Elle est formée par un rentrant de la côte de 400 mètres, et présente vers le S.-O. une très belle plage, propre au débarquement des marchandises et au hâlage des bateaux; mais elle n'offre un bon abri contre la mer que par les vents d'O. et de S.-O. En hiver, les bâtiments jettent l'ancre en dehors de l'anse, par 46 à 18 mètres d'eau; mais ce mouillage extérieur, battu en plein par la grosse mer, est lui-même fort dangereux et n'a, dit

M. Lieussou, qu'une valeur relative. Par les coups de vent de N.-O., les navires roulent et fatiguent beaucoup, mais ils tiennent ; par les tempêtes du N. et du N.-E., les ancres tiennent, mais les navires cassent leurs chaînes ou sombrent sur leurs amarres.

T

TABIA (div. d'Oran, subdiv. de Sidi-bel-Abbès), ham. sur la rive droite de la Mekerra, à 6 kil. de Bou-Kanéfis ; pop. europ. 19 hab., ind. 16. — Est situé sur un joli plateau entouré de bois.

TADJEMOUT (div. d'Alger, subdiv. de Médéah, cercl. de Laghouat), ville arabe, à 40 kil. N.-O. de Laghouat. — Fabriques de bournous, haïcks et tapis.

TAGTEMPT (div. d'Oran, subdiv. et cerc. de Mascara), ham. près des ruines d'une forteresse bâtie par Abd-el-Kader, sur la limite du Tell, et qui fut détruite, en 1843, par le général Baraguay-d'Hilliers.

TAMERNA (div. de Constantine, subdiv. de Batna, cerc de Biskara), oasis dans l'Oued-R'ir, à 160 kil. S. de Biskara ; pop. 710 hab. — C'est dans cette oasis que le premier puits artésien a été creusé par les Français, sous la direction de M. Jus, ingénieur civil, aidé de M. Lehaut, sous-officier de spahis, et d'un détachement de soldats de la légion étrangère. Le premier coup de sonde fut donné dans les premiers jours du mois de mai 1856 ; le 18 juin une véritable rivière, de 410 litres d'eau par minute, s'élançait des entrailles de la terre.

La joie des indigènes fut immense : dans une fête solennelle, les marabouts bénirent la fontaine nouvelle et lui donnèrent le nom de *fontaine de Paris*.

TAMZOURAH (dép. et arr. d'Oran), à 22 kil. d'Aïn-el-Arba, dans la plaine de la Mleta, ham. situé au pied des côteaux et au bord d'un petit cours d'eau qui fournit à son alimentation ; pop. europ. 36 hab. — Terres excellentes, entièrement défrichées ; climat salubre.

TEBESSA (div. de Constantine). ch.-l. d'un cercle militaire, à 188 kil. S.-E. de Constantine, sur la frontière de Tunis, dans une riche vallée et au pied des Nemenchas ; population européenne 170 habitants. — Visitée en 1842 par le général Négrier ; occupée définitivement depuis 1851. — Casernes, hôpital militaire ; chapelle catholique. — Les sources d'eau y sont nombreuses, et les jardins d'une admirable fertilité. Il s'y tient, deux fois par semaine, — le dimanche et le mardi, — des marchés où il se fait un commerce considérable de bétail, de laines et de tissus indigènes.

Tebessa (la *Thevaste* des Romains) était autrefois une ville de premier ordre. On trouve, parmi ses ruines, des restes considérables de temples et de monuments publics ; un arc de triomphe, sur lequel on lit que l'ancienne Thevaste, détruite par les Barbares, a été relevée par Salomon, vainqueur des Vandales; un cirque, qui pourrait contenir six mille spectateurs ; une forteresse, encore debout avec son mur d'enceinte, flanqué de quatorze tours ; un temple de Minerve et une basilique.

Tefeschoun (dép. d'Alger, ar. de Blidah, comm. et sect. de Castiglione), village à 6 kil. de Koléah ; pop. europ. 355 hab. — Fontaine, abreuvoir, lavoir. — Céréales, tabac et vignes.

Telagh (div. d'Oran et subdiv. de Sidi-bel-Abbès), smala de spahis, à 16 kil. de Daya. C'est un grand carré bastionné qui renferme deux pavillons et de vastes écuries; les logements pour les familles de spahis indigènes, sont en dehors. Quelques cantiniers français et juifs, se sont établis près du bordj et sur la route.

Temacin (div. de Constantine, subdiv. de Batna, cerc. de Biskara), ville arabe, à 24 kil. S. de Tougourt. Le général Devaux y a fait creuser un puits-fontaine, dit *fontaine de la Bénédiction*, qui débite 35 litres d'eau à la minute. — Un autre sondage a été fait dans les jardins de la zouaïa, à l'oasis de Tamel'kat. La fontaine, dite *fontaine de l'Amitié*, débite 520 litres à la minute. Le marabout donna, à cette occasion, une fête à nos soldats, les remercia devant toute la population de Temacin, et voulut les accompagner jusqu'aux limites de l'oasis.

Ténès (dép. d'Oran, ch.-l. de district), ville maritime, à 144 kil. O. d'Alger et à 53 kil. N. d'Orléansville ; pop. europ. 1,489 hab., ind. 170. — Elle est bornée au N. par une falaise à pic qui la sépare de la mer, et à l'E., par une étroite vallée où coule l'Oued-el-Allah. — Commissariat civil, mairie, justice de paix ; église, école de garçons, école de filles et salle d'asile; casernes ; magasins et hôpital ; cercle militaire où les fonctionnaires civils sont admis. — Jolies maisons et belle place complantée d'arbres ; réservoirs servant de château-d'eau ; fontaines nombreuses ; — Télégraphe et bureau de postes. — Marché aux bestiaux, tous les jeudis.

La ville occupe, à l'O. du cap Ténès, le fond d'une anse très ouverte, battue en plein par tous les vents dangereux. Un petit débarcadère en bois et quelques magasins sont établis sur la plage, qui règne au pied du plateau. Cette plage étroite, dont les abords offrent plusieurs bancs de roches presque à fleur d'eau, est toujours difficile à accoster et devient impraticable lorsqu'une petite brise de mer s'élève. Les grands bâtiments mouillent en pleine côte, à 900 m., dans le N. de la ville, par 12 à 14 mètres d'eau, fond de sable. Ce mouillage est assez bien abrité du côté de l'E. par les terres, mais il n'est pas tenable par les vents du N. et de N.-O. Les caboteurs trouvent un abri assez sûr derrière un massif d'îlots, situé à 1,500 mètres dans le N.-E. de la ville, et à 500 mètres du rivage.

Ténès, placée à l'entrée du col par lequel la vallée centrale du Chélif communique à la mer, est l'entrepôt naturel d'Orléansville, l'un des plus riches marchés de l'Algérie, et de Tiaret; elle a aujourd'hui une assez grande valeur stratégique comme dépôt d'approvisionnements de l'armée; les ressources agricoles et les richesses minérales de son territoire, son heureuse position comme ville de transit, lui assurent un bel avenir commercial. Son port sera, au dire des ingénieurs, l'une des têtes les plus importantes du chemin de fer, projeté à travers les provinces d'Oran et d'Alger, par la ligne centrale du Tell. (Voy. Lieussou, *Etudes sur les ports de l'Algérie*.)

Ténès (*Cartenna*) fut une colonie romaine; les ruines qui, naguère, couvraient le sol, accusent une certaine importance. — Elle fut réédifiée, en 1843, par ordre du général Bugeaud.

Ténès (-vieux), ville arabe, à 1 kil. de la mer et au S. de la nouvelle ville; pop. 1,153 hab.

Teniet-el-Had (div. d'Alger, subdiv. de Milianah, ch.-l. de cerc.), ville et poste militaires, à 72 kil. S.-O. de Milianah; pop. europ. 293 hab., ind. 112. — Bureau arabe; casernes d'infanterie et de cavalerie; pavillon d'officiers; magasins de subsistances et autres; hôpital et ambulances; église, écoles de garçons et de filles, salle d'asile. — Fontaine et lavoir, puits communal et puits particuliers. — Pépinières; bureau de postes. — Céréales; belles plantations d'arbres fruitiers. — Marché arabe important. — A 2 kil. O., magnifique forêt de cèdres de 3,000 hectares d'étendue et où coule une source ferrugineuse dont les eaux ont une parfaite analogie avec celles de Spa.

Ténira (div. d'Oran, subdiv. de Sidi-bel-Abbès), ham. à 26 kil. S. de Sidi-bel-Abbès, sur la route de Daya ; pop. europ. 24 hab., ind. 8. — Terres fertiles, mais climat insalubre. — Caravansérail et maison de gardes forestiers sur la rive gauche de la Ténira.

Tessalah (div. d'Oran, subdiv. de Sidi-bel-Abbès). La plaine de Tessalah, située à 16 kil. de Sidi-bel-Abbès, comprend un groupe de fermes, plus ou moins importantes, dont la population est ainsi répartie : européens 148 hab., ind. 80, et plusieurs centres en voie de peuplement. — Succursale de l'orphelinat de garçons de Misserghin.

Tiaret (div. d'Oran, subdiv. de Mascara), poste militaire et village à 35 kil. de Mascara, et à 60 kil. d'Oran ; pop. europ. 274 hab., ind. 164. — Casernes d'infanterie et de cavalerie ; magasins ; hôpital ; fontaines et lavoirs publics. — Riches plantations d'arbres ; terres généralement fertiles ; on cultive avec succès les pommes de terre et le tabac. Le bois et l'eau y sont en abondance. — Marché arabe, tous les lundis ; les laines, les céréales, les troupeaux de moutons y donnent lieu à des transactions fort importantes, ainsi que les tapis, les haïcks, les œufs et plumes d'autruches, et les objets de sellerie. — A 3 kil. E. est une smala de spahis.

Tiaret, construit sur les limites du Tell et des hauts plateaux, est la clef du pays des Chotts ; il est situé sur un point culminant d'où l'on embrasse un horizon très étendu, au milieu duquel on distingue le Djebel-Goudjilla, le Djebel-Amour et le Nador, qui sont les derniers contreforts de l'Atlas. — Tout ce pays, habité par des peuplades sahariennes, les Harars et Ouled-Naïls, offre d'immenses pâturages à d'innombrables troupeaux de moutons, dont la chair et la laine sont très estimées, et aux admirables chevaux, qu'on appelle chevaux du Désert. — C'est un point des plus importants du Sahara algérien ; les caravanes du Sud y viennent, chaque année, échanger leurs produits contre ceux du Tell.

Tipaza (dép. d'Alger, arr. de Blidah, comm. et ann. de Marengo), ville maritime, à 8 kil. de Marengo, au débouché de la vallée du Chélif ; pop. europ. 160 hab., ind. 32. — Fort de douaniers ; fontaine, lavoir et abreuvoir. — Peu de cultures ; les habitants se livrent particulièrement à la pêche. Grâce à la proximité du mouillage de Raz-el-Amouk, il suffirait d'établir un débarcadère à Tipaza pour y attirer les caboteurs.

Tizi-Ouzou (div. d'Alger, subdiv. et cerc. de Dellys), ville et poste militaires en pleine Kabylie, à 160 kil. d'Alger, sur la route d'Alger à Fort-Napoléon ; pop. europ. 286 hab., ind. 1615. — Pavillon d'officiers, casernes d'infanterie et de cavalerie ; magasins et ateliers ; hôpital et ambulance réunis dans le bordj qu'occupaient les Turcs, au temps de leur domination. Au pied du monticule sur lequel le fort est assis, s'étend la ville française, récemment construite (1856). — Eglise, école de filles, salle d'asile ; fontaine, abreuvoir et lavoir publics ; rues larges, propres, bordées d'arbres ; maisons convenablement aménagées ; hôtel pour les voyageurs ; café chantant ; diligences ; bureau de poste. Presque tous les habitants vivent de leur commerce avec la troupe.

Derrière la ville, et à une distance de moins de 200 mètres, se trouve le village kabyle ; les habitants, laborieux et paisibles, cultivent le peu de terres qu'ils possèdent sur les flancs de la montagne.

TLEMCEN (div. d'Oran), ch.-l. d'arrondissement et de subdivision militaire, à 116 kil. d'Oran ; pop. europ. 2,427 hab., ind. 15,856.—Sous-préfecture, mairie, hôtel de la subdivision. — Eglise et chapelle catholiques, temple protestant, mosquées, synagogues.— Tribunal de 1re instance, deux justices de paix.— Ecoles communales pour garçons et filles ; école arabe ; école israélite. — Bureau de bienfaisance. — Cercle civil et riche bibliothèque. — Casernes d'infanterie, de cavalerie et de gendarmerie ; magasins de subsistances et autres ; pavillon et cercle pour les officiers. — Télégraphe et bureau de postes ; pépinière ; station d'étalons.

Le Méchouar, situé au S. de la ville, a été transformé en citadelle ; la sous-intendance, le génie, l'artillerie, l'hôpital et et la prison se trouvent à l'intérieur. Les abords de la ville sont entourés de jardins et d'oliviers, d'une haute venue ; les rues sont propres et bordées de rigoles pavées où coule incessamment une eau vive ; fontaine monumentale, ombragée de beaux arbres ; dix-neuf fontaines publiques, quatre abreuvoirs, deux lavoirs, bassin de réserve, alimenté par les eaux de l'Oued-Kissa et de l'Oued-Kalla. — Jolies promenades.

Le territoire, partout arrosable et complètement défriché, est couvert d'arbres fruitiers de toute espèce, notamment d'oliviers, dont les fruits fournissent une huile excellente ; cultures maraîchères ; tabac et céréales ; belles et nombreuses plantations.

Outre les marchés spéciaux, il se tient à Tlemcen, un marché particulier où abondent le bétail, la laine, les céréales, les huiles, pailles et fourrages qu'apportent les habitants des villages voisins et les caravanes du Maroc. — Minoteries ; fabrication des huiles ; tanneries.

Tlemcen fut fondée par les Vénètes ; elle devint plus tard la capitale d'un royaume qui se composait des villes de Nedroma, Oran, Arzeu, Mazagran et Mostaganem; la ville maritime de Djidjelli en était une annexe. — Ce royaume subit des vicissitudes diverses: Tlemcen, attaquée, prise et reprise tantôt par les Turcs, tantôt par les Marocains et les Espagnols, n'était plus, au siècle dernier, qu'un foyer d'insurrection. — L'empereur du Maroc s'en empara en 1830, mais il dut bientôt renoncer à ses prétentions. Les Koulouglis, commandés par Ismaël, et qui défendaient le Méchouar, passèrent au service de la France. Clauzel en prit possession (12 janvier 1836) et y laissa une garnison sous les ordres du capitaine Cavaignac, qui fut, en 1848, chef du pouvoir exécutif. — Le général Bugeaud ravitailla la place quelque temps après; l'année suivante (1837), aux termes du traité de la Tafna, Tlemcen fut cédée à Abd-el-Kader, qui en fit sa capitale, et s'y maintint jusqu'en 1842, date de notre occupation définitive. (Voy. *Histoire de Tlemcen,* par l'abbé Bargès.)

TOUGOURT (div. de Constantine, subdiv. de Batna, cerc de Biskara), capitale de l'Oued-R'ir, à 240 kil. S. de Biskara : pop. 1,260 hab. — Cette ville, qui possède une mosquée et une casbah, est enveloppée circulairement par un mur, entouré d'un large fossé dont les eaux sont fournies par trois puits, d'une profondeur moyenne de 50 mètres. Elle est, avec Temacin, le lieu d'échange pour tout le commerce du Sud. Son oasis contient près de 400,000 palmiers et un grand nombre d'arbres fruitiers: quelques jardins produisent des légumes en abondance. Une certaine quantité de puits servent à l'irrigation de ces vastes plantations.

TOUNIN (dép. d'Oran, comm. et ann. de Pelissier), village à 4 kil. de Pelissier et à 9 kil. de Mostaganem, sur la route de Mostaganem à Ténès; pop. europ. 139. — Mairie, église, presbytère, école mixte et four banal; fontaine, abreuvoir et lavoir publics. — Céréales, vignes, jardins potagers.

TREMBLES (LES) (prov. d'Oran, arr. de Sidi-bel-Abbès), ham., situé sur la route de Sidi-bel-Abbès à Oran, à 16 kil. de Sidi-bel-Abbès. — Terres fertiles, climat salubre. — Pop. europ. 72 hab., ind. 42.

V

VALÉE (dép. de Constantine, comm. et ann. de Philippeville), village à 6 kil. de Philippeville, sur la rive droite du

Saf-Saf; pop. europ. 331 hab. — Eglise et presbytère, école mixte; 2 puits publics sur la place, 15 puits particuliers, lavoir. — Terres extrêmement fertiles : céréales, tabac, lin, un peu de coton, vignes ; belles et nombreuses plantations d'arbres fruitiers et forestiers. — Aux environs, fermes importantes.

Vallée-des-Consuls (dép. et comm. d'Alger, sect. de la Bouzaréah), habitations de plaisance éparses dans la vallée qui s'étend à l'O. de St-Eugène, entre deux chaînes de la Bouzaréah.

C'était, avant la conquête, la résidence d'été des consuls étrangers.

Vallée-des-Jardins (dép. d'Oran, arrond. de Mostaganem, comm. et sect. de Pelissier), hameau à 4 kil. de Mostaganem ; population européenne 189 habitants. — Sites pittoresques, maisons de plaisance, belles plantations et riches cultures.

Valmy (dép. d'Oran), ch.-l. de commune, à 14 kil. E. d'Oran, sur la route de Mascara ; pop. europ. 238 hab. — Mairie, église et presbytère, école mixte ; fontaines et abreuvoir. — Bureau de poste. — Céréales, tabac, vignes, mûriers, oliviers et arbres fruitiers ; pas d'eau courante : 92 puits, dont 32 avec norias, fournissent aux besoins de la commune et à quelques irrigations dans les propriétés privées.

Vesoul-Bénian (dép. d'Alger, arrond. de Milianah), ch.-l. de commune à 19 kil. de Milianah, et à 97 kil. d'Alger ; pop. europ. 237 hab.— Mairie, église, école mixte. — Eaux abondantes, fontaines, puits, abreuvoir et lavoir. — Céréales, vignes. — Élève du bétail. — Peuplé par une colonie venue du département des Vosges.

W

Wilhelmine (dép. de Constantine, territoire dit des *Toumiettes*, sur la route de Constantine à Philippeville ; pop. europ, 50 hab. — Ce hameau a été créé spontanément par les concessionnaires installés sur ce point vers 1856 ; les terres sont bien cultivées : céréales, vignes, arbres fruitiers. — A de l'avenir.

Z

ZAATCHA (divis. de Constantine, subdiv. de Batna, cerc. de Biskara), oasis à 30 kil. S, de Biskara, prise et détruite, en 1849, dans les circonstances suivantes :

Au récit des événements qui se passaient en France (1849), les populations sahariennes, voisines de Biskara, avaient prêté l'oreille aux conseils d'un fanatique et s'étaient livrées à quelques actes d'hostilité. Le colonel Canrobert et le général Herbillon marchèrent simultanément contre elles ; mais, peu à peu, l'insurrection gagnait du terrain : toutes les tribus du sud s'excitaient à secouer un joug qu'elles avaient subi sans combattre, et l'un des cheikhs les plus en renom, Sidi-bou-Ziam, prêchait la guerre sainte.

M. Séroka, chef du bureau arabe de Biskara, accourut aussitôt avec quelques spahis et tenta d'enlever le farouche prédicateur, alors à Zaâtcha, où il avait réuni tous les guerriers des Zibans et de l'Aourès ; mais le rusé kabyle parvint à s'échapper. Peu de temps après (juillet 1849), le colonel Carbuccia tenta, sans plus de succès, un nouveau coup de main.

Une guerre générale pouvait s'ensuivre, et le général Herbillon, qui commandait alors la province de Constantine, résolut de frapper un grand coup. — Après avoir reçu les renforts qui lui vinrent d'Alger, le général se mit en marche et prit de nouvelles troupes à Batna et à Biskara : la colonne, forte de près de 4,000 hommes, arriva le 7 octobre devant les palmiers de Zaâtcha, qui masquaient absolument la place. Les premières reconnaissances firent découvrir deux sentiers étroits et tortueux qui menaient à la ville, un fossé de sept mètres, deux murailles d'enceinte crénelées à différentes hauteurs ; une porte, surmontée d'une tour et des jardins garnis de murs, qui formaient autour de la ville une nouvelle enceinte.

Dès le premier jour, le colonel Carbuccia se rendit maître, après une lutte acharnée, d'une zaouïa située près de la ville, ainsi que de ses dépendances ; puis, le soir venu, on dressa la batterie de brèche. Le 12, le colonel de Barral arriva de Sétif avec 1,500 hommes ; quatre jours après, le génie avait atteint le bord du fossé. Cependant, la résistance était vive, et l'armée s'impatientait de ces lenteurs et de ces pertes. Le 20, deux colonnes furent lancées sur les brèches ; mais, accueillies par un feu terrible, elles durent se replier dans leurs retranchements. Les Arabes, glorieux de notre insuccès, redoublèrent d'audace et multiplièrent leurs sorties. Par surcroît de malheur, le choléra qui, depuis quelques mois, sévissait en Afrique, envahit les ksours et fit d'épouvantables ravages.

Enfin, le 8 novembre, le colonel Canrobert arriva d'Aumale, amenant avec lui un bataillon de zouaves. Et, l'armée qui apprécie sainement ses officiers, plaçait le colonel au nombre de ces *soldats de nuit* qu'aucun danger n'épouvante et qui se plaisent à payer de leur personne : elle l'aimait ; aussi, quand on le vit arriver avec ses intrépides zouaves, la confiance reparut. Les travaux furent repris avec une énergie toute française, et l'assaut fut fixé pour le 26. — Avant de commencer l'attaque, le général Herbillon somma la ville de capituler ; les assiégeants renvoyèrent dédaigneusement les parlementaires, coururent à la mosquée et jurèrent, à l'exemple de Bou-Ziam, de se faire tuer jusqu'au dernier, plutôt que de se rendre.

A l'aube du jour, le colonel Canrobert choisit dans sa colonne seize hommes et quatre officiers, auxquels il imprima un rapide élan. A peine entré dans la ville, il était déjà presque seul ; mais l'exemple était donné, et les troupes qui le suivaient au pas de course, commencèrent aussitôt une guerre de ruelles et de maisons. De chaque croisée, de chaque étage, de toutes les ouvertures pratiquées dans les murailles partaient des coups mortels : les assaillants brisent les portes à coups de crosse de fusil, pénètrent dans les habitations et luttent corps à corps avec les Arabes. Point de cris, point de bruit : on s'attaque, on se défend à l'arme blanche... Bientôt, cependant, le combat se ralentit, et les assiégés, pressés de toutes parts, se dispersent. — Bou-Ziam fut pris et fusillé. Le lendemain, la mine fit sauter les deux mosquées, celle de la ville et celle de la zaouïa : l'oasis n'offrait plus qu'un immense monceau de ruines.

ZACCAR-R'HARBI (dép. d'Alger, comm. de Milianah), mines de cuivre et de plomb argentifère.

ZAMORAH (divis. d'Oran, subdivis. de Mostaganem), ham. situé à 94 kil. de Mostaganem, au S. E. de Relizane, sur la route de Tiaret ; pop. europ. 31 hab., ind., 74. — Lieu d'étape pour les voyageurs et le roulage.—Dépôt d'étalons.—Marché arabe tous les mercredis.

ZÉLIFA (divis. d'Oran, subdivis. de Sidi-bel-Abbès), ham. situé dans la plaine du même nom, traversé par la Mekerra et un petit cours d'eau ; pop. europ. 24 hab., ind., 8. — Sol fertile ; toutes les cultures y réussissent.

ZÉRALDA (dép. d'Alger, arrond. de Blidah, comm. de Koléah), village à 12 kil. de Koléah, sur la rive droite du Masafran ; pop. europ., 202 hab. — Église, école de garçons ; puits public qui donne de l'eau excellente. — Céréales, tabac, oliviers.— Sources dont les eaux sont aménagées de manière à desservir le village et les lots irrigables.

ZÉRAMNA (dép. de Constantine, arrond. de Philippeville), forêt et maisons isolées.

ZOUDJ-EL-ABBÈS (dép. d'Alger, comm. et ann. de Koléah), ham. à 2 kil. de Koléah; pop. europ., 86 hab. — Créé pour des cultivateurs du Bas-Valais en 1851 ; a été presque abandonné, mais commence à se repeupler Les premiers colons tendent a disparaître pour faire place à des colons français auxquels ils vendent leurs maisons et qui, plus industrieux savent en tirer parti.

ZURICH (dép d'Alger, arrond. de Blidah, comm. et ann. de Cherchell), village à 13 kil. S. E. de Cherchell, sur les deux rives de l'Oued-el-Hachem; pop. europ., 180 hab. — Maison commune, école de garçons, école de filles. — Fontaine publique, belles plantations le long des avenues. — Céréales, vignes et oliviers. — Marché arabe tous les jeudis.

APPENDICE

ADDITIONS ET CHANGEMENTS

SURVENUS PENDANT L'IMPRESSION

Ambulances indigènes. — Il vient d'être tenté, dans la province de Constantine, un essai qui pourra avoir les plus heureux résultats pour le soulagement des indigènes malades, et pour notre influence morale sur les tribus. Il s'agit de la création d'infirmeries spécialement affectées aux arabes qui viennent demander à nos médecins la guérison de certaines maladies qui, se transmettant de génération en génération, infectent et déciment les douars, et sont devenues une cause permanente d'abâtardissement et de dépopulation pour la race arabe.

L'honneur de ce premier essai appartient au médecin de colonisation de Gastu, arrondissement de Philippeville, M. le docteur Bergot, bientôt imité par le docteur Audibert, son collègue de la circonscription d'El-Arrouch, dans le même arrondissement.

Chacune de ces deux premières ambulances indigènes se compose de deux gourbis où les malades sont abrités et séparés par sexe. Chaque gourbi contient 12 à 15 lits. — Rien de plus simple et de plus rationel en même temps que le régime de ces établissements : les malades apportent avec eux leurs provisions ; les aliments sont préparés, comme sous la tente et à la manière des indigènes. Une ou deux vaches, quelques chèvres, un baudet sont attachés au service de l'ambulance. Les chèvres et les vaches donnent le lait, le *leben* (lait aigre) et le beurre frais; le baudet va à la provision de l'herbe et des légumes. L'administration n'a d'autre dépense à supporter que celle du personnel (un homme et une femme par ambulance) et des médicaments. — Le prix de revient de la journée de malade ne dépasse pas 18 centimes.

Ces deux petits établissements sont loin de pouvoir suffire à l'affluence des malades, qui viennent de tous côtés se confier à la science et aux soins des *tebib* français : il faudra les multiplier pour les mettre au niveau des besoins ; le système adopté, grâce au peu de dépenses qu'il occasionne, se prête merveilleusement à cette multiplication. On ne doit pas douter qu'encouragée par ce premier essai, l'administration ne s'empresse de généraliser la mesure, en l'étendant à toutes les circonscriptions médicales, tant en territoire civil qu'en territoire militaire. Ce sera un grand résultat obtenu à peu de frais.

Culte israélite. — Par décret impérial du 4 août 1861, les édifices et bâtiments domaniaux affectés au culte mosaïque en Algérie, ont été concédés aux consistoires israélites, à titre gratuit et en pleine propriété.

Dépôts d'immigrants ou d'ouvriers. — Ces dépôts doivent être supprimés à partir du 1er janvier 1861, en vertu d'un arrêté du Gouverneur-Général, en date du 9 septembre 1861, motivé sur ce que l'expérience a fait reconnaître que ces établissements ne remplissaient plus, que dans de rares circonstances, le but de leur institution, et entraînaient des dépenses hors de proportion avec les services qu'ils rendaient.

Un crédit sera mis annuellement à la disposition des Préfets sur le budget de l'État (Service de la colonisation), en vue de l'assistance qu'il pourra être nécessaire d'accorder, dans certains cas, aux immigrants qu'hébergeaient les dépôts d'ouvriers.

Gouvernement-Général. — Un décret impérial du 4 octobre 1861 a complété l'organisation de l'administration centrale fonctionnant à Alger, par la création d'un emploi de *Secrétaire général* de la Direction générale des services civils.

Hôpitaux civils — Une décision administrative, survenue pendant l'impression de cet ouvrage, a porté de 60 à 100 le nombre des lits entretenus dans l'*Asile départemental des vieillards et incurables*, annexé à l'hôpital civil de Douéra. 20 lits au lieu de 15 sont mis à la disposition de chacune des provinces d'Oran et de Constantine.

Industrie agricole; expositions. — Aux termes d'un arrêté du 30 août 1861, il y aura, chaque année, à dater de 1862, en Algérie, une exposition générale des produits de l'agriculture et des différentes industries agricoles.

Cette exposition se tiendra successivement au chef-lieu de chacune des trois provinces, aux époques déterminées par des arrêtés du Gouverneur-Général.

Européens et indigènes y sont indistinctement admis, et les produits agricoles des trois provinces concourent pour l'obtention des primes et médailles.

Toutefois, les cultivateurs de la province dans laquelle a lieu l'exposition générale, sont seuls admis pour les prix accordés aux plus belles plantations d'arbres et aux primes diverses qui seraient attribuées dans le programme, aux irrigations, aux exploitations agricoles et aux autres objets du concours dont l'examen ne peut avoir lieu que sur place.

Il y aura en même temps une exposition publique et un concours des produits appartenant aux races chevaline, bovine, ovine et autres, s'il y a lieu. Les agriculteurs de la province où se tiendra l'exposition seront seuls appelés à ce concours.

Les Chambres d'agriculture des trois provinces seront consultées sur l'établissement du programme des expositions agricoles.

Institutions agricoles. — Par décision impériale du 8 septembre 1861, la Société d'agriculture d'Alger, déjà déclarée établissement d'utilité publique, par un décret du 1er mai 1861, a été autorisée à s'intituler *Société impériale d'Agriculture d'Alger.*

Médecins de colonisation. — Aux termes d'un arrêté du 2 septembre 1861, le personnel des médecins de colonisation est réparti en trois classes dont les traitements sont fixés ainsi qu'il suit :

Première classe.	3,500 fr.
Deuxième classe.	3,000
Troisième classe.	2,500

L'indemnité pour entretien de cheval est supprimée.

Le droit au logement en nature ou une indemnité représentative de 300 francs est maintenu.

L'avancement est essentiellement personnel et peut avoir lieu sur place. Il est accordé au choix, mais seulement après un délai de quatre années à dater de la dernière promotion.

Service des courriers. — Par suite de mesures prises dans le courant d'octobre dernier, les bâtiments chargés du service de la correspondance pour la province de l'Est, qui s'arrêtaient à Bône, doivent poursuivre leur marche jusqu'à La Calle.

TABLE

DES MATIÈRES

	Pages.
Abricotier.	35
Académie.	147
Administration.	102
Administration des indigènes en territoire militaire.	69
Administration des indigènes en territoire civil.	73
Agave.	28
Aïssaoua.	139
Alcélaphe bubale.	49
Alfa.	28
Aliénés.	118
Alimentation.	15
Aloës	28
Ambulances indigènes	285
Amandier.	35
Amendes.	72
Animaux domestiques.	48
Animaux sauvages.	49
Antilope addax.	49
Arabes.	62
Arbousier.	35
Arbres fruitiers.	35
Arbres forestiers.	41
Armée d'Afrique.	157
Asiles indigènes.	75
Aspect général, divisions naturelles.	18
Assistance musulmane.	75
Aune.	42
Autruches.	55

	Pages.
Avoine.	23
Azérolier.	35
Bains.	16
Bambou.	42
Bananier.	35
Banque d'Algérie.	123
Blé dur.	22
Blé tendre.	23
Bois et forêts.	34
Boissons.	15
Bourses de commerce.	89
Budget du Gouvernement - Général de l'Algérie.	107
Budgets provinciaux.	107
Budgets communaux.	108
Budgets locaux.	108
Budget des centimes additionnels à l'impôt arabe.	108
Bureaux arabes militaires.	70
Bureaux arabes départementaux.	73
Bureaux de bienfaisance.	120
Caisses d'épargne.	125
Cantonnement des arabes.	79
Caroubier.	36
Cédratier	36

TABLE DES MATIÈRES.

Cèdre. 42
Céréales. 22
Cerf. 50
Cerisier. 36
Chacal. 50
Chambres de commerce 87
Chambres d'agriculture. 113
Chanvre. 27
Châtaignier. 36
Chefs indigènes. . . . 74
Chêne-liége. 43
Chêne à glands doux. 43
Chêne-zéen. 44
Chêne-vert. 44
Citronnier. 36
Cognassier. 36
Collége impérial arabe-français. 153
Colza. 30
Commissions administratives. 117
Conclusion. 165
Conseil consultatif. . . 101
Conseils généraux. . . 104
Conseil municipal. . . 105
Corail. 57
Corporations indigènes. 68
Côtes, caractères généraux. 1
Coton. 25
Cours de langue arabe. 149
Courtiers. 88
Crédit foncier. 124
Cultes. 128
Culte catholique. . . . 128
Culte israélite. 129
Culte musulman. . . . 130
Culte protestant. . . . 128
Cultures générales et ordinaires. 22
Cultures industrielles ou spéciales. . . . 24
Cyprès. 45

Daim. 50
Dattier. 36
Dénombrement de la population indigène. 76
Dépôts d'immigrants et d'ouvriers. 114
Description physique de l'Algérie. . . . 1
Dictionnaire géographique de l'Algérie. . 171
Dispensaire de police. 119
Diss. 28
Divisions culturales. . 21
Dromadaire. 48

Écoles françaises. . . 147
École préparatoire de médecine et de pharmacie. 148
Écoles israélites. . . . 151
Écoles françaises musulmanes. 151
Écoles supérieures musulmanes. 152
Écoles primaires musulmanes. 154
École des mousses indigènes. 163
Enfants trouvés. . . . 119
Enseignement primaire 149
Enseignement secondaire. 149
État-civil indigène. . . 74
Européens. 60
Expositions. 287

Fièvres intermittentes 17
Figuier. 38
Figuier de Barbarie. . 38
Framboisier. 38
Frêne. 45

Garance. 31
Gazelle. 50
Géologie. 3

TABLE DES MATIÈRES.

Gibier à plumes.	54
Gouvernement-Général	101
Gouvernement et administration des indigènes.	69
Goyavier.	38
Grenadier.	38
Henné.	31
Hôpitaux civils.	116
Hydrographie.	5
Hyène.	54
Hygiène.	40
Hygiène publique.	115
Importations et exportations.	83
Impôts.	81
Indigotier.	31
Industrie.	86
Industrie agricole, expositions.	287
Inspecteurs de colonisation.	113
Institutions agricoles.	
Instruction publique.	146
Juifs.	61
Jujubier.	39
Justice	141
Kabyles.	64
Khouans.	381
Lacs, chotts et sebkhas.	6
Latanier.	29
Laurier.	45
Lentisque.	45
Limites et étendue.	1
Lin.	27
Lion.	52
Lycée impérial d'Alger	149
Maïs.	23
Marabouts.	136
Marche des correspondances.	99
Marine impériale.	161
Médecins de colonisation.	288
Micocoulier.	46
Milices algériennes.	156
Mines et carrières.	4
Mont-de-Piété.	126
Mouflon à manchettes.	52
Mûrier.	46
Myrte.	46
Néflier.	39
Nopal.	32
Oiseaux.	54
Oiseaux de proie.	55
Olivier.	39
Oranger.	40
Ordres religieux.	138
Organisation financière	107
Orge.	23
Orographie.	4
Orphelinats.	119
Ortie blanche.	29
Palmier-nain.	30
Panthère.	53
Pêcher	40
Pépinières.	112
Pins.	46
Pistachier.	40
Plantes fourragères.	24
Plantes oléagineuses.	30
Plantes potagères.	24
Plantes textiles.	28
Plantes tinctoriales.	31
Poirier et pommier.	40
Populations.	60
Poissons de mer.	57
Poissons d'eau douce.	57
Prières et ablutions.	134
Productions.	21

Propriétés	77	Singe	54
Prunier	41	Slougui	48
		Sociétés de secours mutuels	121
Ramadhan	135		
Régime municipal	105	Sorgho	23
Renard	53	Sources thermales	7
Reptiles et insectes	56	Stationnaire	163
Ressources que l'Algérie offre aux malades	17	Sumac	33
Ricin	30	Tabac	21
Routes	90	Télégraphie	97
		Température, climat	9
		Thuya	47
Sanglier	54	Travail	14
Sangsues	58	Tribunaux français	141
Serment	136	Tribunaux indigènes	142
Services divers	112	Tribunaux spéciaux, pénalités	145
Services des courriers	162		
Services financiers	109		
Service médical	115	Vêtements	14
Service médical indigène	76	Vigne	34
		Voies ferrées	90
Service des Ponts-et-Chaussées	90	Zaouias	137
Service des postes	98	Zoologie	48

FIN

www.ingramcontent.com/pod-product-compliance
Lightning Source LLC
Chambersburg PA
CBHW071143160426
43196CB00011B/1988